AUGUST MEYER

ES IST EIN ALTES, SCHÖNES LAND

AUGUST MEYER

ES IST EIN ALTES SCHÖNES LAND

GESCHICHTE UND GESCHICHTEN VOM
WESERBERGLAND UND SEINEN MENSCHEN

STEINWEG-VERLAG
BRAUNSCHWEIG

Jürgen vom Hoff
Langedammstraße 13
3300 Braunschweig

Titelgestaltung: GUD, Braunschweig
Satzherstellung: Satzpunkt, Braunschweig
Lithoherstellung: Hinz & Kunst, Braunschweig
Druck und Bindung: Fuldaer Verlagsanstalt GmbH, Fulda

ISBN 3-925151-44-3

Inhalt

Seite

Seite

Das Land, von dem berichtet wird

Wie soll man es beschreiben, wie begrenzen? Geologen tun sich schwer damit. Überall fehlt die Ordnung. Es gibt Berge, Bergstöcke, Bergrücken, Hügel, große Hochflächen. Unendlich viele Bäche plätschern durch die Täler und münden irgendwo in der Weser. Überall stehen breite, dichte Hecken – und man findet noch Wiesen, Felder und weite Wälder, wo man sich verlaufen kann. Da finden sich vielgestaltige Sand- und Tongesteine, Keuper, Granit, Basalt, Kohle- und Erzlager. Selbst Silber und Gold sollten einstmals abgebaut werden.

Kalk- und Gipssteinbrüche, Kreidefelsen, Quarzsand für Glashütten, Porzellanerde, Ziegelton, Muschelkalk in seinen unterschiedlichsten Ablagerungen mit Einschließungen des Lebens vor Jahrmillionen sind vorhanden, ebenso wie Tropfsteinhöhlen, Korallenriffe und Hochmoore, die daran erinnern, daß einmal alles eine riesige Wasserfläche war. Vielfältiges ist zu beobachten. Einfacher ist aufzuzählen, was nicht zu finden ist.

Und wie überhaupt soll hier der Geograph noch zurecht kommen? Mitten durch diese vielen Gesteinsarten schlängelt sich die Weser. Doch das Tal wird weit und dann wieder sehr eng und hemmend für den Verkehr, je fester und beständiger die Felsen sind und dem Fluß den Weg versperren.

Ob im Osten oder Westen des Weserstromes: die geographischen Grenzen bleiben fließend, so daß der Phantasie viel Freiheit bleibt. Denn da fehlen klare Abrisse, z. B. Bergzüge, die sagen, bis hierher geht es, und dann ist Ordnung!

Selbst der Historiker hilft nicht weiter mit Territorial- oder Herrschaftsgrenzen. Noch im 18. Jahrhundert gab es hier in bunter Folge preußische, hannoversche, kurhessische, waldecksche, lippische, schaumburg-lippische, braunschweigische, corveysche und noch manche andere Gebiete. Weiter zurück in der Geschichte wird die Aufzählung länger, schwieriger und unvollständiger.

Heute dagegen handelt es sich um Gebiete von Hessen, Nordrhein-Westfalen und Niedersachsen, doch war dies so vielfältige Land auch einmal Land der Chauken oder Cherusker. Und die reichen Funde römischer Kultur erinnern weniger an dauerhafte Besatzungszeiten als daran, daß man als Söldner in römischen Diensten stand und begütert im Alter oder als Invalide in die Heimat zurückkehrte.

Alte Mythen erinnern daran, daß sich hier die Spur Lohengrins

zwar bei der Mündung der Lippe in den Rhein verliert, dann jedoch ein anderer Held auftaucht, Siegfried, der, wie das Nibelungenlied erzählt, von der Burg Xanten entlang des Flüßchens Lippe zu Brunhilde zog. Sie wohnte auf der Burg Isenstein im Iseland. Das ist nun alles andere als etwa Island, sondern der Raum um Hameln und Pyrmont mit den Externsteinen.
Ab dem 7./8. Jahrhundert war es das Land der Ost- und Westfalen, auch Sachsen genannt. Hier wurden die vielen blutigen Sachsenkriege ausgetragen. Es war Thüringer Land, bis diese vertrieben wurden. Fränkische Edelinge – oftmals Vertriebene sächsischen Geschlechts – siedelten zurück in ihre frühe Heimat, an die Plätze, wo parallel die Karolinger missionsunwillige Sachsen an den Main umgesiedelt hatten.
Es ist das landschaftlich wie kulturell selbst für deutsche Verhältnisse ungewöhnlich abwechselungsreiche Bergland von *Hannoversch Münden* bis *Hameln*. Um dieses Land kennen und lieben zu lernen genügt es nicht, überhastet mit dem Auto dem Weserlauf zu folgen und Ansichtskarten-Romantik zu sammeln. Es bietet viel, wenn man sucht! Das Land hat genügend versteckte Winkel, die selbst seinen Bewohnern oft unbekannt sind.
Zeit braucht es, wenn man mit einem der Weser-Dampfer die ersten Eindrücke gewinnen will. Es ist aber dafür auch eine der schönsten Möglichkeiten für das erste Kennenlernen.
Für ein ‚Mehr' bedarf es Hilfen und Hinweise. Dabei geht es nicht darum, gründliche Stadtbesichtigungen zu empfehlen. Dafür gibt es reichlich Ortsprospekte. Hier geht es um das Charakteristische, um das Unbekanntere und weniger Zugängliche des Landes, der Bauten, der Natur und nicht zuletzt der Menschen.
Es ist ein altes Land, wo sich in den Jahrhunderten wenig veränderte. Es ist ein schönes, romantisches Land voller Geschichten, Märchen und Sagen.
Geschichte ist Erzählen von der Vergangenheit, vom Werden und Vergehen. Doch diese Vergangenheit lebt ständig fort. Sie besteht auch nicht lediglich aus Familiendaten der Fürstenhäuser und aus Jahreszahlen. Geschichte ist, was und wie die großen und kleinen Leute gelebt haben, welches Glück und welches Leid sie erfahren mußten. Geschichte ergibt sich aus den Geschichten der vielen Einzelnen.
Die vielen Märchen und Sagen beruhen auf Überlieferungen

und Erzählungen, vom Inhalt her sind sie jedoch nicht nur ein Produkt der Phantasie. Tauchen dann und wann Grafen oder andere Herrscher auf, so lassen sie sich häufig namentlich identifizieren, auch wenn von ihnen als Riesen berichtet wird. Werden die Märchen grausamer und erscheinen sie uns herzlos oder böse, so muß daran erinnert werden, daß Notzeiten sowie andere Bindungen innerhalb der Gemeinschaften auch unterschiedliche Bedingungen für das Leben mit sich brachten. Geschichte ist zwar Vergangenheit, doch sie handelt vom Leben. Das Leben ist voller Widersprüche, Lügen und Wahrheiten, die allesamt nebeneinander bestehen. Alleinige, reine Wahrheiten gibt es nicht. Dann wäre das Erzählen auch langweilig und das Bücherschreiben überflüssig.

Land und Leute

Geologische Veränderungen der Landschaft

Am Anfang war das Wasser. Während des Erdaltertums bedeckte alles ein riesiges Meer. In wechselnder Folge verschwand es und hinterließ gewaltige Schichten von Ablagerungen.
Diese waren allerdings nicht starr und fest. Das Wasser veränderte sie. Wasserlösliche Salze wurden ausgelaugt. So entstanden Hohlräume, auf die wiederum die ungeheuren Lasten jüngerer Ablagerungen drückten und zu Senkungen und Verschiebungen führten.
Die Landschaft veränderte sich so über Jahrmillionen. Und mit den Verwerfungen und Schichtungen wirkte ein anderes Naturgesetz: Wasser als Regen, Schnee und Eis spülte verwittertes, weiches Gestein fort in die durch die Verschiebungen aufgeworfenen Rinnen, in denen nun Bäche und Flüsse plätscherten. Sie führten zur weiteren Erosion und zur Aufspülung von Löß und Mergel in den ausgeweiteten Flußtälern. Dort, wo vorher weiches Gestein fortgespült worden war, wurde nun umgekehrt das Flußbett wieder aufgespült, verbreiterte sich, je mehr abgelagert wurde. Inseln entstanden und der Strom bekam eine ruhigere Gangart.

Gesteinsschichten

All diese vielfältigen Naturkräfte mußten einwirken, damit das Weserbergland entstehen konnte.
Dabei wurden es dann zwei völlig unterschiedliche Berglandschaften. Nördlich von **Holzminden** bis **Bodenwerder** herrscht ein ständiger Wechsel von Berg und Tal mit langgestreckten Berghöhen, steilen Felsklippen, schmalen Graten, Tälern mit kleinen Flüßchen und unendlich vielen Bächen.
Südlich von **Holzminden** dagegen findet sich eine ganz andere Landschaft. Hier fehlen die Felsen und steilen Berge. Die Landschaft ist ruhiger, ausgeglichener, einförmiger, es ist das Land der weitgreifenden Hochebenen.
Die Ursachen für diese Gegensätze liegen in der unterschiedlichen Art und Lagerung der Gesteinsschichten. *Solling, Reinhardswald, Bramwald, Kaufunger Wald* bestehen aus horizontalen Schichten mit sanften, ovalen Kuppen. Selbst deren höchste Erhebungen mit mehr als 500 m lassen sich auf diesen Hochebenen kaum wahrnehmen. Durch Erosion wurden die Aufwölbungen, denen die Risse und Klüfte fehlen, in Jahrmillionen gleichmäßig und bescheiden abgetragen und ihre Form hat sich wenig verändert.
Nördlich dieses Gebietes herrscht durch die Verwerfungen und Verschiebungen Unordnung. Unruhig, vielseitig und abwechslungsreich wird so aus geologischen Gründen die Weserlandschaft in dem Land zwischen **Polle** und **Steinmühle**. Hier fließt die Weser durch das landschaftlich schönste, geologisch interessanteste, aber auch problematischste Gebiet sowohl für das Flußbett wie für die Uferlandschaft.
Wo die Weser bei **Polle** die großen Bogen macht, durchbricht sie eine einstige Muschelkalkhochfläche. Hier ist es ein härteres Gestein, das ihr den Weg verbauen wollte.
Eigentlich könnte man davon ausgehen, daß auch hier wie sonst wenige Kilometer nördlich und südlich die Weser klare Grenzen für die Gesteinsformationen zieht. Westlich haben wir Muschelkalk, östlich wiederum einen Sandstein, allerdings in der Schichtung abweichend vom Sollingsandstein. Typisch hierfür ist die Formung des *Vogler*.
Doch schon am Strombett der Weser läßt sich für **Polle** erkennen, daß hier noch andere Kräfte eingewirkt haben. Charakteristisch für den Muschelkalk sind die westlichen Gebirgszüge. Sie sind ungemein gestört und verworfen. Hier und dort ha-

ben auch einzelne Hügel der Erosion widerstanden. Die Poller Weserschlingen wurden jedoch durch eine von Südosten nach Nordwesten verlaufende Gebirgsverwerfung bewirkt, die das Muschelkalk- und Keuper-Plateau in viele einzelne Schollen zerriß und gegen die östliche Sandsteinfläche preßte.
Die Weser hatte es schwer, hier ihren Weg zu finden, mußte immer wieder ausweichen und brauchte viele Jahrtausende, um sich ihr heutiges Flußbett zu schaffen. Das Wasser schnitt sich tief ins Gestein. Schmale Ufer an steilen Felshängen lassen kaum Raum für die den Fluß begleitenden Straßen. Und all das geschah erst zu einer Zeit, als schon die Gesteinsbildung abgeschlossen war. Diese Entwicklungen reichen also nur bis in die Eiszeiten zurück.

Stufen der erdgeschichtlichen Zeitabläufe

Betrachten wir die Stufen der erdgeschichtlichen Zeitabläufe, so können wir selten von den Schichtungen, die an den abgebrochenen Berghängen sichtbar werden, auf deren Alter schließen. Verwerfungen und Erosion brachten die Reihenfolge durcheinander.
Zeitlich einordnen lassen sich die zu Tage tretenden Schichten wie folgt:
Aus der ältesten Zeit stammen Gips und Dolomit der Lagerstätten um **Stadtoldendorf**.
Dann folgten Ablagerungen des Buntsandsteins und verwandter Sandsteine im *Vogler*, besonders jedoch südlich von **Holzminden** im *Solling, Reinhardswald, Bramwald* und *Kaufunger Wald.*
Eine Besonderheit dabei ist der Sollingsandstein, der eigentliche Wesersandstein. Durch plattige, ungestörte Ablagerung, durchsetzt mit Glimmer, läßt er sich in bis zu 10 mm dünne Tafeln spalten. Alte Hausdächer und alter Hausbehang erinnern an die Zeiten, wo dieser Sandstein für den *Solling* das wichtigste Handelsgut war.
Neue Meere mit ihren Lebewesen hatten dann wieder einmal alles überschwemmt. Sie trockneten aus. Muschelkalk und Keuper sind deren Ablagerungen, sind die oberen Schichten des *Lippischen Berglandes*, die sich durch die Saxonische Faltung in einer schmalen Zone, dem *Falkenhagener Graben*, bis Polle hinaus vorschoben. Was von der ursprünglichen Dicke aller

Ablagerungen verblieb, sieht man am 500 m hohen *Köterberg*. Nördlich von ihm verläuft der *Liasgraben*, der *„Falkenhagener Graben"*, von **Polle** über **Falkenhagen** bis **Schwalenberg**.
Die Kuppe des *Köterbergs* ist öde, selbst den kümmerlichen Gräsern fehlt die Nahrung. Fünfzig, sechzig Meter tiefer zeigt sich ein anderes Bild. Herabgewaschene Lehme und Tone geben nun dichten Wäldern reichlich Nahrung, speichern Wasser für Moore, Moraste und Sümpfe.
Gebirgsverschiebungen, Überflutungen, wechselnde Temperaturen waren ursächlich für die wechselnde Flora und Fauna. Den unterschiedlichen, oft wechselnden Gesteins- und Bodenarten verdanken wir durch die so veränderten Lebensbedingungen die abwechslungsreiche Pflanzenwelt. Häufig ist sie noch in ihrer Ursprünglichkeit erhalten mit Dickichten, wilden Hecken, breiten Farnstreifen entlang der zahlreichen Bäche und Waldränder.
Wie hier das Leben am Anfang aussah, verraten die erhaltenen Versteinerungen. Auf den mit Kalkstein aufgeschütteten Forstwegen läßt sich manches entdecken. Ohne viel Suchen findet sich diese Vergangenheit in den Ablagerungen aus der Zeit vor etwa 150 Millionen Jahren, die am *Ith* zu Tage treten. 1,5 km entfernt von **Dielmissen** bei **Eschershausen** findet sich ein fossiles Korallenriff an der steilen Böschung des Forstweges westlich entlang der Ithkuppe, das uns seine versteinerten ehemaligen Bewohner verrät. Das Riff ist etwa 30 m lang und ca. 5 m hoch. Die oberen Kalke sind zwar relativ leer an Fossilien, da sie sich zu Dolomit umgewandelt haben. In der darunter liegenden Mergelschicht dagegen wird es interessant. In dem versteinerten Schlamm finden sich Seeigel, Seelilien, Austern, Schnecken, Korallen, die zum Teil im Laufe der Jahrmillionen aus dem Gestein herausgewittert und nun im Geröll zu finden sind.

Steigen wir nun in die Neuzeit unseres Erdzeitalters. Kreide und Gips mit ihren jüngeren Basaltdurchbrüchen finden sich reichlich im *Hils*, Eisenerze im *Ith*. Im *Solling* finden sich in seinen Sandlagern bescheidene Braunkohlenflöze, in der Nachbarschaft Quarzit, Rohstoff für die einst so zahlreichen Wanderglashütten und der heutigen Glasindustrie. Da gibt es auch reichlich Tonerde für Töpfereien und Kaolin als Rohstoff für die Fürstenberger Porzellanmanufaktur.
Die geologische Neuzeit finden wir in den Flußtälern mit den

Lehmablagerungen und dem typischen Bewuchs einer Auenlandschaft. Reizvoll und landschaftlich besonders interessant wird es auch auf der ausgedehnten Hochebene des *Solling* mit seinen Hochmooren. In Senken verhinderte eine Lehm- und Tonschicht das schnelle Versickern des Wassers.
Vor etwa 5.000 Jahren verrotteten hier Birken- und Buschwälder und wurden zum heutigen Torf und Moor. Hohe Niederschläge, temperaturbedingte geringe Verdunstung und wenig Gefälle begünstigten diese in Norddeutschland nur noch im Harz vorzufindende Moorbildung. Charakteristisch sind die Birkenbruchwälter mit großen Torfmoosflächen, Binsen, Wollgras und Heide sowie Sonnentau, Pfeifengras, Heidel- und Preiselbeeren, Moosbeeren und die mit ihren Früchten leuchtenden Ebereschen. Und in dieser nur schwer zugänglichen Landschaft haben sich dann auch viele ursprüngliche Tiergesellschaften erhalten.
Die erdgeschichtlich-geologische Entwicklung schuf den Fluß, die Berge und Täler, brachte für Fauna und Flora unterschiedliche Lebensbedingungen. Diese Entwicklung endete praktisch mit den Eiszeiten. Die Menschen waren noch rar und hatten daher die ursprüngliche Naturlandschaft kaum verändert. Die Geschichte dieser Zeit spielt sich ab in ausgedehnten Wäldern, Sümpfen und Mooren.
Doch mit der stärkeren Besiedlung veränderte sich das Landschaftsbild: Wälder wurden gerodet, Sümpfe entwässert, die Bodennutzung verändert. Und in Wechselwirkung zur Naturlandschaft schuf sich der Mensch dann hier seine besonderen staatlich-territorialen, politischen und kulturellen Räume.
Bei der geographischen Erkundung unseres Landes können wir die historisch-territorialen Grenzen vernachlässigen und uns einzig und allein dem Landschaftsbild widmen. Wer auf dem Schiff dem Lauf der Weser von **Hannoversch Münden** bis **Hameln** folgt, der erlebt hier von der schönen Weserlandschaft die interessantesten und abwechslungsreichsten Teile in ständigem Wechsel von engen Durchbruchstälern und weiten Talbecken. Auf ihrem Wege durchbricht die Weser das Buntsandsteingebirge zwischen **Hannoversch Münden**, fließt bis **Holzminden** auf der Grenze zwischen Sandstein und Muschelkalk, muß sich dann im **Poller Raum** mühsam durch das Ottensteiner Muschelkalkplateau quälen, um dann im weiten Tal zwischen **Bodenwerder** und **Hameln** die aus Jurakalk bestehenden Weserberge von den Lipper Keuper-Bergen zu trennen.

Historisch-politische Territorialbildung

Mehr als alle geologischen Unterschiede werden in der Neuzeit die historisch-politisch bedingten Territorialbildungen bedeutungsvoll. Das überrascht nicht in einem solchen Lande, das in seiner Verdichtung und Ausstrahlung innerhalb der deutschen Grenzen beispielslos geschichtsträchtig wurde.

Sachsen

In den ältesten schriftlichen Überlieferungen zur Besiedelung des Landes, *Widukinds* Sächsischen Geschichten, den Übertragungen des heiligen *Alexander* und der Schrift über die Herkunft der Schwaben, wird zeitbedingt von einem Volksstamm der „*Sachsen*" berichtet. Einst, vor fast zweitausend Jahren, als demnach diese Sachsen das Land besiedelten, hatte sie die Not hierher getrieben, ohne nun hier das Paradies zu finden. Da wird erzählt von dem Elend, das sie aus dem Nordland vertrieben hatte und wie man sich verzweifelt bemühte, den Unbilden Herr zu werden.
In diesen Geschichten aus dem 9. und 10. Jahrhundert, von Mönchen aufgezeichnet, wird zwar die Christianisierung zeitversetzt, ohne daß hierdurch das Geschehen unwahrscheinlicher wird.
Diesem Stamm war zur Verehrung ihrer alten Götter eigen, in jedem Jahr zwölf Christen zu schlachten. Dieser Frevel erzürnte Gott, der sie deswegen mit einer schrecklichen Hungersnot strafte. Der König des Stammes, der sehr kluge Mann namens *Ruodolf*, berief alsbald zum Rat alle vornehmsten Männer des Landes ein, und man beschloß einmütig, daß, wer mehrere Söhne habe, alle bis auf den Liebsten umzubringen habe, damit, wenn weniger Menschen im Lande wären, die Hungersnot das Volk weniger bedränge.
Doch ehe dieser Beschluß verkündet werden konnte gab es noch den anderen Rat, nämlich Schiffe zu beschaffen und die sonst dem Tode geweihten Söhne über das Meer in ein neues Land reisen zu lassen.
Auf der Suche für das Überleben zog man durch Dänemark, stritt mit den Thüringern und Franken, siedelte in Norddeutschland. In den häufigen Kriegswirren oft unterworfen zogen Stammesteile weiter gen Süden bis in den Raum der Al-

pen und nannten sich dort Stamm der *Schwaben.* Von allen Volksstämmen behielt dieser jedoch am stärksten seine Eigenart, berichtet *Alexander*, nämlich trotzig, schroff und fast animalisch in der Not, um dem Elend Herr zu werden.

Cherusker und Römer

Doch auch die *Cherusker* und *Römer* schrieben die Geschichte des Landes und gaben ihm historische Grenzen. Siedlungsgebiet der *Cherusker* war der Raum der „Weserfestung" vom *Reinhardswald* bis zum *Deister*, vom *Teutoburger Wald* bis an die *Leine*.
Das Gebiet in seinen fließenden Grenzen entspricht in etwa dem Raum, in dem auch vom 11. bis zum 15. Jahrhundert die *Eversteiner*, eine der mächtigen Dynastien im Reiche, Herrschaftsrechte besaßen, sie an ihre Nachbarn verloren, andere hinzugewannen. Innerhalb dieser Grenzen lagen die engernschen Gaue *Thiliti, Osterpurgi*, der *Huetta-, Net-* und *Augau*, die als Grafschaften mit ihren Grafschaftsverfassungen von den *Franken* übernommen wurden.

Territorialgrenzen

Vorher, zur Zeit der Völkerwanderung, leerten sich die Räume, die *Thüringer* siedelten, wurden von den *Merowinger* und *sächsischen Stämmen* wieder vertrieben, die alten Gaugrenzen – allerdings bedingt durch das Recht sehr lockere und unbestimmte Grenzen – jedoch blieben.
Der Legende nach, der alten *Thidreksage*, die den Stoff für *Wolfram von Eschenbachs* Erzählung von *Parzival* und *Lohengrin* abgab, zog hier *Siegfried* zu *Brunhilde* auf die *Burg Isenstein* im *Huettagau*, wie das *Nibelungenlied* sagt, und die *Vellada* lehrt, daß die Burg identisch ist mit einer nahe den Externsteinen. Auch *Dietrich von Bern* weilte hier. Nun allerdings hier die Gralsburg zu suchen statt in den Pyrenäen, wie es Wolfram von Eschenbach vermutet, ist spekulativ. Lohengrins Fahrt in die Unterwelt verliert sich nun einmal im Dunklen.
Auch *Karl der Große* wurde hier im Laufe seiner zahlreichen Sachsenkriege geschichtsträchtig. Die bestehenden germanischen Gaugrenzen jedoch blieben unverändert. Wenig verän-

derten sich auch die Machtverhältnisse. Die ehemaligen Gaugrafen wurden unter seiner Oberherrschaft beamtete Verwalter der Gaue. Andere, schwäbische Adelsgeschlechter sächsischer Herrkunft folgten ihnen aus den unterschiedlichsten Gründen. Dies führte dazu, weil *Heinrich IV.* seine Politik in Sachsen weitgehend auf zurückgeholte Sachsen stützte. Etliche Geschlechter, Sachsen schwäbischer Abkunft, erwähnt *Eike von Repkow* im „Sachsenspiegel" in seiner Einleitung ‚Von der Herren Geburt'. Dieser Nachweis ist ihm wichtig, da die ‚Nordschwaben', z. B. die *Eversteiner* und die *Spiegelberger*, ein vom „Sachsenspiegel" abweichendes Sonderrecht behielten im Gegensatz zu den Südschwaben, hier beispielsweise die *Welfen*. Das wirkte sich in den Eigentums- und damit den Machtrechten aus.
Gefördert wurde diese Übersiedlung auch durch die Vetternpolitik norddeutscher Bischöfe schwäbischer Herkunft, so durch *Werner von Magdeburg, Burchardt von Halberstatt* und *Anno von Köln*. Andererseits war es nicht so, daß nun irgendwelche Edelinge nach Sachsen geholt wurden, um hier als ‚Aufsteiger' Grafschaftsrechte zu übernehmen. Die einzige Ausnahme diesbezüglich war der Pfalzgraf *Otto von Rieneck* als Schwager der Kaiserin Richenza, der Gemahlin des Lothar von Süpplingenburg und Großmutter Heinrichs des Löwen.

Adelsgeschlechter – Staufer, Welfen –

Das alles geschah in der Zeit, als die Adelsgeschlechter anfingen, sich nach ihren Burgen zu benennen. Da war der Adel keine stammesmäßige Einheit mehr, sondern durch weiträumige Verpflanzungen und Versippungen wird der gesamte deutsche, sogar für die heutigen Grenzen der europäische Adel umfaßt. Ein ganz anderes Problem allerdings erwächst aus diesem häufigen Namenswirrwarr. Und dabei läßt sich manches mittelalterliche Geschehen viel besser verstehen, wenn man die familiären Bindungen der einzelnen Familien kennt.
Im Früh- und im Hochmittelalter haben die *Staufer* für Schwaben, für das Reich und für das Weserbergland eine besondere Bedeutung. Es lohnt sich, einen näheren Blick auf die Familie zu werfen.
Es war die Familie *Beringer* in Schwaben, die sich in *de Büren*

umbenannte, nachdem sie die Pfalzgrafen von Schwaben, die Grafen von Sulzbach, die Riesgaugrafen stellte. Seit 960 war *Friedrich von Büren* Pfalzgraf in Schwaben.

1079 kommt es für die Pfalzgrafen zu einem neuen Wohnsitz – die *Burg Hohenstaufen* ist die neue Residenz. Von da an handelt es sich um das Geschlecht der Staufer. Diesen Namenswechsel vollzog wieder ein *Friedrich*, der mit Agnes, der Tochter Kaiser Heinrich IV. verheiratet war. Dessen Sohn *Friedrich II. von Schwaben* heiratete Judith, Tochter des Welfen Heinrich des Schwarzen, der auch ein Grafenamt in Schwaben besaß.
Zum Verständnis für die Historie des Weserberglands muß man nun wissen, daß sich diese Beringer, Büren und Staufer auch *Grafen von Angrarien* oder auch *de Osten* nannten. Nach Merian war der Graf Bernhard von Angrarien bzw. de Osten durch seine Frau Christine verwandt mit dem Sachsen *Wittekind*. Letzner weist in seiner Chronica nach, daß es sich um *Christine von Ballenstedt* handelt. *Leibniz* wiederum in der „Praefat.ad.T.II, Script.rerum Brunsvie" weist nach, daß der besagte *Graf Bernhard von Osten* bzw. *von Büren* eng verwandt ist mit dem Geschlecht der Edelfreien von *Eberstein*, dem ältesten Dynastengeschlecht des *Ufgaues*. Beide Grafenfamilien, die Bürener bzw. Staufer wie auch die Ebersteiner, hatten darüberhinaus verwandtschaftliche Bindungen zu den Herzögen von Teck, den Markgrafen von Baden, den Zähringern und den Welfen.

Dies sollte zum weiteren Verständnis genügen. Kehren wir zurück in das Weserbergland mit seinem zentralen *Thilitigau*. Das war zu Zeiten *Pipins*, als der junge Bernhard von Osten und von Büren gemeinsam mit *Carl Martell* an dessen Hof erzogen wurde. Mit *Bonifacius* kamen sie dann auf dessen Missionierungszügen nach Bayern, Franken, Thüringen, Hessen. Im Thilitigau wurde Bernhard Gaugraf. Nach seinem Tode vererbte er seine Rechte und Besitzungen an den *Bischof von Fulda*. Der wiederum übergab diese als Lehen den *Edlen von Erzen* und den *Edlen von Ebersten*. Nach Erlöschen der Erzener (Ärzener) Dynastie waren die Ebersten einzige Lehensnehmer.
Deren Lehensherren wurden nach dem Fuldaer Bischof die *Billunger*, dann die *Süpplingenburger*. Kaiser *Lothar von Süpplingenburg* gab den Edlen von Ebersten oder häufig auch Everstein zu ihren norddeutschen Grafschaftsrechten an Werra, Diemel und Nethe auch Rechte als ‚Untergrafen' des Kaisers. Damit

wurden sie ‚Reichsständische', einzig dem Reich untertan. Für diese Rechte wurden sie im Thilitigau als Grafen eingesetzt.
Es war die Zeit der Territorialbildung. Am eifrigsten waren die welfischen Verwandten der Eversteiner bemüht, im norddeutschen Raum zu neuen Grenzen zu kommen, persönlichen Besitz zu vervollständigen. Im Weserbergland konnten sie allerdings kaum Fuß fassen. Hier saßen die ‚Reichsständischen', gestützt von *Barbarossa*, dem staufischen Vetter des Grafen *Albrecht von Everstein* und auch *Heinrich des Löwen*. Diese drei Vettern gewannen durch ihre Bindungen, Streitigkeiten und ihre Frauen eine herausragende Bedeutung für die Geschichte des Weserberglands.
Die *Staufer*, vor allem *Barbarossa*, stützten die ‚Reichsständischen' Eversteiner, die mit ihm, seinem Sohn *Heinrich VI.* und dem Enkel *Friedrich II.* ihr Territorium gen Norden erheblich erweitern konnten bis vor die Tore Hannovers, im Süden dagegen an der Werra, Diemel und Nethe aus unterschiedlichen Gründen Gebiete verloren.
Zerrissen wurde dann das Land mehrfach, als an die Stelle des so lockeren Verbunds des sächsischen Stammesherzogtums nun zwei Herzogtümer traten, nämlich das Herzogtum Westfalen und ein Herzogtum für das östliche Sachsen, dem sich 1235 auch noch ein Herzogtum Braunschweig-Lüneburg zugesellt. Neben diesen drei Herzogtümern gibt es u. a. die unabhängige, reichsständische Dynastie der Eversteiner, abhängig allein von der Macht des Reiches und den wechselnden Sicherungen vertraglicher und verwandtschaftspolitischer Art, dem Niedergang geweiht durch die Entmachtung des Reiches in der ‚kaiserlosen, schrecklichen Zeit'.
Das welfische Herzogtum Braunschweig-Lüneburg, nach der Ächtung Heinrichs des Löwen nicht mehr Lehensnehmer des Reiches und ohne die Rechte eines Reichsfürstentums, wird im Laufe des Mittelalters durch die zahlreichen Erbteilungen zerrissen. Da teilt sich das Mittlere Haus Braunschweig in die Wolfenbütteler und die Calenberger Linie mit den Häusern Grubenhagen, Braunschweig-Göttingen-Wolfenbüttel. Im 16. Jahrhundert bilden sich welfische Herrschaften durch die Vereinigung des Neuen Hauses Braunschweig mit Wolfenbüttel. Hieraus wird die eigenständische Linie Bevern abgespalten. Dann ist da das Haus Lüneburg, das gemeinsam mit Calenberg zum Kurfürstentum und späteren Königreich Hannover wird.

Das Herz unseres Landes, der Raum um **Polle** wie auch die Gebiete um **Hameln** bleiben seit dem 15. Jahrhundert durchgehend der welfisch-calenbergischen Familie untertan. Ansonsten herrschen ringsherum die Welfen aus Grubenhagen, Göttingen, Braunschweig, Bevern. Randgebiete sind darüberhinaus hessisch, lippisch, schaumburg-lippisch bzw. waldecksch.

Territoriale Entwicklung ab 1714

Die territorialen Entwicklungen der neueren Zeit werden weitgehend seit 1714 beeinflußt durch die Personalunion zwischen Kurhannover und England und durch die politischen Unruhen, die von Frankreich ausgingen und ihren Höhepunkt im napoleonischen Zeitalter fanden.
Im Siebenjährigen Krieg waren es Preußen und Frankreich, die sich das Land streitig machten. Dann wollte *Napoleon* das schwer zugängliche England im Hannoverschen bekämpfen. 1805 übereignete er dann das Land dem befreundeten Preußen. 1806 bereits wurde es mit französischer Besatzung Bestandteil des Kaiserreiches Frankreich. 1807 wurde es in das neu gebildete Königreich Westfalen des Napoleonbruders *Jerome* eingegliedert.
In der Folge konnte das hannoversche Welfenland nur mühsam seine Existenz behaupten. Die Bevölkerung opponierte gegen sein Herrscherhaus, ohne Erfolg, da das welfische Polizeiregiment vorübergehend noch die liberalen Bestrebungen unterdrücken konnte.
1866 dann im preußisch-österreichischen Krieg verlor **Hannover** seine Eigenstaatlichkeit und wurde preußische Provinz. 1924 scheiterte ein Volksbegehren für einen neuen welfischen Territorialstaat. Die Frage war für die Bevölkerung unaktuell geworden.
Das Land **Braunschweig** dagegen bestand über die Zeiten selbständig weiter, mal mit einem preußischen Regenten, dann mit einer demokratischen, ab 1930 mit einer nationalsozialistischen Regierung.
Nach 1945 verlangten die Alliierten eine Zergliederung des Deutschen Reiches. Im Weserraum folgten auf die Britische und die Amerikanische Besatzungszone die neuen Länder *Hessen, Nordrhein-Westfalen* mit Lippe und *Niedersachsen* einschließlich Braunschweig. In diesen drei bundesrepublikanischen Ländern finden wir das heutige Weserbergland.

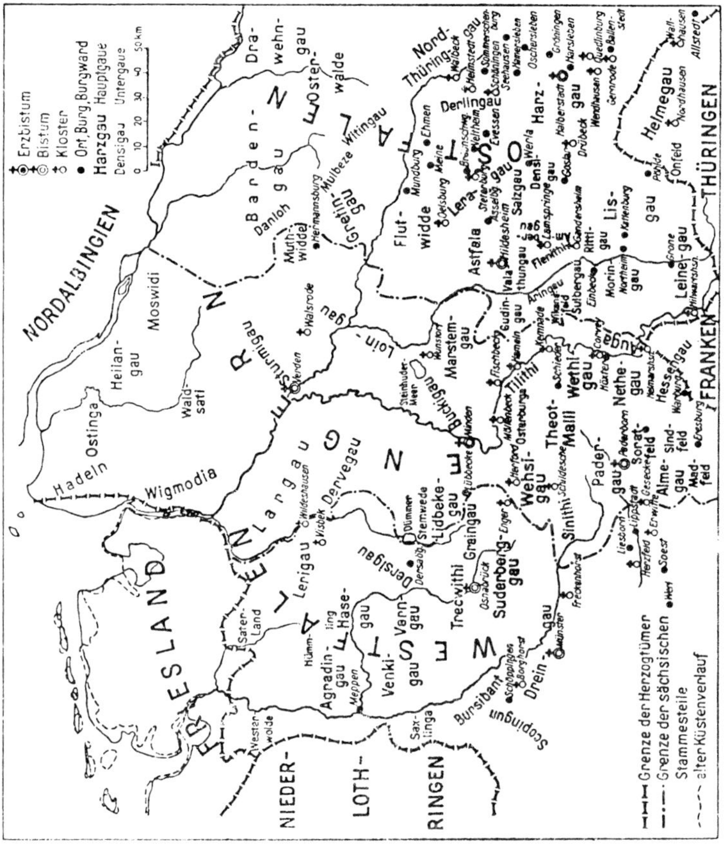

Gaue in Niedersachsen um das Jahr 1000
(Quelle: Atlas Niedersachsen 1950 (Ro))

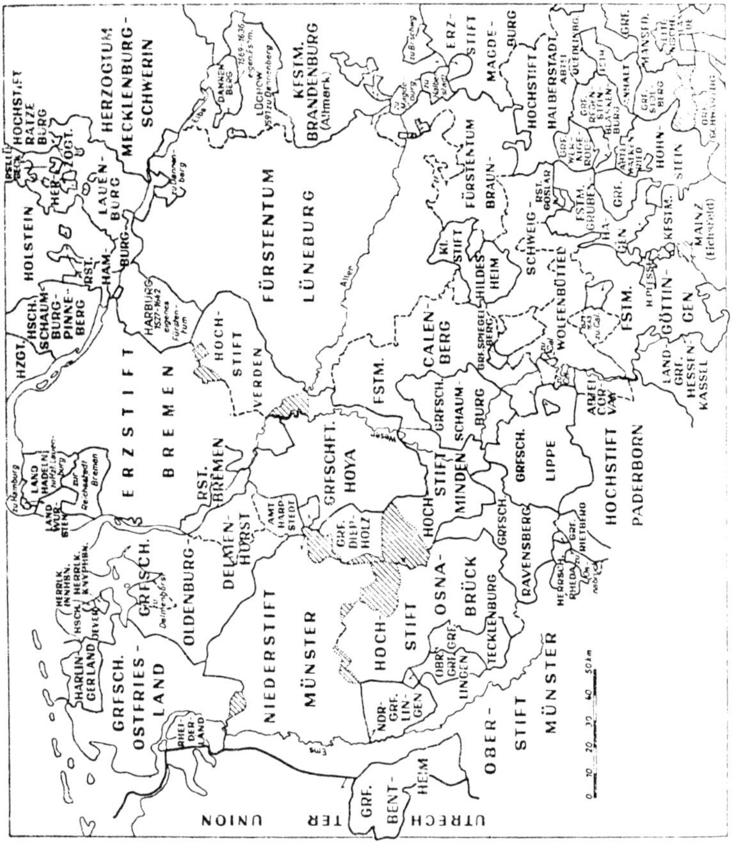

Niedersachsen am Ende des 16. Jahrhunderts (schraffiert = strittige Gebiete oder Gesamtherrschaften unter doppelter Verwaltung (Quelle: Atlas Niedersachsen 1950 (Lü))

Ein abwechslungsreiches Bergland

Die Weser war einmal der Hauptverkehrsweg, da für Straßen entlang des Flusses der Raum fehlte, erst im vorigen Jahrhundert wurde Abhilfe geschaffen. Noch schlechter ist es mit der Eisenbahn bestellt.

Für die Oberweser-Dampfschiffahrt wurde 1817 der „Herzog von Cambridge" gebaut. Schon bei der ersten Fahrt stellte sich allerdings heraus, daß die Strömung zu stark war. Pferde mußten ziehen helfen. Am 10. Oktober 1843 fuhr dann der „Hermann" von **Hameln** nach **Hannoversch Münden**. 1958 übernahm der soeben gegründete Norddeutsche Lloyd diese Fahrten, 1883 dann der Hamelner Senator Meyer als neuer Eigentümer.

Hannoversch Münden

Hannoversch Münden war der Endpunkt der Schiffsreisen. Endpunkt der Fahrt war es bereits 1707, als *Papin*, der Erfinder der Dampfmaschine, mit dem ersten Dampfboot der Welt hier unfreiwillig Opfer der **Mündener** Schiffergilde wurde, die ihr Privileg verteidigte, daß kein fremdes Schiff passieren dürfe.

Hiervon gibt es nichts mehr zu sehen. Dagegen ist an der Nordseite der dortigen Ägidienkirche auf einem Grabstein zu lesen: „Alhir ruhet in Gott der weiland hochedle, hocherfahrene Herr *Joh. Andreas Eisenbart*, Königl. Grossbritanischer und churf. Braunschw. Lüneb. Briveligierter Landarzt wie auch Königl. Breussischer Rat und Hofokuliste von Magdeburg, geboren ano 1661, gestorben 1727, den 11. November, aetatis 66 Jahr." Er war, wie damals üblich, nach handwerklicher Lehre Wanderchirurg geworden, der sich seinen Ruhm durch „Wunderheilungen" am preußischen Königshof erworben hatte.

Ein anderer Gedenkstein findet sich unter der alten Kastanie am Zusammenfluß von *Werra* und *Fulda*: „Wo Werra sich und Fulda küssen, sie ihren Namen büßen müssen, und so entsteht durch diesen Kuß, deutsch bis zum Meer, der Weserfluß." Da waren allerdings die Römer anderer Meinung. Bei ihnen war die Werra der Oberlauf der Weser, was auch aus ihrem Namen – Wisaraha, Wirraha – hervorgeht. Auch der Landschaftscharakter des Werratals ähnelt dem des Wesertals.

Hannoversch Mündens älteste Siedlungen waren **Giumundin** (*Altmünden*) an der Weser, **Ratten** (*Bonaforth*) an der Fulda und **Herrmannshagen** an der Werra. Hier an der Werra gewann der Ort bereits in der Frühgeschichte seine besondere Bedeutung durch die gut befahrbare Flußfurt, zu der in dieser Gegend alle Wege führten.
1175 wurde die Stadt gegründet mit dem Ausbau von **Gimundin**. Im übrigen eine Stadt, von der *Alexander von Humboldt* sagte, sie gehöre zu den sieben schönsten Städten der Erde.

Am schönsten und bedeutendsten sind die alten Fachwerkhäuser mit ihren Giebeldächern, besonders jedoch das 1603 erbaute *Renaissance-Rathaus*.
Interessieren wir uns für die einmalige Weser-Renaissance, so sollten wir uns besonders solche alten Fachwerkhäuser mit ihren reich geschnitzten Balken in ihrer Farbenpracht ansehen. Über sie, dem eigentlichen Ursprung dieser Stilrichtung, gewinnen wir einen Einblick und das Verständnis, auch wenn die Renaissance-Schlösser imposanter, imponierender und noch fotogener sind. Denn unser Land ist vor allem ein Bürgerland, in dem auch unvermeidbar Fürsten herrschten.
Eine der ältesten deutschen Steinbrücken, vor 1250 erbaut, führt hier über die Werra. *Heinrich der Löwe* hatte an dieser Stelle eine hölzerne Brücke zur Förderung des Handels errichten lassen. Seine Fürsorge ist verständlich, denn **Hannoversch Münden** war ein wichtiger Warenumschlagplatz, dem er große persönliche Einkünfte verdankte.
An die traditionsreiche Vergangenheit der Stadt erinnert der Platz, wo das 1560 errichtete Renaissance-Schloß steht. In der „Kroneken der Sassen“ von 1494 wird vom „ohle Hus tom Palande“ berichtet, ein Vorwerk des fränkischen Königshofes, dessen ‚Pfalzkapelle‘ an der Stelle der heutigen *Ägidienkirche* stand. Und nach dem Vorwerk ließ *Otto von Northeim* im Jahre 1070 eine Burg errichten, dann bauten sich die *Welfen* hier eine Residenz.
Wer an das Geschehen im 30jährigen Krieg erinnert werden möchte, muß das oberste Turmzimmer der Tillyschanze aufsuchen. Auf einem Reliefbild ist das Kampfgewoge dargestellt bei *Tillys* Eroberung der Stadt.
Grausam ging es damals zu. Über 2.000 Leichen lagen in den Straßen. Und all dies geschah, weil der Stadtkommandant ein Desertierter der Kaiserlichen Armee war, der bei einer Kapitu-

lation mit einer Hinrichtung zu rechnen hatte. In der Not ließ er die Geschütze mit Hufnägeln laden, die schreckliche Verwundungen verursachten. Die Soldateska ergriff daher eine unbändige Wut und *Tilly* war unfähig, die Truppe zur Ordnung zu rufen. So kam es dann nach der Eroberung zu einem brutalen Gemetzel.

Die Sababurg

Folgen wir dem Weserlauf, so werden bald die Sandsteinhochflächen von *Bramwald* und *Reinhardswald* sichtbar als rotleuchtende Felshänge. 300 bis 400 m beträgt der steile Höhenunterschied zum Flußlauf. Bei **Veckerhagen** und **Oedelsheim** läßt sich gut erkennen, wie tief sich die Weser in den Stein hineingefressen hat. 120 bis 150 m höher im Fels findet sich als Schotterschicht das alte Flußbett aus der Vorzeit.
Wie der Name sagt, sind *Kaufunger Wald, Bramwald, Reinhardswald, Solling* ausgesprochene Waldgebirge. Einst war der Wald Bestandteil der Siedlung, war notwendiger Lebensraum. Er war ein *Hudewald*, Hütewald für das Vieh, mit Büschen, Gräsern, Bächen. Und er bestand aus Laubwald mit seinen nahrhaften Eicheln und Bucheckern.
Ein solcher *Hudewald*, der typische Wald des Mittelalters, findet sich im *Reinhardswald* unweit der *Sababurg*. Man braucht hier lediglich den irrigen Schildern „Urwald" im Umkreis der *Sababurg* zu folgen, um an dies Naturschutzgebiet mit einem der schönsten und ältesten deutschen Eichenwälder zu gelangen.
Es gibt im Weserbergland manch andere helle und freundliche Laubwälder. Hier sind wir im deutschen Märchenland. Elfen und Hexen, Prinzen, Riesen und Zwerge sollen hier zumindest früher einmal zuhause gewesen sein. Die *Brüder Grimm* hatten es hier leicht, ihre Märchen zusammen zu tragen. Hier entstand der größte Teil des alten deutschen Märchenschatzes, wurde erhalten und weitererzählt. Und in abgewandelter glaubhafterer Form wird sich früher auch manches von dem hier zugetragen haben.

Unser Weg führt uns von **Hannoversch Münden** weserabwärts. Sollten wir uns zwischen dem Katharinentage und Weihnachten in der Stadt aufgehalten haben, wurden wir über-

Mittelalterlicher Hudewald

rascht durch das abendliche Läuten der Katharinenglocke. Das ganze hat folgendes Begängnis: Eine Nonne des *Klosters Hilwartshausen* hatte sich im *Reinhardswald* verlaufen. Nach verzweifeltem Umherrirren hörte sie dann den vertrauten Klang der Glocken der **Mündener** *St. Blasien-Kirche* und konnte sich endlich zurechtfinden. Aus Dankbarkeit stiftete sie der Kirche die Glocke, die seitdem vom 25. November bis Weihnachten, wenn die Dunkelheit hereinbricht, geläutet wird.

Die *Sababurg* mit Urwald, Tierpark und der *Klosterkirche Gottsbüren* gehören zusammen. In der Geschichte und den zahlreichen Märchen ist eins mit dem anderen verbunden. Es lohnt sich, sich bei einem Besuch für alles Zeit zu nehmen.
Anfahrtswege zur *Sababurg* hat man im Süden von **Veckerhagen**, vom Norden ab **Gieselwerder** und im Westen von der *Trendelburg. D*ie Richtungsschilder ‚Urwald', ‚Gestüt Beberbeck', ‚Sababurg' sind alle zutreffend.
Die *Sababurg*, ursprünglich *Zapfenburg* genannt, die Burg auf einem Basalt-Zapfen, entstand 1334. Umgeben war sie von einer 5000 m langen, 20 bis 30 m dichten Dornenhecke. Das war die Dornenhecke des Märchens vom Dornröschen, in der so viele Prinzen verbluteten. Vergeblich hatten sie versucht, das schlafende Dornröschen zu wecken.
Diese Dornenhecke wurde schon im Mittelalter durch eine hohe Steinmauer ersetzt, hinter der sich der einmalige Tierpark verbirgt. Es soll der älteste Tierpark überhaupt sein. 1580 wurden hier schwedische Rentiere und bayerische Gemsen ausgesetzt, auf die von der höfischen Gesellschaft bei frohem Gelage gejagd wurde. Jagd ist vielleicht nicht einmal der richtige Ausdruck: Außerhalb der Hecke bzw. Mauer wurden Tribünen mit Baldachinen errichtet, von denen dann Männlein und Weiblein bemüht waren, das herangetriebene Wild mit der Armbrust zu erlegen.
Da hatte es an einem sonnigen Herbsttage des Jahres 1580 in *Gieselwerder* ein großes Durcheinander gegeben, als ein landgräflicher Eilbote dem dortigen Amtmann den Befehl überbrachte, morgen ‚in der Tagerung' zwei Fuhrleute mit sechs starken Gäulen nch *Syburg* an die Weser zu schicken, um die zwei Schiffe mit den ‚fremden Reyhen' flußaufwärts zu ziehen und diese dann ungesäumt in den neu eingerichteten Tiergarten bei der ‚Zapfenburg' zu treiben.
Der Herzog *Karl von Schweden* hatte sich endlich des Landgra-

fen Wilhelm erbarmt und ihm zwölf Rentiere ‚nebst einer wilden lappen frau' zu deren Wartung geschenkt. In Bremen hatte man sie auf zwei Weserböcke verladen und auf den weiteren Weg gebracht. Zum Empfang dieser außergewöhnlichen Tiere hatte sich neben dem hessischen Landgrafen selbst der Herzog *Julius von Braunschweig* eingefunden, dem es trotz eifrigen Bemühens nicht gelingen wollte, mit der ‚wilden Lappenfrau' eine Verständigung herbeizuführen. Meister Bastian, der Kammerlakai des Landgrafen, hatte da schon eher begriffen, was sie da so gehässig zu dem Herzog Julius zischte und knurrte – sie wollte wieder heim in ihre nordische Heimat.
Heute ist der Tierpark ein Urwildpark für bedrohte und ausgerottete Tierarten. Erfolgreich wurden hier die in freier Wildbahn ausgerotteten Ure und Wisente rückgezüchtet. Es ist auch der einzige Wildpark der Erde, wo sämtliche drei Arten des Urwildpferdes – Tarpan, Przewalski-Pferd, Urpony – gehalten und zurückgezüchtet werden.
Groß und weitläufig ist der Park. Es bedarf schon etlicher Stunden, um ihn vollständig zu durchwandern. Hier wie auch im angrenzenden Urwald finden wir viele interessante Baumveteranen. Eichen sind bis zu 500 und 600 Jahre alt. Dann bietet das Naturschutzgebiet andere Seltenheiten. Blütepflanzen sind zwar durch den dichten Bewuchs nicht häufig, dafür fehlt es dann nicht an seltenen Farnen, Baumpilzen, Insekten.
Nur 5 km nördlich der *Sababurg* findet sich die ‚Geldquelle' für den Bau der alten Befestigung, nämlich in *Gottsbüren*. Hier wurde im Jahre 1331 aus einem absonderlichen Anlaß die Wallfahrtskirche errichtet, nachdem man dort angeblich den unverwesten Leichnam des Herrn gefunden haben wollte. Das geschah zu der Zeit, als es dem Bischof von Mainz nötig erschien, seinen Anteil am Reinhardswald durch eine Burg zu sichern, für deren Bau ihm das nötige Geld fehlte.
Erst einmal wurde daher die Wallfahrtskirche in die Wildnis gestellt. Bald kamen unzählige Wallfahrer zu diesem abgelegenen Ort, um das Wunder zu schauen und reiche Gaben zu stiften. Die Gaben flossen so reichlich, daß hiervon nur ein Drittel für den Bau der *Sababurg* gebraucht wurde.
Sollten Sie bei Ihren Erkundungen vorher das bedeutungsvolle *Bursfelde* aufgesucht haben, kann Ihnen ein anderer Weg zur Sababurg, zum Wildpark und zum Urwald empfohlen werden. Etwa 1 km weserabwärts von *Bursfelde* führt direkt eine

für den Autoverkehr gesperrte Straße zur Burg. Nach etwa 5 km erreichen Sie dann Ihr Ziel.

Kloster Bursfelde

Bursfelde ist mit einer der schönsten Flecken an der Oberweser. 1090 erwarb hier der Sohn des Bayernherzogs Otto den Ort **Niemende** an der Mündung der Nieme in die Weser und stiftete 1093 eine Benediktiner-Abtei.
Das Kloster wurde in vielerlei Hinsicht berühmt. Die verbliebenen Reste der einst mächtigen Klosteranlagen gehören immer noch zu den wenigen Kleinodien der deutschen Romanik. Vom Kreuzgang ist zwar nur noch wenig erhalten, doch die dreischiffige Klosterkirche zeugt von mittelalterlicher Baukunst. Beachtenswert sind auch die kostbaren Fresken aus dem 15. Jahrhundert.
Noch interessanter dagegen ist die Geschichte von Ort und Kloster. Hier hielt *Ludwig der Deutsche* im Jahre 852 die Deutsche Nationalversammlung ab, stiftete das sächsische Herzogamt, übertrug es dem Grafen Ludolf, dem Großvater von Heinrich I., dem ersten sächsischen Deutschen König.
Rasch und mächtig war das Kloster bis in die Mitte des 15. Jahrhunderts aufgeblüht, bis dann die Mönche die Vorzüge eines weltlichen Lebens erkannten. Harmlos ausgedrückt sprach man von der ‚Zuchtlosigkeit' der Mönche, die sich praktisch in Völlerei, Wilddieberei, Wegelagerei und Rauflust ausdrückte. Da konnten selbst die sogenannten ‚Raubritter' kaum mithalten.
Der Handelsmann war sich seines Lebens nicht sicher, wenn er in diese Gegend geriet. Und die Weser hatte man für die Schiffahrt mit einer starken eisernen Kette gesperrt. Für die Weiterfahrt wurde zwar nicht geplündert, dafür jedoch gut kassiert. Der Sittenverfall trieb dann die Mönche fort aus den Klostermauern. 1430 befand sich dort lediglich noch ein Mönch und eine Kuh. Viehstall war die herrliche Klosterkirche geworden.
Hier, wo der Verfall der Klosterzucht so augenfällig war, war auch der Ort, von dem die Erneuerung des klösterlichen Lebens, die Reform des geistlichen Lebens, ausging. Durch die ‚Bursfelder Kongregation' sollten die alten Benediktinerregeln

mit neuem Leben erfüllt werden. 180 Benediktinerklöster existierten zu der Zeit in Europa. 100 hiervon unterwarfen sich den strengen Bursfelder Regeln. Bursfelder Reformatoren wurden aus allen Gegenden Europas angefordert. Selbst das Mutterhaus der Benediktiner, Corbejensis, schloß sich solchen Bitten an.
1542 wurde das Kloster dann protestantisch. Auch heute noch wird das Amt des Abts von einem Theologen der Göttinger Universität ausgeübt.
Erwähnenswert sind auch die bedeutenden Kirchenkonzerte, die in der Klosterkirche stattfinden. In dem Gasthaus ‚Zur Klostermühle', unmittelbar an der Dampferanlegestelle gelegen, gibt es die gewünschten Auskünfte.

Eine andere Rarität sollte man noch zur Kenntnis nehmen. Wenige Kilometer südlich von Bursfelde, am Zipfel des Bramwaldes, liegt der kleine Ort **Bühren**, der in seinem Ursprung bis in die Zeit um 400 v. Chr. zurückreicht.
Aus Mangel am Feuerstein begnügte sich der Steinzeitmensch mit anderen harten Mineralien, z. B. Quarzit. Am Voßküppel bei Bühren kann man einen solchen Quarzitschlagplatz finden.
Wo die Schwülme in die Weser mündet und den Bramwald vom Solling trennt liegt **Lippoldsberg** mit seiner 1088 erbauten *Klosterkirche*, eine dreischiffige Gewölbebasilika, die wohl zu den wichtigsten Baudenkmälern aus jener Zeit gehört.
Lippoldsberg ist übrigens der nördlichste Grenzort Hessens.

Von Teufeln, Hexen und Wilddieben

Zu der Zeit, als noch der Landgraf das Land beherrschte, begab es sich, daß er wie auch die anderen Reichsfürsten zu dem Reichstag nach Augsburg gerufen wurde. Da er ein lauterer Hesse war, dem nicht bangte, auch mit dem Kaiser um die rechte Art des Glaubens zu streiten, kam es zwischen beiden zu einem heftigen Wortgefecht, das damit endete, daß der Landgraf dem Kaiser eine saftige Maulschelle verpaßte. Zur Strafe wurde er in ein Verließ geworfen, wo es naß und kalt war und wo kein Tageslicht eindringen konnte.
Zwei Jahre waren so vergangen, und der Landgraf grübelte immer noch über seine Rettung nach. Da erschien ihm ein Geist und versprach ihm Hilfe. Der Geist war der Teufel

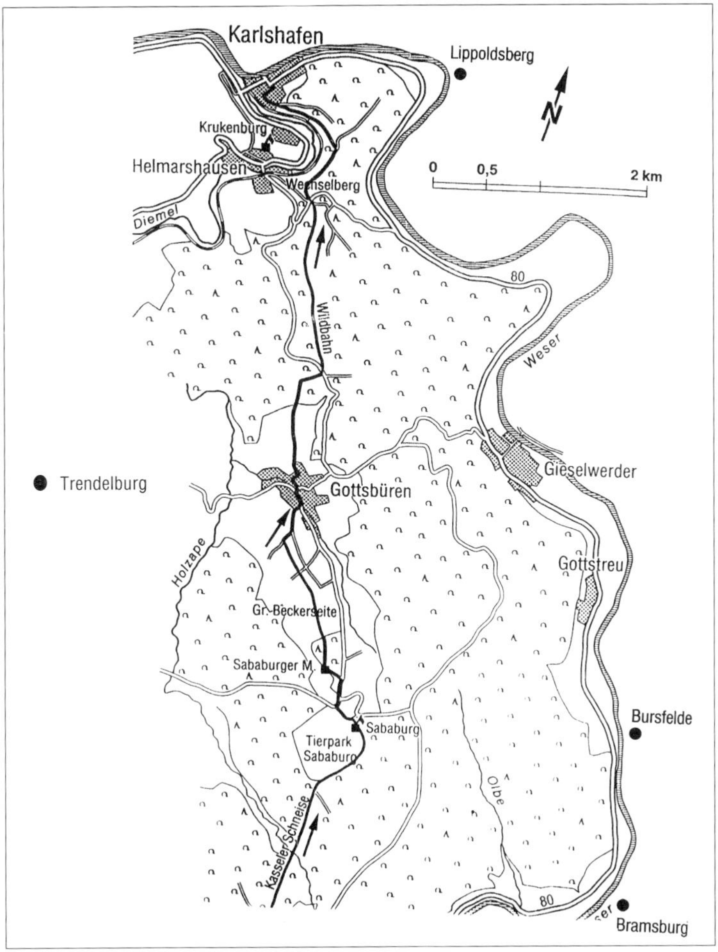

höchstpersönlich, der ihm nur eine einzige Bedingung stellte, um die Freiheit wiederzuerlangen. Der Teufel verlangte lediglich des Landgrafen Befehl, daß zukünftig in Hessen keine Hexen mehr verbrannt werden dürften.

Der Landgraf als frommer Christ, der an die göttliche Vorsehung und Gerechtigkeit glaubte, fand nach kurzem Überlegen keinen Grund, sich des Befehls zu verweigern. Würde ihm zwar das gerechte Urteil hierdurch genommen, so würde ihm sicherlich der liebe Gott diese Arbeit abnehmen, wenn er die Seelen für den schmalen und den breiten Pfad zu Himmel und Hölle sortiere. Ob dem allerdings tatsächlich so war, hat auch späterhin niemand überprüft.

In der benachbarten Reichsabtei **Corvey**, in **Höxter** und auch **Bevern** war der Teufel dagegen erst einmal weniger erfolgreich, wie aus deren Archiven hervorgeht und wie selbst *Merian* in seiner „TOPOGRAPHIA" von 1654 berichtet.
So soll jene Frau als Hexe verbrannt worden sein, welche die Familie derer von Bevern zum Aussterben gebracht haben soll, so daß dann der *Statius von Münchhausen* den Lehenssitz erwarb, die alte Burg abreißen ließ und dann das heutige prächtige Schloß in Bevern errichten ließ.
Nach Münchhausens Tod übernahm Herzog *August der Jüngere* von Braunschweig-Wolfenbüttel das begehrte Schloß. Seine Gewohnheit, Eigentumsfragen nicht unbedingt mit dem Geldbeutel, sondern praktikabler als Herr der dortigen Halsgerichtsbarkeit zu regeln, mußte er nicht anwenden, da Münchhausens Witwe rechtzeitig nach Höxter flüchtete und auf ihren Besitz verzichtete.
Dieser Herzog August der Jüngere, für *Leibniz* wohl der gelehrteste Fürst seiner Zeit, Gründer der Wolfenbütteler Bibliothek, hatte in seinem kleinen Lande nach eigenem Bekunden etwa zweihundert Hexen verbrennen lassen, meistens allerdings nicht bei lebendigem Leibe. Ursächlich war hierfür wohl die gründliche Folterung, deren sämtliche Steigerungsstufen selten bis zum Schluß ertragen wurden.

Was sich so zutrug, berichten ausführlich Prozeßakten des Höxterschen Stadtarchivs.
Am 6.5.1654 wurde die *Wittenhoversche*, Ehefrau des höxterschen Bürgermeisters, der Hexerei bezichtigt und in Haft genommen. So erging es auch ihrer älteren Schwester, der Kornschreiberschen. Trotz der Eingaben des Fürstabtes von Corvey und auch des Bürgermeisters an den obersten Gerichtsherrn, Herzog August – „man solle nicht auf die blosse denunciation gehen sondern auf die indicia probata, item auch nicht auf die wasserprobe, sondern das man sie vielmehr davon abmahnen sollte" – ging der Prozeß seinen grausamen Lauf. „Denn was hilfft viell schreibens, viell redens, es will sich doch niemandt daran keren, sondern man frist und saufft mit ihm noch wacker hin. Wan dieses wahr were, das Huxar (Höxter) voller hexen wehre, wehre so auch billig, das man die stadt zuplöckte und sie zusammen darinnen verbrennete."
Am 10.6.1654 meldet das Gerichtsprotokoll:
„Ob sie (die *Wittenhoversche*) zaubern kennte? Resp. Nein, kon-

te es nicht, wusste auch nichts zu bekennen, man möchte sie zerreissen und zerspleissen, und wan der meister 5 wahren und ihr pein anlegten, wolte sie alles geduldig leiden. Wandte sich darauf zu dem scharffrichter Jürgen Strugk, als sie ihre kleider abgethan, und sagte, kommet her mit euren dingen. – Als ihr nun die beinschraube fest angesetzt, sagte sie zum meister, setzet sie nur alle beide her, ich will es mit geduld übertragen."

Am 12.6.1654 heißt es im Protokoll:

„Wittenhoversche abermal ad torturam geführt. Wolte man sie peinigen, möchte man thun, dan sie könnte nicht hexen" – dann jedoch habe sie wie ein Ochse gebrüllt.

Der Meister Strugk meinte ob ihres beharrlichen Leugnens, „es wehre onmöglich, das ohne zuthun des leidigen satan der mensch solche pein natürlich ausstehen könte".

Am 28.8.1654 wurde sie der Wasserprobe unterzogen. Sie wurde entkleidet, die rechte Hand an die große Zehe des linken Fußes, die linke Hand an die des rechten Fußes gebunden. Um den Leib schlang man ihr ein Seil, um sie tot oder lebendig wieder aus dem Wasser ziehen zu können.

Wasserprobe einer Hexe (Holzschnitt, 1613)

Dreimal schwamm sie oben und war damit der Hexerei überführt. Da sie in der Haft starb, wurde sie vom Stadtdiener Dietrich Ameln in einem Loch vor dem Claus-Tor verscharrt. Die Leiche der durch die Foltern verstorbenen Schwester, der Kornschreiberschen, wurde dagegen öffentlich verbrannt.
Auch diese Grausamkeiten gehören zur Geschichte, nicht nur zu den vielen Erzählungen des Landes.
Nicht jedem Wanderer steht der Sinn danach, in diesem Lande nach Hexen zu suchen. Vielleicht sucht man vielmehr nach den Riesen, die hier einst beheimatet waren.
Nahe dieser Hexenorte liegt die gut erhaltene *Trendelburg*, die eine erlesene Gastlichkeit bietet. Und wer gerade zum Heiraten verführt wurde, kann hier Hochzeit halten mit dem Burgherrn als Trauzeugen. Für die Nächte ist dann der „Hochzeitsturm" reserviert.
Der Sage nach lebte einst in diesen Wäldern der Wilddieb Reinhard mit seinen drei Riesentöchtern *Saba, Brama* und *Trendula*, die einen gemeinsamen Goldschatz besaßen. Um das Vermögen gut anzulegen beschloß man, sich hiervon Burgen zu erbauen. Doch Saba und Trendula betrogen ihre Schwester Brama bei der Aufteilung des Goldes. Sie ließen die *Sababurg* und die *Trendelburg* gar prächtig erbauen. Für Brama blieb allerdings wenig vom Schatz übrig, so daß sie ihre *Bramburg* nicht fertig bauen lassen konnte. Von alledem steht heute nur noch der Turm. Der Trendelburg dagegen fehlt selbst heute noch kaum ein Stein.

Von Karlshafen bis zu den Hannoverschen Klippen

In dieser Gegend läßt sich noch manches entdecken. Bei **Karlshafen** mündet die *Diemel* in die Weser. Ganz nahe liegt **Helmarshausen**. 944 wurde hier ein Kloster gegründet, das als Reichsabtei dem nur wenige Kilometer entfernten Corvey ebenbürtig war. Von der einstigen Pracht sind nur noch wenige Ruinenreste erhalten. **Helmarshausen** beherbergte einst eine berühmte Buchmacherschule, aus der auch das „Evangeliar Heinrichs des Löwen" stammt, das heute in der Wolfenbütteler Bibliothek gesehen werden kann. Als Schutz dieser Reichsabtei baute man die *Krukenburg*, von der noch die Ruine steht.
Und damit sind wir auch schon in **Karlshafen**, dem Hugenottenstädtchen und kleinen, erholsamen Badeort.

Von **Karlshafen** sollte man einen Ausflug ins Diemeltal machen. Gleich hinter der Trendelburg treiben in der Diemel Blütenmatten des Flutenden Hahnenfußes. Und hinter dem Ort beginnt das interessante Muschelkalkgebiet mit Halbtrockenrasen des *Deiselbergs* mit seinen unterschiedlichsten Enzianen und seinen vielen Pilzen, mit der Besenheide und dem vom Aussterben bedrohten Herbst-Drehwurz. Bei **Liebenau** dagegen wächst das dreizähnige Knabenkraut, der Lothringer Lein, das Gefleckte Ferkelkraut.

In **Karlshafen** bietet sich ein sowohl botanisch wie kulturhistorisch hochinteressanter Weg an. Etwa 11 km mit rund 250 m Steigungen sind dort zu bewältigen.
Der Weg führt vom Ortskern von **Karlshafen** über die Weserbrücke, rechts die Uferpromenade entlang und unter der Bahnlinie dann zum Sperriesgrund, stetig ansteigend bis zum Rand der Hochfläche. Für den Augenblick lohnt sich der kurze Abstecher zum ausgeschilderten ‚Lug ins Land'. Zurück zur Forststraße, dann wechseln Sie auf den Weg ‚Rot 35' und erreichen bald das Ende des Sperriesgrundes. Von dort auf dem Wege ‚Rot 37' scharf rechts und nach einer Viertelstunde dann links in den schnurgeraden Forstweg Buchstrang. Nach knapp 2 km erkennt man *Hügelgräber* aus der Bronzezeit. Hinter dem letzten Hügel geht es rechts weiter zur alten Ortswüstung *Schmessen*, von der lediglich ein Taufstein erhalten ist. Über einen kleinen Bach kommt man zur Schmesser- und zur Donnereiche, beide über 1.000 Jahre alt. Ab Brüggefeld folgt eine kurze Strecke Autostraße, von der ab der scharfen Linkskurve ein Fußweg (X 3) den Steilhang hinunter zu den Hannoverschen Klippen führt. An diesen gelb leuchtenden Felsen siedelt eine Reihe von seltenen Pflanzen wie das Lanzett-Weidenröschen und sogar der Steife Schotendotter. Vor der Klippe geht es über Treppen und steile Zickzack-Wege zurück in die Stadt.

Was ein altes Reisetagebuch alles hergibt!

Von Hameln bis Polle in der Postkutsche

Sollten Sie per Auto, Fahrrad oder Dampfer **Polle** erreicht haben in der Absicht, hier Quartier zu machen, so bieten sich

eine Unmenge von Wanderungen, Fahrten und Überraschungen für jedes Wetter und für jede Jahreszeit an.
Ein Weg aus den Zeiten, in denen man auch viel mit der Postkutsche reiste, ist in einem vergilbten Tagebuch überliefert.

Die Fahrt begann in **Hameln** mit der Kleinbahn bis nach **Bodenwerder**. Von hier aus ging es auch nicht unbedingt langsamer weiter mit der Postkutsche. Zur „ruhigen Zeit" war es der kleine Omnibus, an Festtagen jedoch, wenn es alle heimwärts zog, war es der große Omnibus, wobei oftmals noch Leute oben auf dem Dach zusammen rücken mußten. Angenehm war dies bestimmt nicht, besonders zur Winterszeit, wenn es an der Weser eiseskalt war.
Alles war fröhlich, wenn der Postillion ins Horn blies und die Fahrt begann. In **Steinmühle** gab es dann zwar nicht den ersten Halt, dafür aber eine gründliche Rast. – Und dann wird von den so durstigen Vätern erzählt und den Müttern, die sich, durchfroren wie sie waren, lieber am Kachelofen aufwärmten. Wir Kinder allerdings – so heißt es – holten uns einen Groschen für die große Spieluhr, die so verlockend neben dem Tresen stand. Die großen gezahnten Blätter standen senkrecht, davor gab es einen großen Halteriegel. Und auf einmal hallte es so wunderseelig durch den Raum, oder war es lediglich ein Zupfen und Tunken: „Hier hab ich so manches liebe mal, mit meiner Laute gesessen, hinunter blickend ins tiefe Tal, mein Selbst und mein Lieb vergessen."
Es war eine Zauberwelt, die den Kindern immer wieder erneut aufging.
Und dann die plötzliche Ernüchterung. Da waren die Mütter, die bemüht waren, die Väter einschließlich des Postillions zurück in den Omnibus zu holen, damit die Fahrt fortgesetzt werden konnte.
Es ging auf der engen Schlängelstraße an der Weser entlang, über der dichter Nebel lag, dem über alles geliebten **Polle** entgegen. An der alten Post, neben Onkel Hermann Knittels Gasthaus „Zur Stadt Hannover" – auch das hat ja seine eigene interessante Geschichte seit *Münchhausens* Zeiten – warteten dann die Altvorderen. Und in der Burgstraße wartete eines meiner Leibgerichte.
Am besten gerieten meine Leibgerichte, wenn die Zutaten frisch aus dem Garten und der Räucherkammer kamen. Doch andererseits lebten wir schon in der Zeit, wo man die Konser-

vendosen erfunden hatte. Ein Behelf zwar, aber bei den Köstlichkeiten trotzdem erträglich.

Gerichte, die auch heute noch schmecken

Damit Sie all das nachempfinden können, seien hier zwei Rezepte verraten, die in herkömmlichen Kochbüchern nicht zu finden sind:

DICKE BOHNEN

Angaben für 4 Personen:

500 g	junge, festkochende Salatkartoffeln, am besten die „Sieglinde", für Pellkartoffel
400 g	tiefgefrorene Dicke Bohnen – notfalls dürfen es auch 500 g sein
3	Eßlöffel Leinöl – auf alle Fälle ein nussiges Öl
200 g	durchwachsener zarter geräucherter Vorderschinken
100 g	geräucherter zarter Schinken aus dem Kern
3	Schalotten, notfalls eine große Zwiebel
1	Eßlöffel Weizenmehl
1 bis 2	Eßlöffel Weinessig

Frische krause Petersilie, Dill, Bohnenkraut, Schnittlauch
10 weiße Pfefferkörner, grob im Mörser zerstoßen (auch zerquetschter grüner Pfeffer eignet sich)
Salz
Und dazu gut gekühltes Allersheimer Pilsener.

Wenn Sie über die notwendigen Zutaten verfügen, können Sie mit der Zubereitung wie folgt beginnen:
Die ungeschälten Kartoffeln werden im Salzwasser etwa 20 Minuten gekocht, mit kaltem Wasser kurz abgeschreckt, damit sie sich besser pellen lassen. Nach einer halben Stunde sind sie fest und kühl genug, um beim Schneiden in dünne Scheiben nicht zu zerbröckeln.
In der Zwischenzeit haben wir 1/2 l Salzwasser mit einem Sträußchen Bohnenkraut – ein gestrichener Teelöffel getrocknetes Bohnenkraut tut es auch – zum Kochen gebracht, in dem dann die Dicken Bohnen schwach siedend etwa 15–18 Minuten garen müssen.
Gießen Sie das Ganze durch ein Sieb – doch Vorsicht, das Bohnenwasser wird noch dringend gebraucht.
Die Bohnen geben Sie nun zu den Kartoffeln in eine nicht zu kleine Schüssel.

Zerhacken Sie sorgfältig Petersilie, Dill und Schnittlauch. Besonders sparsam brauchen Sie nicht zu sein – 2 Eßlöffel Petersilie, 1 Eßlöffel Dill und 1 Eßlöffel Schnittlauch sind die richtige Menge.
Auch den weißen Pfeffer sollten Sie jetzt schon im Mörser zerkleinern, denn später fehlt Ihnen hierfür die Zeit.
Nun kommen wir zum eigentlichen Höhepunkt. In einer möglichst großen Pfanne wird das Leinöl nicht zu stark erhitzt, der grob gewürfelte Vorder- und Hinterschinken leicht ausgelassen, ohne daß er kroß werden darf. Wichtig ist, daß es sich um gut gealtertes, zartes Fleisch handelt.
Geben Sie die grob gewürfelten Schalotten bzw. die zerhackte Zwiebel in das Fett. Nur goldgelb darf alles werden wie auch das unter ständigem Rühren angeröstete Weizenmehl.
Das Ablöschen erfolgt mit dem Bohnenwasser unter kräftigem Rühren, damit sich keine Klumpen bilden können.
Fast sind wir nun fertig mit der Sauce, es fehlt lediglich der Schuß Weinessig, das Abschmecken mit Salz und Pfeffer, und am Schluß, wenn die Pfanne vom Feuer genommen ist, die Kräuter, die untergerührt werden.
Diese herrliche Sauße gießen Sie über Kartoffeln und Bohnen, mischen vorsichtig und gründlich und lassen alles zugedeckt etwa eine Stunde ziehen.

Bei dem zweiten Gericht handelt es sich um:

ERBSEN UND KLÖSSE

Die Zutaten für vier Personen:

300 g	tiefgefrorene Markerbsen
1 l	Wasser
1	grob geriebenes altes Brötchen
1	Eßlöffel Paniermehl
1	Teelöffel Salz
2	Teelöffel Zucker
50 g	Butter

- - -

Eierkuchenteig aus:

3	Eiern
1	gehäuften Eßlöffel Weizenmehl
1	Prise Salz
1	Prise geriebenen Muskat
1/8 l	Milch

- - -

ferner:

2	Eßlöffel feingehackte Petersilie
50 g	Butter

Wir beginnen mit den Klößen. Dafür bereiten wir zuerst den Eierkuchenteig, der zwar gründlich, aber nicht schaumig gerührt werden muß.
Dann wird in der Pfanne die Butter erhitzt und das geriebene Brötchen goldgelb angeröstet und erst jetzt das Paniermehl hinzugefühgt.
Bei mittlerer Hitze vermischen wir das Ganze mit dem Eierkuchenteig und lassen es fest werden. Hellbraun sollte der gebackene Kuchen sein und vorsichtig nach 3 bis 4 Minuten gewendet werden. Wenn nötig, dürfen Sie dann auch noch etwas Butter in die Pfanne tun. Anschließend lassen Sie die Masse 1/2 bis 3/4 Stunde in der Pfanne abkühlen. Das ist wichtig, damit Ihnen nicht später die Klöße zerfallen.
In einem Topf haben Sie in der Zwischenzeit 1 l Wasser zum Kochen gebracht, Salz, Zucker und Erbsen hinzugefügt. Nach 5 Minuten ist es so weit, daß Sie vorsichtig mit einem Eßlöffel nicht zu kleine Klöße abstechen und der Erbsensuppe hinzufügen. 10 Minuten muß dann die Suppe sieden, aber nicht kochen.
Zum Schluß wird alles verfeinert mit der restlichen Butter und der gehackten Petersilie. Guten Appetit!

Rast an der Teufelsmühle

Wie im Tagebuch berichtet wird, legte die Postkutsche jeweils an der *Steinmühle* eine gründliche Rast ein.
Einst war diese uralte Mühle – mehr als 700 Jahre ist sie alt – eine Getreidemühle der *Grafen von Everstein*. Ehe sie jedoch erbaut werden konnte, mußte der Teufel nachhelfen, damit das gewaltige Mühlrad auch sein Wasser bekam. Das ist eine besondere Geschichte, die dazu führte, daß sie, dicht an einer hohen, trockenen Felswand gelegen, aus der plötzlich wie ein Wunder ein reißender Bach entsprang, auch heimlich die *Teufelsmühle* genannt wird.
Und so also erzählen die Leute

DIE GESCHICHTE VON DER TEUFELSMÜHLE:

Die Geschichte hat sich vor fast achthundert Jahren wahrhaftig zugetragen und berichtet davon, wie selbst der Teufel zu überlisten ist.
Einst, als es mächtige Herren gab und ärmliche Knechte, die Hünen und die Zwerge also, was Kraft, Gewalt und Wohlstand betraf, lebten zwei Brüder, die mit ihren Leuten eine Mühle und eine Backstube betrieben. Der eine Hüne, Otto vom Stein, lebte in einem festen Haus, dort, wo heute Ottenstein gelegen ist. Und dort wurde das Brot gebacken aus dem Mehl, das sein Bruder Albrecht in seiner Mühle nahe der Poller Burg, angetrieben vom Bach aus dem Spiediger Siecke, immer dann mahlen ließ, wenn er aus der Ferne hörte, daß Otto den Backtrog gründlich auskratzte, um wieder frischen Brotteig zu kneten.
Solchen Kontrakt hatten die beiden Brüder geschlossen, und so ging es über Jahre gut. Hatte der eine gemahlen, buk der andere das Brot.
Einmal nun hörte der Albrecht, wie anscheinend in Ottenstein der Backtrog ausgekratzt wurde, wobei in Wirklichkeit nicht einmal der Backofen angeheizt worden war.
Es war Juli und bannig heiß, als der Bäcker die Lust verspürte, sich mal wieder im nahen Teufelsteich gründlich zu baden. So kräftig kratzte er dabei seinen Rücken, um den Grind des letzten Jahres herunter zu bekommen, daß dies den Bruder, der doch zwei Stunden Wegs entfernt wohnte, völlig irritierte. Und als der dann mit seinem Sack Mehl oben auf dem Berg ankam, war Otto nicht zu finden und der Backofen war kalt.
Nach langem Suchen sah er ihn dann vergnüglich und faul im Teiche liegen. „Du Faultier suhlst Dich im kalten Wasser und ich muß bei dieser Hitze das Mehl den steilen Berg herauf schleppen", schimpfte er wütend. „Nun hat unser Kontrakt sein Ende. Wenn Du backen willst, so besorg Dir eine eigene Mühle. Ich will von nun an mein Brot selbst backen."
Da war der Bäcker in arger Not. Einen Backofen zu bauen ist keine große Kunst. Doch wie sollte man müllern, wenn dafür das Wasser fehlt, um das Mühlrad in Gang zu setzen. „Teufel", jammerte er und kratzte sich hinter seinen Ohren, „was mach ich nun? Wer kann mir denn jetzt überhaupt noch helfen?"
Da gab es ein großes Platschen im Teufelsteich, und plötzlich stand der leibhaftige Teufel persönlich vor ihm. „Hier bin ich,

Otto vom Stein. Willst Du meine Hilfe, so schließ mit mir den nötigen Kontrakt."
„Bloß das nicht! Mit Dir gehe ich nie und nimmer einen Vertrag ein. Und wo willst Du denn hier, wo jeder Bach fehlt, eine Mühle hinstellen?"
„Oho", lachte der Teufel, der es dabei so ganz dick hinter den Ohren hatte, „wenn Du mir nach sieben Jahren Deine Seele verschreibst, so steht die Mühle fix und fertig morgen beim ersten Hahnenschrei."
Obwohl sich Otto nun nicht vorstellen konnte, daß so etwas möglich sein konnte, stammelte er doch irritiert: „Nie und nimmer werde ich gottesfürchtiger Mensch unterschreiben."
„Schön, meine Mühle also willst Du nicht, aber in meinem Teufelsteich herumzusuhlen, das gefällt Dir so. Dann laß Dich doch von Deinem Bruder zum Hahnreih machen. Lieber mache ich mich nun auf den Weg nach Polle, denn da sind mir immer einige sündige Seelen sicher."
Das half, denn von seinem Bruder wollte er sich nicht auslachen lassen, und er ging darum den Handel ein
Um Mitternacht stand er aufgeregt am Fenster und wartete der Dinge. Punkt zwölf war ein Lärmen in der dunklen Nacht. Ein gewaltiger Blitz kam über Ottenstein. Da sah er den Teufel, der am Teich stand mit einer riesig langen Lanze, die er so gewaltig in den Stein bohrte, mitten durch die Felsen, daß die Spitze unten am Weserufer durchschaute. Ein mächtiger Wasserstrahl schoß durch das Loch, so wie es heute noch ist. Und an dieser Stelle baute er Hals über Kopf eine Mühle, wie sie besser nicht sein konnte.
Otto vom Stein freute sich. Nun war er Bäcker und Müller zugleich. Wie würde sich sein Poller Bruder ärgern. Doch schwer auf seinem Herzen so wie ein dicker Steinbrocken drückte die Angst, was wohl nach diesen verfluchten sieben Jahren sein würde.
Zwei Jahre waren vergangen. Mit seinem Bruder hatte er sich inzwischen wieder ausgesöhnt und war heute mit einer Kiepe voll Brot unterwegs zur Poller Burg. Auf dem Wege sah er unter einem Kastanienbaum einen krüppeligen Menschen liegen, der erbärmlich stöhnte und jammerte.
„Was ist mit Dir los?", fragte Otto. „So ein kümmerliches Jammern hört man nun wirklich nicht alle Tage." „Ach", stöhnte, „ich war auf dem Wege nach Brevörde, und nun wollen mich meine Füße nicht mehr tragen."
„Na, jammere man nicht so gräßlich, setz Dich in meine Kiepe,

dann trage ich Dich zu meiner Mühle, wo Du ordentlich ausruhen kannst. Von dort hast Du dann nicht mehr weit zu laufen."
Er schleppte also den Alten diese wenigen Kilometer, gab ihm einen anständigen Schnaps, und am anderen Morgen war der dann auch wieder kreuzfidel.
Doch ehe der Alte sich dann auf den weiteren Weg machte, dankte er: „Otto, hundert andere Menschenkinder wären an mir achtlos vorbeigelaufen, doch Du hattest ein Herz und bist mir in meiner Not beigestanden. Wenn Du einen Wunsch hast, so soll er Dir erfüllt werden."
„Ach", meinte Otto, „eigentlich habe ich mein gutes Auskommen. So richtigen Ärger macht mir nur so ein Vagabund, der sich nachts in meine Mühle schleicht und mir aus meiner Mehlkiste mein gutes Mehl stiehlt. Diesen Burschen möchte ich endlich einmal erwischen."
„Nichts weiter als das", meinte der Alte, „das sind die Zwerge wohl, die Dich berauben. Aber beim nächsten Mal soll jeder, der sich unbefugt an Deiner Mehlkiste zu schaffen macht, so fest daran kleben, als wenn Du ihn mit Kleister festgebackt hättest.
Ein paar Tage später hörte Otto wieder das Gekraspel. Hurtig guckte er nach. Da zappelten doch wirklich sieben Zwerge, und jeder hatte seinen Beutel voll mit Mehl neben sich stehen.
Der gutmütige Otto ließ Gnade vor Recht ergehen. Nur schwören mußte man ihm beim Allmächtigen, daß diese Stehlerei ein Ende haben werde. Und so ließ er diese Sieben sich wieder auf den Weg nach Brevörde machen.
Seit der Zeit wurde nichts mehr gestohlen, nur hin und wieder lag in der Kiste zwischen dem Mehl ein kleiner Klumpen Gold.
Als die verdammten sieben Jahre ihr Ende fanden, kam pünktlich der Teufel. „Otto, Kontrakt ist Kontrakt. Nun hole ich Deine Seele. Dabei habe ich für Dich extra einen besonders großen Ofen gebaut. Meine Großmutter hat bereits tüchtig eingeheizt."
Otto fand dies überhaupt nicht verlockend. Doch als er sich der Zwerge erinnerte, wußte er auch die Rettung.
Er war dabei gewesen, aus der Kiste einen Sack mit Mehl voll zu schaufeln. „Wenn Du mir hilfst, geht es schneller und Du mußt nicht unnütz warten", sagte er so richtig scheinheilig.
„Gut", meinte der Teufel ohne Argwohn, setzte sich auf den Kistenrand und half eifrig mit.
„Dann sieh man zu, daß der Sack voll wird", sagte Otto ganz

treuherzig. „Ich brauche erst einmal mein Frühstück", und weg ging er und lachte dabei aus vollem Halse.
Als er nach zwei Stunden zurückkam, sah er den Teufel mit feuerrotem Kopf, wie der sich vergeblich bemühte, von dieser verdammten Kiste los zu kommen. Doch nichts half von seinen vielen Sprüchen. Und er fletschte die Zähne und fluchte fürchterlich.
„Sonen Radau kenn ich bei mir nicht", meinte Otto, „bist Du nicht gleich mausestill, dann bringe ich Dich mit der Forken zur Raison."
„Du verdammter Gauner! Laß mich endlich frei, sonst drehe ich Dir Dein Genick um." „Das versuch mal, wenn Du kannst. Von mir aus klebst Du für alle Ewigkeit an der Kiste."
Da merkte der Teufel, daß Otto ihn reingelegt hatte, und er versuchte es mit Bitten und Betteln und vielen Versprechungen.
„Du brauchst mir kein Versprechen zu geben. Kontrakt ist Kontrakt, und den will ich auch getreulich halten. Fahr mit mir zur Hölle, wenn Du kannst. Wenn Du aber meinst, der Kontrakt sei doch nicht so richtig in Ordnung, machen wir halt einen neuen und der alte kommt ins Fegefeuer."
Was sollte der Teufel da schon machen, wo andererseits in den umliegenden Dörfern noch so viel Arbeit auf ihn wartete. So stimmte er zu und unterschrieb. Das war ein höllischer Gestank, als er in den Lüften schnurstracks verschwand!

Doch unser *Otto vom Stein* lebte noch viele Jahre glücklich und zufrieden, bis er steinalt dann doch vor dem Himmelstor stand, wo Petrus ihn erwartete und ein prächtiger Himmelschor ein freudiges Halleluja anstimmte.
Dies wunderschöne Halleluja hatte er sich sein Leben lang gewünscht. Vielleicht war es Dank dafür, daß er die Mühle den frommen Mönchen von *Amelungsborn* in seinem Vermächtnis zumindest zugedacht hatte.
Doch wie nun einmal alte Überlieferungen sind nach so viel hundert Jahren: möglicherweise sind nicht alle Vorfälle urkundlich nachzuweisen. Doch zwei Dinge sind genau verbürgt:
Im Jahre 1266 wurde diese Mühle von einem Grafen *Ludwig von Everstein*, Sohn des Grafen Albrecht, dem Kloster *Amelungsborn* geschenkt. Und ein Graf *Otto von Everstein* soll unter anderem auch eine Burg, den *Ottenstein*, erbaut haben.

Zur Mühle allerdings heißt es dazu in einer Urkunde aus dem Jahre 1308:
„molendinum lapideum, quod vulgariter dicitur Steinmole juxta villam Dolhelm".
(Die Mühle werkte weiter über viele hundert Jahre, auch wenn dumme Menschen diesen gutklösterlichen Besitz weiterhin als die Teufelsmühle bezeichneten.)

Landschaften des Weserberglandes

Aussicht vom sagenumwobenen Köterberg

Die so vielfältige und dadurch so einmalige Schönheit des Weserberglandes erschließt sich am ehesten von einem der Berge, die den Blick freigeben auf die Poller Landschaft. Die Felsen an der *Steinmühle,* auf steilem Wege über Treppen zu besteigen, bieten solch einen herrlichen Ausblick.
Ferdinand Freiligrath berauschte sich an diesem Idyll: „Wer es so gesehen hat, felsig und waldig, und von den heißen sehnsüchtigen Tinten eines Sonnenuntergangs zu Ende's Mai magisch beleuchtet, wohl schlug dem das Herz hochauf vor Freude, und er lauschte lechzend hinab in das murmelnde Geschwätz des Flusses, der alle Märchen und Heimlichkeiten des Waldgebirges ihm erzählen zu wollen schien. Silberfarben kam der Fluß durch Wiesen und Weiden herangeschossen – ein heiteres, lachendes Idyll lag vor ihm."
Einen ausgiebigen Überblick hat man dann vom *Köterberg* aus. Von hier hätte Hermann VIII., Graf von Everstein und Edler zur Lippe, Letzter seines Geschlechts, seiner Väter Land überblicken können.
Kein anderer Berg bietet diese umfassende Aussicht bis zum Teutoburger Wald, Eggegebirge, Deister, Süntel, Ith, Hils und im Süden bis über den Solling hinaus bis zum Kaufunger Wald.
Dieser sagenumwobene *Köterberg* war seit der mittleren Steinzeit ein bevorzugter Siedlungsplatz. Die herumziehenden Jäger fanden hier für ihre Nahrung reichlich Wild. Und als man seßhaft wurde, fand man hier den für Ackerbau und Viehzucht geeigneten leichten, wenn auch steinigen Boden.
Lange Zeit versuchte man auch, hier Edelmetalle zu schürfen. Die jedoch gibt es lediglich in der Sage vom Hirten, dem die

Königstochter die Springwurzel gab, die ihm Einlaß verschaffte mitten hinein in diesen alten Götterberg.
Hier fand er reichlich Gold und Edelsteine, bewacht vom Satan in Gestalt eines Köters. Doch der war machtlos, da der Hirte durch die Springwurzel der wundersamen Prinzessin beschützt wurde.
Die *Brüder Grimm* ließen sich hier auch das Märchen von den drei Königskindern, welche die bösen Schwestern der Königsmutter aus Neid und Mißgunst in der Weser ertränken wollten, im Lippschen Platt erzählen:
„Et is wul dusent un mehre Jaare hen, da wören hier im Lanne luter kleine Künuge, da hed auck einer up den Keuterberge wuhnt, de ging so geren up die Jagd.
Asse nu mal mit sinen Jägers vom Schlotte heruntertroch, höen unner den Berge drie Mäkens ihre Keue. Un alle drie Mäkens wullen Künigin wern."
Königin wurde jedoch allein die Älteste, weil sie mit flachsblondem Haar von wunderschöner Gestalt war und ein schier reines Wesen besaß. Ihre beiden jüngeren Schwestern dagegen bekamen nur einen Minister als Mann und wurden darob ganz neidisch und mißgünstig.
Als dann die Königin schwanger wurde, was den Schwestern versagt blieb, wurden diese böse und beschlossen, den neugeborenen hübschen Knaben in der Weser zu ertränken. Und das taten sie dann noch weitere zwei Male, nachdem die Königin einen zweiten Sohn und dann eine liebreizende Tochter gebar.
Ihre schlimmen Taten blieben dem König allerdings für lange Zeit verborgen. Der verdächtigte dieserhalb vielmehr seine junge Frau und ließ sie wegen ihres Leugnens in das finstere Burgverließ sperren.
Doch immer, wenn eines der Neugeborenen in die Weser geworfen wurde, stand unbemerkt ein Heinser Fischer mit seinem Netz am Ufer und war sehr verwundert, statt eines stattlichen Hechtes ein winziges Knäblein oder das zierliche Mägdelein gefangen zu haben. Und da er ein braver Mann war, brachte er sie heim in seine Hütte, wo seine gute Frau die Kinder, deren Herkunft niemand kannte, im Laufe der Jahre groß und stark fütterte. Doch wie das dann so im Märchen ist, fand alles noch ein gutes und schönes Ende. Ein Vügelken hatte gesungen:
„De Möhme (Mutter) sitt allein

woll in dat Kerkerlein.
O Künig, edeles Blod,
dat sind diene Kinner god.
De falsken Süstern beide,
de dehen diene Kinners veel Leide,
wol in de Weser Grund,
wo se de Fisker fund."

Als das der König vernommen, ließ er das Gefängnis aufschließen und nahm seine arme Frau wieder zu sich. Die beiden falschen Schwestern aber wurden verbrannt.
Seine beiden Söhne wurden rechtschaffende Könige in dem großen Weserland, die Tochter dagegen heiratete einen wohlansehnlichen Prinzen und wurde Königin von Lippe.
Könige des Weserberglands waren die *Eversteiner* über manche Geschlechter.

Naturschutzgebiete – Solling, Ziegenberg –
Für den Naturfreund hat der *Solling* einen besonderen Schatz zu bieten. Nicht seine großen, ruhigen Wälder auf der weiten Hochebene sind gemeint, sondern die ziemlich unbekannten unter Naturschutz stehenden Hochmoore bei *Silberborn*.
Am zugänglichsten ist das Naturschutzgebiet **Mecklenbruch**. Hierfür gibt es geführte Moorwanderungen der Kurverwaltung Silberborn.
Das wahre Juwel dagegen ist das Naturschutzgebiet *Friedrichshäuser Bruch*. In diesem urigen Karpathenbirken-Bruchwald wachsen zwischen den Moospolstern Moororchideen wie das Kleine Zweiblatt, Bärwurz, Pestwurz, Bärlapp oder auch die arktische Krüppelbirke. Es sind Pflanzengesellschaften, die dies bereits montane Klima bevorzugen und die in diesem Naturparadies überlebt haben.
Nun ist es allerdings nicht möglich, dem Naturfreund alle Paradiese vorzuführen. Naturschutzgebiete haben nun einmal ihren Zaun.
Entdecken läßt sich jedoch immer wieder Neues. Dort, wo der Sandstein zum Muschelkalk wechselt, in den Felspartien, alten Steinbrüchen, auf Blaugras- und Halbtrockenrasen-Inseln, an den Steilhängen der Buchenwälder finden sich pflanzengeographische Besonderheiten und ausgesprochene Raritäten.
All dies betrifft besonders das Wesertal von **Höxter** bis **Hehlen**. Eine umfassende Einführung in diese Botanik bietet der

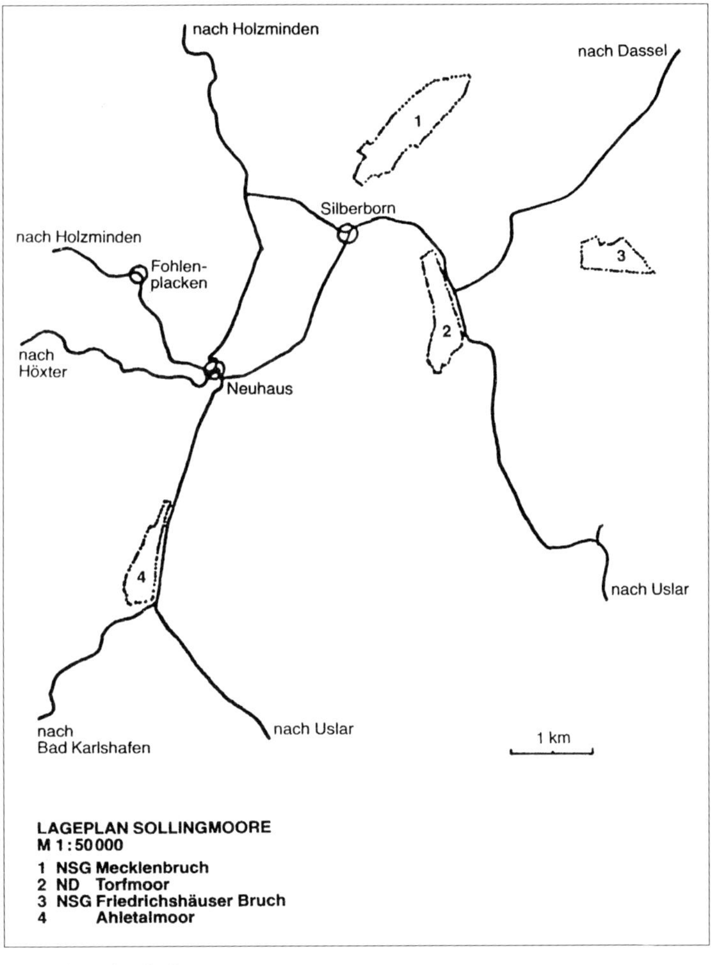

Lageplan der Sollingmoore

Ziegenberg bei Höxter, wohl das Pflanzenparadies Norddeutschlands überhaupt. Eine 9 km lange Rundwanderung bietet ständig neue Überraschungen. Der Weg beginnt am Wanderparkplatz unmittelbar am Naturschutzgebiet *Ziegenberg*. Der Anfang ist ein ausgeschilderter Waldlehrpfad unten am Hang entlang. Durch das steile Schleifental geht es zu der Ruine der einstigen Schutzburg Corveys, der *Brunsburg*. Deren

Ringwall stammt allerdings aus sehr viel älterer Zeit, überwiegend aus sächsischer Zeit, der westliche Teil aus der Zeit der Germanen. Es war ursprünglich eine germanische, dann sächsische Volksburg oder auch Fliehburg ähnlich der aus den Sachsenkriegen bekannten *Sigisburg* an der Einmündung der Diemel in die Weser und der *Eresburg* an dem Flüßchen Eder.
Der Name der *Brunsburg* auf dem Brunsberg kommt vom Bruni, dem Herzog von Engern. Die Burg beherrschte den Weserübergang, mit den Befestigungen auf dem benachbarten Wildberg dann auch das Nethetal.
Hier erzwang *Karl der Große* im Jahre 775 zum ersten Mal den Übergang über die Weser. Unterhalb der Burg gründete er die Stadt **Höxter**. Bald danach gelangte die Burg in den Besitz des *Klosters Corvey*. In den alten Wallanlagen wurde vom Abt *Widukind* im 12. Jahrhundert eine festere Burganlage errichtet. 1294 wurde diese vom Grafen von Schwalenberg im Verein mit dem Bischof von Paderborn zerstört.
Von der *Brunsburg* sind es noch etwa 20 Minuten zu gehen bis zur Schutzhütte am Steilhang, dann zum Bismarckturm entlang den Sachsengräben über die Kuppe des *Ziegenbergs* über einen steilen Pfad zum Rand des Steilhangs zum weithin sichtbaren Aussichtsturm *Rodeneck* mit Blick auf die Weser und die Stadt **Höxter**.
Hoffmann von Fallersleben, der Bibliothekar des *Klosters Corvey*, war ein großer Freund dieser besonderen Landschaft. Noch in seinem Sterbejahr schrieb er bei diesem Anblick:
„Wie schön auf den Bergen, wie schön in dem Tal!
O Corvey, dich grüß ich viel tausendmal:
Ich schau in dein freundliches Angesicht,
Dein Auge so blau wie Vergißmeinicht.
Die Freude, sie schlüpft in das Herz mir hinein,
Als wollt es ewiger Frühling sein.
Wie ist es doch überall duftig und grün,
Die Vögel singen, die Blumen blühn!"
1874 wurde Hoffmann von Fallersleben auf dem stillen Klosterfriedhof von Corvey beigesetzt.
Auf dieser Wanderung am Ziegenberg finden sich viele der botanischen Leckerbissen, die sich sonst nur mühsam wiederfinden: der sagenumwobene und fast ausgestorbene Eibenbaum findet sich hier, die Wilde Blasenkirsche, der Roßkümmel, die Bergkronwicke, die Bergheilwurz und die noch seltenere Heilwurz-Sommerwurz, dazu viele Orchideen wie Frauenschuh

und das Rote Waldvögelein, oder auch die Königskerzen und der Aronstab.
Dort zirpen auch die so selten gewordenen Bergzikaden, dort gibt es Schlingnatter, Ringelnatter und Kreuzotter, den Hirsch- und auch den Nashornkäfer, und dann so zahlreiche Schmetterlingsarten.
Östlich der Weser liegen nicht weit entfernt andere Ziele für den botanisch Interessierten:
Der *Burgberg* bei Bevern hat viele alte Lavendelkulturen, zwischen denen dann die Orchideen und der Sumpfwurz wachsen.
In unmittelbarer Nähe liegt auch der *Vogler*, wo man Heinrichs Vogelherd sucht. Überwiegend besteht er aus Sandstein, während sein Südwesten – botanisch darum interessanter – aus Muschelkalk besteht.
Der abwechslungsreichste Weg führt über **Negenborn** und **Golmbach**, am schönsten ist es hier zur Zeit der Apfel- und der Kirschblüte, oder auch am Pfingsten, wenn die Orchideen blühen.

Der Ith-Kamm, Wanderung zu den Höhlen

Auch eine Wanderung im Mai den schmalen *Ith*-Kamm entlang gehört mit zum Schönsten, was einem Naturfreund geboten werden kann. In den Ith-Felsen sind es die sechs Höhlen, die zu entdecken ein besonderer Reiz ist. *Wilhelm Raabe* kannte sie und ließ in seinem „Odfeld" die Helden seiner Geschichte während des Siebenjährigen Krieges sich hier verstecken. Die Geschichte der Höhlen ist allerdings erheblich älter. Menschliche Spuren lassen sich bis in die Zeit um 1.800 v. Chr. verfolgen.
Alle Höhlen sind erfreulicherweise für Besucher weder aufbereitet noch illuminiert. Sie sind zum Teil auch etwas schwierig aufzufinden. Eine kurze Wegbeschreibung und – für die Höhlen festes Schuhwerk und eine starke Taschenlampe – helfen jedoch weiter.
Von *Holzen*, einem Ortsteil von **Eschershausen**, kann das Auto im alten Steinbruch abgestellt werden.
Von dort geht es am Waldrand links die Straße „Vor dem Ith" hinauf, hinter den letzten Häusern weiter auf breitem Forstweg, rechts liegen die Holzener Klippen. Bei der Weggabelung muß man auf dem unteren Weg bleiben. Etwa 800 m sind es dann bis zu dem rechts abzweigenden Hohlweg mit dem

Schild „zur *Rothesteinhöhle*". Deren schmaler, versteckter Eingang liegt rechts oben im Fels.
Die Lage der anderen, weniger bekannten Höhlen ergibt sich aus der Karte.
Von den Gängen der *Rothensteinhöhle* sind nur die ersten 60 m begehbar. Vermutet werden kilometerlange, allerdings verborgene Gänge und Säle hinter den verschiedenen Durchschlupfen und engen, tiefen Abstürzen.
Geräte aus Bronze und Knochen wurden hier wie in den anderen Höhlen – südöstlich die *Nasensteinhöhle, Soldatenhöhle, Kinderhöhle* und die *Töpferhöhle*, nordwestlich die *Bärenhöhle* – gefunden, aber auch viele Menschenknochen. Hier wurden nicht nur Menschenopfer gebracht, sondern es wurde sogar Menschenfresserei betrieben. Doch das liegt schon lange zurück.

Sehenswürdigkeiten für Kunstfreunde

Den Kunstfreunden bieten sich weniger grausame Orte an. für die zahlreichen romanischen Kirchen und die Bauten der Weserrenaissance ergibt sich das richtige Verständnis aus der Summe der Vielfalt zwischen Schlössern, Kirchen, Rat- und Bürgerhäusern.
Gewaltig rückte das Weserbergland zur Zeit der Karolinger in das Licht der Geschichte. *Karl der Große* begann zu christianisieren, so daß entlang der Weser bis über das 12. Jahrhundert hinaus zahlreiche Klostergründungen erfolgten in einer Häufung, die sich lediglich im Rheinland wiederholt. Die karolingische *Kaiserkirche* in *Corvey*, das ist das Westwerk, ist das älteste erhaltene romanische Bauwerk im Weserbergland. Darüberhinaus gibt es in diesem engen Raum allein weitere 23 romanische Klosterkirchen und acht Pfarrkirchen aus dieser Zeit.

Kloster Marienmünster und das Brederholz

Die beiden romanischen *Klöster Marienmünster* und *Falkenhagen* liegen in unmittelbarer Nachbarschaft von **Polle**. Ab dort führt die Talstraße Richtung Pyrmont (nicht die aussichtsreiche Bergstrecke) bis zur Kreuzung Falkenhagen. Unmittelbar an dieser Kreuzung liegt rechts das *Kloster Falkenhagen*, das erst kürzlich gründlich restauriert wurde. Links von der Kreuzung abgebogen geht es auf schmaler Straße zum Ort Köterberg (unmittelbar unter dem Gipfel) und ab hier ausgeschildert über Niese nach Marienmünster. Marienmünster besteht aus mehreren Ortsteilen, darum ist die Ausschilderung „Kloster Marienmünster“ zu beachten.

Corvey (Westwerk)

Das *Kloster Marienmünster* wurde 1128 durch den Grafen *Widekind von Schwalenberg* den Regeln der Benediktiner gemäß gegründet. Die ursprüngliche Klosterkirche, von der nur noch das Mittelschiff erhalten ist, war eine romanische, kreuzförmige Pfeiler-Basilika. Über der Vierung erhob sich ein einstöcki-

ger Turm. Das Westwerk diente im Erdgeschoß als Durchgangshalle für Prozessionen.
Es kam der Dreißigjährige Krieg und mit ihm der *Tolle Christian*, der hier alles gründlich zerstörte und verwüstete, und das gleich zweimal. Nach dem Bericht des kaiserlichen Notars Daniel Kroes vom 16. Juni 1626 stellten seine Soldaten in Kirche und Kloster 1.500 Pferde ab, zerschlugen die Einrichtung und verbrannten Urkunden und die Bibliothek. Gegen Ende des Dreißigjährigen Krieges lagen dann Kirche und Kloster größtenteils in Trümmern.
Nach diesen Zerstörungen wurde 1661 die romanische Kirche zur Hallenkirche ausgebaut. Vom alten Bau blieben nur Mittel- und Querschiff, der Vierungsturm und die Westtürme erhalten.
Vom Bauwerk abgesehen sind es Orgel und Chorgitter, die besonders herausragende Kunstwerke darstellen. Die Orgel mit ihrem in Westfalen in historischer Hinsicht wohl einmaligem Klang, dem seltenen Farbreichtum ihrer 42 Register, ist hochgerühmt und durch Konzerte bekannt geworden. 1.686 Taler hatte man seinerzeit für sie aufzuwenden gehabt. Und dazu hatte Meister *Johann Patroclus Möller* noch freie Station für sich und seine Gehilfen während der drei Jahre, wo die Orgel erbaut wurde.
Ein ganzes Jahr lang mühte sich der Klosterschmied *Hans Pieperling* mit seinen Gesellen, bis das Chorgitter im Jahre 1693 kunstfertig geschmiedet war; das Gitter trennt Kirchenschiff und Chor. Als Entgelt bekam er wertvolle 50 Taler.
Es wurde dann auch eine wunderschöne Arbeit. Filigranartig hat er das Eisen geschmiedet. Durch seine Transparenz löst es die barocke Wucht und Schwere des Hochaltars wieder auf.

Unweit von Marienmünster zum Köterberge hin liegt das *Brederholz*. Dort entdeckte *Annette von Drüste-Hülshoff*, die oft in dieser Gegend ihre Ferien verbrachte, an einer alten Buche eine Tafel mit hebräischer Inschrift, die übersetzt lautete: „Wenn du dich diesem Orte nahest, so wird es dir ergehen, wie du mir getan hast."
Es war die „Judenbuche". 1842 schrieb sie die gleichnamige Novelle, eine ‚Kriminalgeschichte' der Leute dieses Landes. Es war die Geschichte des Friedrich Mergel, der in seiner Armut und Verwirrtheit mit dem gesetzten Recht nicht zurechtkam. Was unter diesen Umständen aus dem Friedrich im Laufe sei-

nes Lebens wurde, läßt sich bei Annette von Droste-Hülshoff nachlesen.

Kloster Falkenhagen

Wenige Kilometer von hier sind es dann bis zum *Kloster Falkenhagen*.

Das Kloster, ursprünglich Burghagen, ist nach einer alten Chronik der Ermordung des Kölner Erzbischofs Engelbert im Jahre 1225 zu ‚verdanken'. Die beiden Mörder, die Grafen Volkwin und Adolf von Schwalenberg und Waldeck, hatten danach in den Morasten am Köterberge ein Sühnekloster zu bauen.

In der Eversteinschen Fehde wurde es fast vollständig zerstört, wurde in seiner heutigen Form jedoch dann wieder aufgebaut und 1497 fertiggestellt, neu hinzu kam der Remter, der Speiseraum der Mönche. An ihn schließt sich im rechten Winkel das Dormitorium, die Schlafstätte der Mönche an.

Aus dieser Zeit um 1500 stammen auch die herrlichen Chorfenster, die zu den bedeutendsten Glasmalereien Westfalens zählen. Es entspricht den Eigenarten dieser Gegend, wenn hier Maria als Himmelskönigin, von einem Strahlenkranz umgeben, auf der Mondsichel steht und eine Krone auf dem Haupte

Kloster Falkenhagen Dormitorium

trägt. Sie ist die apokalyptische Frau, von der es heißt: „Und es erschien ein großes Zeichen am Himmel: Eine Frau, mit der Sonne bekleidet, und der Mond unter ihren Füßen und auf ihrem Haupt eine Krone von zwölf Sternen."
Im oberen Teil der Fenster sind die Wappen der Adelsfamilien angebracht, die die Fenster stifteten.
Falkenhagen war ursprünglich ein Zisterzienserinnen-Kloster. In seiner langen Geschichte wechselten allerdings die Orden häufig. 1432 kamen die Kreuzherren, die nicht nur dem Kloster, sondern dem ganzen Lande eine große wirtschaftliche Blüte brachten. Nicht allein, daß es das größte Kreuzherrenkloster des Mittelalters war, sondern lange Zeit war es für die kulturelle Entwicklung und für die Entwicklung von Handwerk und Gewerbe von entscheidender Bedeutung.
Rings um das Kloster standen mehr als 20 Wirtschaftsgebäude, in denen Bäcker, Köche, Metzger, Böttcher, Müller, Ölschläger, Brauer, Schneider, Schuhmacher, Schmiede, Zimmerleute und Krankenbrüder wirkten und lehrten. Auch eine eigene Ziegelei wurde betrieben, die der Ursprung wurde für die so zahlreichen Ziegeleien in Lippe und an der Weser.

1604 übernahm der Jesuiten-Orden das Kloster mit neuen Aufgaben, nämlich der Re-Katholisierung nach Luthers Reformation.
In diesem Zusammenhang stehen auch die Aufenthalte von *Friedrich Graf Spee von Langenfeld*, Jesuitenpater, Lyriker des Frühbarock und Verfasser der bedeutendsten Werke gegen Hexenwahn und gegen die Hexenprozesse.
„Trutz-Nachtigall" ist die Sammlung seiner Lieder, „Cautio Criminalis" enthält seine rechtlichen Bedenken gegenüber den Hexenprozessen.
Die „Cautio" entstand überwiegend, wenn nicht vollständig, in der Einsamkeit Falkenhagens. In diesem Jesuitenkloster suchte er Zuflucht und Gesundung, nachdem er während seines gegenreformatorischen Wirkens im Walde heimlich überfallen und fast umgebracht worden war.
Für die Re-Katholisierung war der Kölner Erzbischof gebeten worden, einen dazu „qualificierten Patrem" zu schicken. In weniger als einem Jahr hatte dann dieser Pater Erfolg in 26 Dörfern.
Aber am 29.4.1629, dem zweiten Sonntag vor Ostern, wurde auf ihn ein Mordanschlag verübt. Der *Drost de Wendt* beschrieb

seine Verletzungen: „er mit dem Degen dermassen zerhacket, dass Er sieben Wunten ins Haupt unndt zween in den Rücken bekommenb unndt lassenn sich die Hauptwunten fast miteinander Thöttlich ansehen, weil die Hirnschal unterschiedliche Mahlen hart gespaltet".
Angeblich sollen es lippische Reformierte gewesen sein, die ihn derart zugerichtet hatten.
Im Jesuitenkloster Falkenhagen wurde er gesund gepflegt. 1631 kam er dann zu einem weiteren Aufenthalt zurück.
Am 8.2.1631, so meldet der Bericht, wurde ein räuberischer Überfall von angeblich lippischen Reformierten auf das Kloster verübt, aber gemeinsam von *Spee* und kaiserlichen Soldaten aus Höxter, die ihm *Tilly* zum Schutz beigestellt hatte, abgewehrt. Diesmal verdankte der Pater sein Leben gerade der in **Höxter** stationierten hexenprozeßfreundlichen Besatzung, die hier einer Weisung Tillys folgen mußte. Ausgerechnet Höxters Stadtkommandant Georg von Seiboldsdorf mußte den Befehl umsetzen, wo der doch gerade in diesen Tagen in Höxter und Brakel eine Reihe von Hexenprozessen veranlaßt hatte.

Kanonissenstift der gottgeweihten Frauen

Nur einem Klosterbesessenen oder Architekturfreund sollte zugemutet werden, all diese vielen Weserklöster aufzusuchen, unendlich an der Zahl. Doch es lohnt sich, die wenigen Kilometer von **Polle** bis **Fischbeck** zu fahren. Hier liegt das *Kanonissenstift der Gott geweihten Frauen.*
König Arnulf verschenkte hier 892 das Königsgut, auf dem 955 dies Reichskloster von König Otto I. gegründet wurde.
Die Klostergeschichte läßt sich auf dem alten und einmaligen Wandteppich verfolgen. Die zu Unrecht des Mordes bezichtigte Helmburgis und ihre Dienerin wurden, an den Händen gebunden, auf einen Wagen mit galoppierenden Pferden gesetzt, doch diese Tortur überstanden sie unbeschadet. Zu Dank gründeten sie das Stift.
Unweit des Klosters liegt auch der Ort, wo die lautstarke in die Geschichte eingegangene Unterredung zwischen Armin und seinem Bruder Flavus stattfand, wie Tacitus berichtet. Zwischen beiden lag glücklicherweise der Fluß, so daß man dabei noch nicht handgreiflich werden konnte. Armin bat also

im Namen ihres gemeinsamen hochherzigen Vaters und beim alten Glauben der ruhmreichen Brüder und Ahnen seinen römisch gewordenen Bruder, das Schwert nicht gegen das eigene Volk zu führen.

Wie bekannt, half das gute Zureden dann noch nicht viel. Es folgte im Jahre 16 die Schlacht bei Idisiaviso, etliche Kilometer weserabwärts in der Nähe von **Nienburg**.

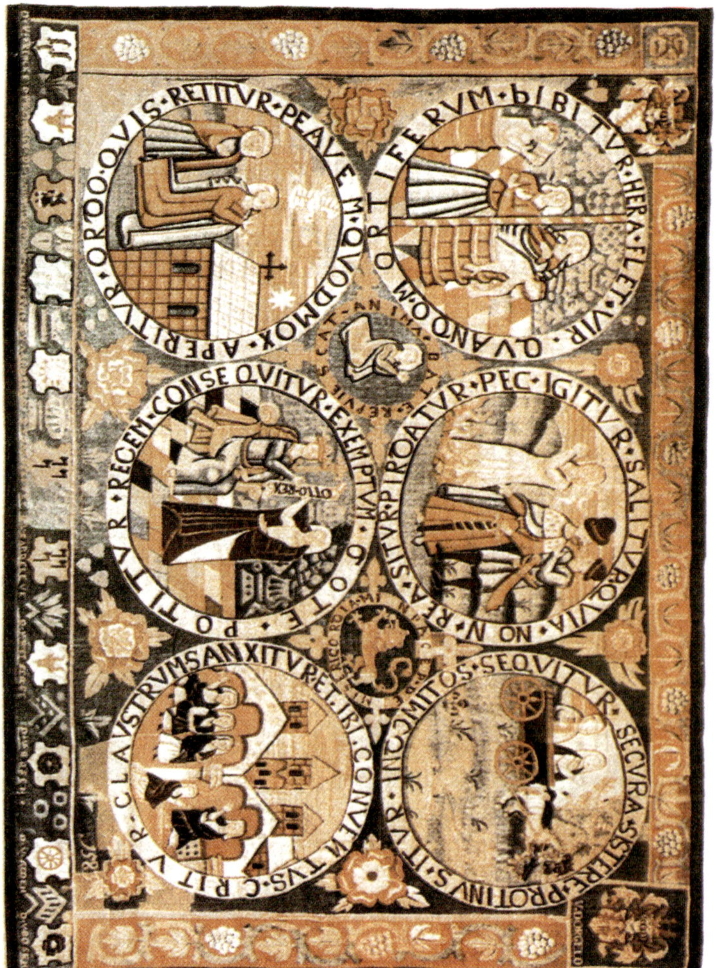

Kloster Fischbeck, Wandteppich

Reichskloster Kemnade

Besondere Aufmerksamkeit ist das *Reichskloster Kemnade* wert. Dies Benediktinerinnenkloster wurde 960 von zwei Nichten des Hermann Billung gegründet und von Otto I. geweiht. Damals hatte es gleiche Rechte und gleiches Ansehen wie das Reichsstift Gandersheim. Die Kirche aus dem Jahre 1146 ist erhalten. Der uralte Taufstein stammt noch aus der Gründungszeit. Und wie wahrhaftig und ehrlich eine Weihnachtskrippe wirken kann, zeigt diese kostbare Schnitzerei des Mittelalters.

Kemnade, Klosterkirche

Weser-Renaissance

Allgemeines

Wer etwas von der Geschichte des Weserberglandes kennt, den wundert es nicht, hier keine bedeutenden Bauwerke der Gotik oder des Barock vorzufinden. Es waren politische sowie wirtschaftliche Gründe, die dies verhinderten.

Mit dem 13. Jahrhundert ging hier die Blüte erst einmal zu Ende. Zusätzliche Unruhe und Streit brachten die vielen Interessenkonflikte der zahlreichen Territorialherren. Die Zerstückelung hatte in der Zeit, wo sich die Territorialbildung durchsetzte, natürlich auch wirtschaftliche Folgen. Das ehedem reiche Land verarmte. Doch schon mit dem 16. Jahrhundert blühte hier dann eine eigengeprägte, bedeutsame, in der Weserlandschaft wurzelnde Kultur auf, nämlich die Weser-Renaissance.

„Renaissance" heißt Wiedergeburt. Hier spiegelt sich also die neu gewonnene humanistische Bildung der Bauherren, ob sie nun Fürsten, Adelige oder Bürger waren.

Es stellt sich die Frage, wie man diese herrlichen und kostspieligen Bauwerke finanzierte? Bauherren der Weserschlösser waren überwiegend Landadelige, die sich als Söldnerführer mit eigener Truppe überall auf den europäischen Kriegsschauplätzen tummelten. Mit den Fürsten, die sie engagierten, wurde eine anteilige Beute vereinbart für alles, was erbeutet, geraubt oder geplündert wurde. Reich kehrte man im Alter heim und konnte nun über Luxus entsprechend repräsentieren.

Eine andere Geldquelle ist auf ein „Wirtschaftswunder" der damaligen Zeit zurückzuführen. Die vorübergehende landwirtschaftliche Konjunktur, die mit einer wucherischen Preissteigerung für Getreide verbunden war, trug zumindest für die Bürger der Städte zu der enormen Bautätigkeit bei. Eine besondere Auswirkung brachten die fruchtbaren Lößböden an der Weser. **Hameln** profitierte hiervon, als Hansestadt insbesondere auch vom eifrigen Handel, als Ackerbürgerstadt von erweiterten Getreideanbauflächen für die stark wachsende Bevölkerung. Auch wenn der Schwarze Tod, die Pest, Einbußen brachte, waren es bald immer mehr Menschen, die ernährt werden wollten. Andererseits brachte dies ein Überangebot an Arbeitskräften mit sich. Die Löhne verfielen und die Preise kletterten. Reichtum und Armut hausten in den gleichen Orten.

All der Reichtum führte zu herrlichen Bauten bei den Schlös-

sern, Rathäusern, Bürger- und Bauernhäusern. Niemand wollte hintan stehen. Es ist schwer zu sagen, ob nun die Renaissance-Schlösser oder die Rathäuser und Bürgerhäuser kunstvoller gestaltet sind. Paradox auf den ersten Blick ist allerdings, daß gerade im Zeitalter der Reformation und Gegenreformation, als Glaubensfragen das politische und weltliche Leben bestimmten, hier nur die weltliche Architektur das Feld der Baukunst beherrschte und die Kirchenarchitektur anscheinend in einen Dornröschenschlaf versunken war.
Zuerst wurden Schlösser aus Wesersandstein gebaut. Im Wettbewerb eiferten dem die Bürger nach und schufen sich Rathäuser und Bürgerhäuser. Entlang der Oberweser findet sich eine Kette solcher herrlicher Sandsteinbauten.
Diesen folgten die prächtigen Bauten des Ackerbürgertums und die Fachwerkbauten der reich gewordenen Bauern. In den kleinen Städten war man dabei aus Raumnot zur Mehrstöckigkeit gezwungen. Hier tritt der Zweckbau für das Wohnen in den Vordergrund. Auf den Dörfern konnte man sich ausbreiten. Die reichverzierten Bauernhäuser blieben in der Regel eingeschossig, haben allerdings fast ausnahmslos geschnitztes Balkenwerk und reichverzierte hohe Giebel.
Von den zahlreichen Schlössern der Weserrenaissance sind besonders **Hehlen, Bevern** und **Hämelschenburg** hervorzuheben. Alle drei sind Sandsteinbauten. Das imposante *Poller Amtsschloß* als typischer Fachwerkbau hat leider den letzten Krieg nicht überlebt.

Die Schulenburgs

Das *Weserschloß Hehlen* eröffnet die Reihe der großen Adelsschlösser der Weserrenaissance. Es entstand 1579. Ursprünglich stand an diesem Platz eine Burg der Homburger aus dem 9. Jahrhundert.
Der braunschweigische *Oberst Friedrich von der Schulenburg* ließ das neue Schloß erbauen. Wie ein kleines Kastell bewacht es mit seinen beiden Ecktürmen den Weserübergang.
Dieser Schulenburg war vordem bedeutender kaiserlicher Söldnerführer. Berühmter und bekannter noch wurden manche seiner Nachfahren.
So ging der *Johann Matthias von der Schulenburg*, bekannter als der „*König von Korfu*", in die Geschichte ein. Nach wechselvollen Diensten in manchen europäischen Heeren wurde er Feldmarschall für alle venetianischen Landtruppen. Mit einem zu-

sammengewürfelten Söldnerhaufen gelang ihm 1717 wohl der entscheidendste Sieg des Jahrhunderts. Er widerstand nicht nur der Belagerung durch eine gewaltige türkische Übermacht, sondern vernichtete dann anschließend weitgehendst das türkische Heer. Ganz Europa war voller Jubel und er war wohl der gefeiertste Mann seiner Zeit. In Korfu wurde sein Denkmal enthüllt, dem „König von Korfu", dem „Retter der Christenheit".

In unserer neuesten Geschichte finden sich wiederum Schulenburgs, die über den Tag hinaus in Erinnerung bleiben.
Am 14. Oktober 1806 kommt es bei Jena und Auerstedt durch *Napoleon* zur vernichtenden Niederlage der Preußen. Deren Armeen werden besiegt, laufen zu Napoleon über oder sind auf der Flucht. Drei Tage später, als die Massen der Verwundeten in Berlin eintrafen, als sich die Hiobsbotschaften herumsprachen und der preußische König nach Memel flüchtete, informierte der Gouverneur der Hauptstadt die unruhig werdende Bevölkerung mit dem denkwürdigen Plakatanschlag:

Der König hat eine Bataille verlohren. Jetzt ist Ruhe die erste Bürgerpflicht. Ich fordere die Einwohner Berlins dazu auf. Der König und seine Brüder leben!

Berlin, den 17. October 1806.

Graf v. d. Schulenburg.

Proklamation an die Einwohner Berlins nach der Schlacht von Jena und Auerstedt

Gut hundert Jahre später, als der Erste Weltkrieg bereits verloren und Matrosen- und Arbeitermassen den revolutionären Aufstand versuchten, flehten *Bebel* und *General Groener* die kaiserlichen Armeeführer an: „Herr General, ich bitte Sie dringend, diese letzte Gelegenheit zur Rettung der Monarchie zu ergreifen und beschleunigt die Betreuung eines kaiserlichen Prinzen mit der Regentschaft zu veranlassen!" Den roten Umtrieben sollte ein Ende gemacht werden. Zehn Divisionen sollten in Berlin einmarschieren und den Aufstand mit Waffengewalt niederschlagen.
Am Morgen des 9. November 1918 hielt *Wilhelm II.* dann Kriegsrat. *Hindenburg* und *Groener* raten vom Einsatz der Truppen ab, da sie deren Bereitschaft zum Bürgerkrieg anzweifeln.
Generalmajor *Friedrich Graf von der Schulenburg*, Chef der Heeresgruppe des Kronprinzen, der einzigen noch einsatzfähigen Truppe, dagegen verlangt Einsatz und Schießbefehl, den er den Soldaten gegenüber wie folgt begründen will: „Dem Heer soll gesagt werden, daß ihm seine Schwesterwaffe, die Marine, mit jüdischen Kriegsgewinnlern und Schiebern zusammen in den Rücken gefallen sei und die Verpflegung sperre." Ein Argument, das anscheinend als wirksamer angesehen wird als ein Appell an die Vaterlandsliebe!
Als sich dann allerdings herausstellte, daß die sechzehn Kommandeure der Schulenburgschen Heeresgruppe die Zuverlässigkeit ihrer Soldaten verneinen, kommt es doch nicht zur geplanten Strafexpedition. Der Kaiser muß abdanken. Kein kaiserlicher Prinz wird sein Nachfolger. Die Monarchie hat ihr Ende gefunden.
Friedrich wie sein Sohn Fritz-Dietloff traten der NSDAP bei. *Fritz-Dietloff* wurde gemäß Familientradition Polizeivizepräsident von Berlin, später stellvertretender Oberpräsident von Schlesien.
Dieser ehemalige hohe SS-Führer, wohl der einzige bedeutende Widerständler aus den Reihen der SS, wurde 1938 einer der führenden Köpfe des Kreisauer Kreises.
Als er vor dem Volksgerichtshof von *Freisler* nach dem Grund für seinen Wandel gefragt wurde, sagte er ihm vor dem Todesurteil ins Gesicht, daß ihm das Morden der Staatsanwälte und Richter, Ärzte und Psychiater, Generäle und Soldaten, Polizisten und einfachen Menschen in dieser Verbrechensorgie ein-

fach unerträglich geworden sei und er aus innerem Zwang handeln mußte.

Friedrich Werner Graf von Schulenburg, Hitlers letzter Botschafter in Moskau, war wie auch sein Staatssekretär *Ernst von Weizsäcker* zumindest eindeutiger Gegner Hitlerscher Kriegspolitik. Fassungslos war er wie manche andere Rußlandkenner – so berichtet Weizsäcker – als der Einmarsch in Rußland beschlossen wurde.

Dieser Schulenburg suchte dann im Widerstand die „Ostlösung", indem durch Verhandlungen mit Stalin vorerst ein Friedensschluß mit Rußland erreicht werden sollte.

Für die Familie der von der Schulenburg wurde der 20. Juli 1944 zu einem starken Aderlaß. Alle beteiligten Personen wurden hingerichtet.

Doch kommen wir nun von den Personen wieder auf die Renaissance-Schlösser selbst zurück.

Schloß Bevern

Bevern hat als Bauwerk eine ähnliche Bedeutung wie Hehlen. Hier hauste ursprünglich ein Dienstmannengeschlecht der *Grafen von Everstein*. Als diese ausstarben, baute der als Söldner-Oberst zu Reichtum gekommene *Hilmar von Münchhausen* diesen Herrensitz, der wohl als der vollkommenste Schloßbau der Weserrenaissance zu sehen ist. Hier wurde ganz konsequent der für diese Stilepoche maßgebliche Vierflügelbau angewandt.

Die Außenwände sind massiver Sandstein, während das Obergeschoß des Innenhofs aus Fachwerk besteht. Im Innenhof befinden sich auch die beiden Treppentürme.

Mit dem Bau hatte sich Münchhausen finanziell übernommen und überließ darum das Schloß den Herzögen von Braunschweig. Die welfische Nebenlinie, aus der auch die Frau Friedrichs des Großen stammt, residierte hier. Heute beherbergt das Schloß ein Museum und wird für Konzerte und kulturelle Ausstellungen genutzt.

Schloß Hämelschenburg

Hämelschenburg ist zwar in seiner barocken Dreiflügelanlage in dieser Beziehung kein so typisches Renaissanceschloß wie Hehlen und Bevern, doch trotzdem ist es mit seinen Bauten das schönste dieser Weserschlösser.

Dabei ist es besonders der zur Straße gelegene Flügel, der

überaus reich gestaltet ist und alle für diesen Baustil charakteristischen Merkmale aufweist.
Das Bruchsteinmauerwerk wird durch Gesims und Bossensteinbänder gegliedert. Die Bänder wiederum sind verkröpft mit Bossensteinen und Löwenmasken. Die ursprüngliche Klarheit der Linien ist hier auf diesem Höhepunkt der Weserrenaisance bereits manieristisch beeinflußt.

Die Hämelschenburg

Doch die Geschichte von Hämelschenburg beginnt nicht erst mit dem 1588 errichteten Schloß. Um 1300 zumindest bestand hier bereits ein ‚oppidum', ein Flecken mit Marktrecht und einer bedeutenden Burg der Eversteiner dort, wo die Emmer in die Weser fließt. Es war die Ortschaft **Hermersenburg**. Die Burg selbst lag auf dem Bergrücken der Woldau, zerstört wurde sie 1487 durch den *Herzog von Braunschweig*.

Hameln

Mit der Wohlhabenheit der Städte, Bürger und Bauern begann man, den prunkvollen steinernen Schlössern entsprechende Rathäuser, Bürgerhäuser, Ackerbürgerhäuser und auch Bauernhäuser gegenüber zu stellen. Zum Teil waren es die gleichen Baumeister, die genauso prachtvolle Rathäuser und Bürgerhäuser errichteten.

In **Hameln** läßt sich dies an manchen Beispielen verfolgen.

Das *Rattenfängerhaus* in der Osterstraße wurde von *Johann Hundertossen*, dem Baumeister der Hämelschenburg, errichtet. Seine manieristischen Ideen wiederholen sich hier wie dort. Ebenso ist das steinerne Hochzeitshaus durch seine Bossenquader für die Weserrenaissance besonders typisch. In der Bäckerstraße und der Osterstraße finden sich viele solche Prachtbauten. Andererseits läßt sich hier auch der Übergang zum Fachwerkbau der Weserrenaissance gut beobachten.

Fachwerkhäuser sind nichts anderes als Gerüsthäuser, deren Fachwerke entweder mit Ziegeln oder mit Flechtwerk beworfenem Lehm ausgefüllt wurden.

Ursprünglich waren es reine Zweckbauten. Die Wandlung dieser Hausform setzte auch die Wandlung der häuslichen Lebensform voraus sowohl beim Bürger wie beim Bauer. Doch die Entwicklung des Fachwerkhauses über den reinen Zweckbau hinaus war gerade im Oberweserraum von fundamentaler Bedeutung. Seit dem Hochmittelalter bis ins 18. Jahrhundert war der Oberweserraum in dieser Beziehung ein Kulturmittelpunkt, von dem die Entwicklungsstöße das gesamte nordwestliche Europa, insbesondere den Baustil der Bürger- und Bauernhäuser, beeinflußten.

Waren es bei Beginn der Weserrenaissance die Steinmetze, die kunstvolle Ornamente schufen, so wurde bald dieser Schmuck von den Zimmerleuten als Balkenschmuck umgesetzt. In **Hameln** findet sich ein hervorragendes Beispiel, das *Stiftsherren-*

haus. Bescheidener und doch kunstvoll wurden auch viele Torbögen der Bauernhäuser gestaltet.
Erklärlich ist diese Breitenwirkung des für die Weser so typischen Baustils, die nur hier so konsequent möglich war und verwirklicht wurde durch die besondere Eigenart der

Hameln, Dempterhaus

gemischten Stadt-Dorf-Landschaft mit ihrem sehr engen Kulturaustausch zwischen Bürgern und Bauern und dem Tatbestand, daß hier bereits früh die Feudalherren ihre übermächtige Bedeutung verloren hatten und die reichen Bürger neben ihnen gut bestehen konnten.

Blomberg, Haus des Simon Graff und Edeler zu Lippe

Bad Pyrmont

Auch wenn das benachbarte Weltbad Pyrmont so auf den ersten Blick nicht so recht in das alte, geschichtsträchtige und romantische Land hineinpassen will – sein Alter zumindest hat es schon vorzuweisen. Die Heilquellen waren bereits den Römern bekannt.

O. J. Weber beschrieb im Jahr 1834 Bad Pyrmont folgendermaßen:
„Bad Pyrmont hat ein Schloß, wo der Fürst zur Badezeit zu wohnen pflegt. An das Schloß stößt die weltberühmte Allee, von vierfachen Lindenreihen. Die mittelste ist der Sammelplatz der Kurgäste, in den Seiten-Alleen sind Gebäude, Buden und Buchläden, Caffeehaus, Tanzsaal und Theater und das liebe Rouge et Noir! Dorten ist high life. Pyrmont ist, wie Spa, auch ein Tempel der Spieler, und der Rote Husaren-General – solange er in Münster commandirte, fehlte selten an der Bank – hier trieb Blücher das Hazardspiel, wie den Krieg, bei Tabak und Punsch!"
Erstes bekanntes Bauwerk war die 1184 urkundlich erwähnte *Burg des Erzbischofs von Köln*, der sie dem Grafen von Schwalenberg als Lehen gab. Der Besitz wechselte über die Grafen von Spiegelberg zu den Grafen und späteren Fürsten zu Waldeck. Die Burg verfiel im 16. Jahrhundert. 1526 errichteten die Spiegelberger nahe der Heilquellen dafür eine *Wasserburg*, aus der 1706 das heutige *Schloß* entstand.
Das mondäne Bad ist sehr vielseitig und hat daher eine entsprechende Anziehungskraft. So ist es noch heute und so war es früher, woran die zahlreichen Gedenktafeln und Denkmäler erinnern – angemessen an alle gekrönten und bedeutenden Häupter der letzten zweihundert Jahre, aber auch an die zahlreichen Geistesgrößen, ob nun Goethe, Humboldt, Schlegel und so fort. Es gehörte schon zum guten Ton, in Pyrmont gekurt zu haben.
Einen ausgezeichneten Ruf durch seine Heilungen erzielte **Pyrmont** als Bad der unverstandenen Frauen. In vielen Fällen wurde diesen armen Wesen durch Moorbäder und anderswie doch noch zu einem Kindersegen verholfen.
Mögen nun für den einen die Quellen das Wichtigste sein, für den anderen das Prominieren auf der Hauptallee oder das Spielen im Casino mit der früher zugeordneten *Dunsthöhle*, eine geologische Sehenswürdigkeit, die von Spielern, die ihr Hab und Gut verloren hatten, für einen schmerzlosen Selbstmord dank des austretenden gasförmigen Kohlendioxyds mißbraucht wurde.
Das Wichtigste und Schönste an diesem Weltbad ist der Kurpark mit den einmaligen Palmen- und Rosengärten und dem herrlichen Berggarten. Es gibt wenige vergleichbare Parks auf unserer Erde, was die Schönheit betrifft.

Widmen wir uns allerdings jetzt erst einmal den Leuten hier und anderswo im Weserbergland, wie sie lebten in guten und bösen Zeiten.

Das Leben in guten und schlechten Zeiten

Geschichte der Besiedlung

Die Besiedlung des Weserberglandes läßt sich über Jahrtausende nachweisen. Viele der alten Dörfer haben eine Geschichte, die weit in das Hoch-, sogar bis in das frühe Mittelalter zurückreicht. Von anderen sind nur die Ortsnamen überliefert. Etwa die Hälfte der einstigen Orte sind verschwunden.
Die Orte des Weserberglands sind bescheiden und vernichten keine Landschaft. Alles bleibt in überschaubaren Grenzen – und Städte sind wirklich rar!

Frühe Siedlungsformen – Bauernhof, Dorf –

Die frühesten Siedlungen fanden sich hochwassersicher an Quellen und Bächen rund um den *Köterberg*. **Sabbenhausen, Hummersen, Wörderfeld** und **Niese** entstanden, verschwanden dann wieder und entstanden neu ab dem 16. Jahrhundert, nachdem die Falkenhagener Mönche das morastige Land vorbereitet und erschlossen hatten.
Im engen Wesertal findet sich die früheste und ausgeprägteste Siedlungsform als Dorf an den Flußufern zwischen **Heinsen, Polle** bis zur **Steinmühle**, von **Grohnde** bis nördlich von **Hameln**. Ab dem 6./7. Jahrhundert läßt sich nachweisen, daß hier gerodet wurde. Die vielfältigen Wälder existieren heute noch.
Siedlungen und Dörfer bestanden aus einer Ansammlung von fünfzig, sechzig Häusern oder Hütten mit Stallungen für das wenige Vieh. Hier lebten die Familien als Notgemeinschaft. Man hatte sich zusammengeschlossen, um den Unbilden der Natur und den anderen vielen Gefahren besser widerstehen zu können.

Nun allerdings sollte man hier nicht die alte Mär von der harmonischen Großfamilie auftischen mit der Wirtschaftseinheit Urahne, Ahne usw. Da das durchschnittliche Lebensalter ca. 30 Jahre betrug, kannte kaum jemand seine eigenen Großeltern.
Gesiedelt wurde sehr unterschiedlich. Westlich der Weser errichtete sich die Familie ihren Bauernhof inmitten ihres Ackers. Die Dorfgemeinschaft bildete die Ausnahme. Die ‚Bauordnung' regelte dies folgendermaßen:
„Sofern derselbige, der das neue Haus, da vorher keines gestanden, zu zimmern vorhat, soll er mit dem Zimmer von der anderen Leute Grund so weit wegbleiben, als eine zahme Fetthenne in einem Fluge in der Länge fliegen kann, wird geschätzt auf eines Mannes 300 Schritt."
Die Scheu vor der Nachbarschaft ließ den Abstand allerdings noch größer werden.

Im unmittelbaren Weserraum wurden dagegen bevorzugt Dörfer gegründet. Solche Siedlungen haben oftmals eine alte Vergangenheit.
Heinsen findet sich als Higinhusun in einer Urkunde aus dem Jahre 832; Schenkungsurkunden des Königs *Konrad I.* für den Bischof *Meinwerk I.* von Paderborn für das Gut Häginhusen mit den Vorwerken Holzminden und Altendorf stammen aus den Jahren 1031 und 1036.
Grave existierte bereits im 9. Jahrhundert; in **Brakel** rastete der Zug mit den Reliquien für das Kloster Corvey; **Brevörde** mußte schon vor 1100 dem Benediktinerkloster Helmarshausen, insbesondere zur Fastenzeit, Weserfische, bevorzugt Neunaugen, liefern; die Königsstraße von **Arzen** nach **Hameln** wurde in der frühen Karolingerzeit angelegt; in **Bursfelde** wurde 852 auf der Nationalversammlung das Herzogtum Sachsen gegründet; hundertfünfzig Jahre später betrieb *König Heinrich II.* wichtige Regierungsgeschäfte auf seinem Königshof im Orte **Ohsen**.

Polle, Ottenstein, Lobach, Reileifzen

Zunächst einiges zu **Polle**, eine der ältesten Siedlungen und im Mittelalter der beherrschende Ort des Weserberglandes.
Das Alter dieser ehemaligen Stadt war für lange Zeit umstrit-

ten. Unzweifelhaft war einzig aufgrund der zahlreichen Hügelgräber, aufgrund von Funden aus der Stein- und Bronzezeit, daß hier bereits vor Jahrtausenden Menschen lebten. Andere Funde wiederum weisen die Besiedlung im 1. sowie im 8./9. Jahrhundert nach. Das kann nicht überraschen. Auch ohne Ausgrabungen sprechen alle aufgrund des Landschaftscharakters gesammelten Erfahrungen für eine Ansiedlung in sehr alter Zeit.

Für den Nachweis der Ortsgründung allerdings reicht dies nicht aus. Auch Urkunden für die Burg aus dem Jahre 1285 und für den Ort aus dem Jahre 1374 besagen für das wirkliche Alter des Ortes nicht viel. Er existierte unabhängig vom Bau der beherrschenden Burg erheblich früher. Der Dynastensitz der *Grafen von Everstein* seit 1285 führte für **Polle** lediglich zur Gewährung von Stadtrechten.

Karl des Großen vierter Feldzug während seiner 32jährigen Sachsenkriege führte, wie zeitnahe und unterschiedliche Quellen nachweisen, im Jahre 779 bis zu dem befestigten Ort **Polle**, lateinisch medi phulli, midifulli und ähnlich. Quellen hierfür sind die fränkischen Reichsannalen, die Annalen des *Einhardus*, des *Widukind von Corvey*, die Chronica des *Thietmar von Merseburg*, aber auch Urkunden aus den Jahren 811, 813, 834.

In **Polle** führte Karl mehrtägige Friedensverhandlungen, es gab den danach üblichen Geiseltausch und die christlichen Taufen.

Der Sachsenfeldzug von 784 führte wiederum nach **Polle**. Und da die Weser Hochwasser führte, endete hier dieser Kriegszug. Aus den folgenden Jahrhunderten bis hin zu dem Zeitpunkt, mit dem man das Alter des Ortes identifizierte, sind etliche Ereignisse bezeugt. *Heinrich der Löwe* kannte den Ort und lebte während der Reichsacht mit Frau und wenigen Getreuen für längere Zeit auf der benachbarten *Burg Ottenstein*; die verwitwete ehemalige Kaiserin von Spanien, Königin von Kastilien und Arragon, war hier zuhaus, und der **Heilige Vicelin** war hier Gast.

Die **Poller** Stadtrechte entwickelten sich ab 1285. Damit gewann der Ort seine zentrale Bedeutung als Marktplatz und Münzstätte. Die Eversteiner Zollstätte brachte den Inhabern bzw. Pfandinhabern bis 1823 gute Einnahmen.

Handwerker und Krämer siedelten, Bier wurde gebraut, Branntwein gebrannt, Tuch gefärbt, woran noch die ‚Färbebeeke' erinnert, und die Bedürfnisse der zahlreichen

Edelinge erforderten einen ausgeprägten Handel bis nach Bremen und Holstein. Um Straßen war es zwar schlecht bestellt, dafür blühte die Weserschiffahrt auf.
1394 beurkundet ein Magistrat von **Polle** einen Vertrag zwischen den Edlen von Lippe und dem Grafen von Everstein und Polle; eine Urkunde aus dem Jahre 1399 weist Polle als ‚civitas', d. h. Stadt mit vollen Rechten, aus. Mit der 1408 von Polle nach Braunschweig verlagerten Herrschaft gingen dann einige städtische Rechte verloren, ein Schicksal auch anderer Eversteiner Städte wie Holzminden und Ottenstein. 1448 wird Polle nur noch als „oppidum" ausgewiesen, d. h. eine Stadt mit eingeschränkten Rechten.

Eine andere Entwicklung hatte die einstmalige Stadt **Ottenstein**. Hier stand am Anfang nur die Burg aus dem 12. Jahrhundert. Unweit, aber getrennt entstanden die Orte **Hattensen** und **Bergfelde**.
Unbekannt ist, wann und aus welchen Gründen diese beiden Dörfer wüst wurden. Ihr Alter läßt sich schätzen anhand der sehr alten romanischen Hattenser Kirche, die noch einsam im Felde steht.

Lobach, ehemals Lotbeke, existierte zwar 1303, wurde jedoch für lange Zeit wüst. Der heutige Ort stammt aus dem 16. Jahrhundert.

Ein letztes Beispiel für das Schicksal mancher Dörfer mag **Reileifzen**, das ehemalige Reinlevesen, sein. Im Jahre 1018 kam der Ort in Paderborner Besitz, wurde bald darauf für Jahrhunderte wüst und tot. Das heutige Reileifzen wurde seit 1555 aus Furcht vor den jährlich wiederkehrenden reißenden Hochwasserfluten hoch über dem Flußufer angesiedelt.

Über die Not des Hungers

Viele Schrecken suchten das Land heim. Erinnerungen hieran finden sich in den alten Annalen, Archiven, sind aber auch in den vielen Sagen und Märchen erhalten geblieben. *Annette von Droste-Hülshoff* beschreibt in der Erzählung von der „Blutbuche" die Not, die noch vor 250 Jahren in den Dörfern rings um den *Köterberg* herrschte. Holzfrevel und Wilddieberei waren an der Tagesordnung. Das waren keine Leiden-

schaften, denen man freudig nachging. Die nächtlichen häufigen Räubereien waren gefährlich. Regelrechte Treibjagden wurden abgehalten, um die Gesetzesbrecher zu erledigen.
Doch wie anders sollte man sich das nötige Brennholz, das Fleisch, um den Hunger zu stillen, sonst besorgen? Glücklich waren die armen Leute, die einen Ackersmann in der Verwandtschaft hatten, der ihre Kinder für Erntearbeiten zu sich nahm für Brot und Suppe.
Auch das Märchen von Hänsel und Gretel erinnert an die Zeiten, wo Kinder verstoßen werden mußten, wenn das Essen fehlte, erinnert an die Zeiten, wo auch Menschenfleisch begehrt war, um nicht am Hunger zu sterben.
Der Trieb zum Überleben war stärker als alle Bestimmungen und Verbote, die das Christentum gebracht hatte. In solchen Zeiten wurde die Vergangenheit wieder lebendig, die uns heute schrecklich grausam erscheint. So unendlich lange liegt dies gar nicht zurück. Erst Anno 785 wurde im *Capitular von Paderborn* geregelt, welche alten Bräuche nun verboten wären, z. B. daß ein Mann oder eine Frau, die Menschenfleisch selbst essen oder zum Essen weitergeben, mit dem Tode zu bestrafen seien. Dabei ist doch offensichtlich: Was nicht war, hätte man sicherlich auch nicht verboten!
Magere Jahre wichen irgendwann wieder fetten Jahren, die Angst blieb. Übers Jahr konnte sich alles wiederholen. Es blieb die Angst vor dem Hunger. Die Angst prägte die Menschen und beeinflußte das tägliche Leben.
Ging ein großer Winter, eine große Überschwemmung über das Land, so standen die Zeichen auf Sturm. Jedermann ahnte, daß bald das zwei-, dreifache für das tägliche Brot zu zahlen sei und daß Schmalhans wieder Küchenmeister wurde. Alles, was eßbar war, wurde dann Ersatz für das unerschwingliche Brot, und am Ende blieb dem Armen nur das Hungertuch. Der Angst zu entkommen, die den Menschen von der Geburt an bis zum Tode begleitete, war nur wenigen möglich.
Ein Großteil der Bevölkerung war ständig auf der Flucht, auf der Suche nach dem Überleben. Abgedankte, überflüssig gewordene Soldaten, räuberisches Gesindel, Teichgräber, Hausierer, Schmuggler, kleine Händler, Arbeitslose waren ständig auf der Wanderung. Die Vielen gehen vom Nirgendwo in das Nirgendwo. Einzig und allein die zum Wandern gezwungenen Handwerksgesellen haben die Chance auf Herberge und einen Zehrpfennig.

So wird zwar der Tagelöhner etwas auf seinem Wege zu verdienen finden, „doch er muß sich wohlfeil hingeben, daß er kaum das trockene Brod, welches er mit seiner Familie inmittelst aß, davon bezahlen kann. Es gab Zeiten, wo der Taglöhner nur 2, 3, höchstens 4 Pfennige täglich verdienen konnte, aber diese reichten in Zeiten, wo alles wohlfeil war, und wo man eine Menge eingebildeter Bedürfnisse noch gar nicht kannte, viel weiter, als jetzt ein Taglohn von 4 Groschen."
Diese Menschen haben Angst und wollen verzweifeln, werden angesichts ihres Elends aufmüpfig. Schlimm wird es im Lande, wo entlassene Soldaten herumwandern, zum Krüppel gewordene Elendsgestalten, an Mord und Todschlag, Plündern und Brandschatzen gewöhnt. Wo sie entlang ziehen, hinterlassen sie ihre Spur: den Fürstenkriegen folgt unmittelbar der Krieg der Rechtlosen und der nutzlos gewordenen Truppe.

Edelleute und Bauern

Bauernsiedlungen

Die so zahlreichen mittelalterlichen Dörfer des Weserberglandes waren ursprünglich einmal Bauernsiedlungen. Sie waren

die Orte der Unfreien, die dem Adel und der Kirche Frondienste zu leisten hatten.
Bald allerdings beschränkten sich die Frondienste nicht allein auf die Feldarbeit, auf das Roden der Wälder, sondern es galt, die wachsenden Bedürfnisse des Herrn auch sonstwie zu befriedigen. Gewerbliche Arbeiten kamen hinzu wie das Schmieden, die Herstellung von Kleidern, Schuhen, Möbeln, das Bauen von Häusern und Burgen, das Arbeiten in den zahlreichen Steinbrüchen und an den Kalköfen.
Selten waren diese Landleute im üblichen Sinne Handwerker. Ackerbau und Viehwirtschaft waren vorrangig, wobei die von den Mönchen der zahlreichen umliegenden Klöster erlernten Fähigkeiten in den Abendstunden und in der Winterszeit für den Herrn und die eigene Familie genutzt wurden.
Bereits im 12. Jahrhundert ging die Pionierzeit der Rodungen und Siedlungen zu Ende. Das zu jener Zeit anbaufähige Land war aufgeteilt auf Wenige und wechselte den Besitzer nur noch durch kriegerische Raubzüge, durch Heirat und Erbschaft, durch Verkäufe zur Befriedigung der gewachsenen Ansprüche auf Luxus oder durch Schenkungen an Klöster und Kirchen. Der Aufteilung der fruchtbaren Äcker folgte nun deren Umverteilung. Bald gab es kaum eine Bauernsiedlung, die sich nicht wenige fremde Herren teilten.
Bald stand dem Adel jedoch nicht mehr der Sinn nach Mist und Landschaft. Steinerne Burgen wurden gebaut, man verließ den einstmaligen Herrenhof, den damaligen Gutshof, und verpachtete die Ländereien als Lehen gegen Zins oder Zehnten an die Abhängigen. Das Geld löste den Handel mit Naturalien ab. Aus dem Grundbesitzer wurde der Rentier. Das Verhältnis zu den abhängigen Bauern wurde unpersönlicher. Die Bauern selbst taten sich zu einer Gemeinschaft zusammen. Das Dorf entstand, wo früher nur einzelne Hütten auf den Herrenhof ausgerichtet gewesen waren.
Adel und Klöster wurden von der Arbeitskraft der Hörigen abhängiger, die, als sie merkten, daß man ihrer bedurfte, folgerichtig eigene Ansprüche und Rechte entdeckten.
Und weil der Bauer nun auch nicht mehr selbst Vieh oder Eier, Fisch oder Korn beim Herrn ablieferte, stellte dieser einen Verwalter ein, der seine Renten und Naturalien einsammelte. Auch dies waren zwar Unfreie, allerdings nicht mehr gebunden an die Scholle.

Gewählt waren sie von den unfreien Bauern aus eigener Mitte, wurden stetig mächtiger, verzichteten auf die Wahl und vererbten die gewonnenen Privilegien innerhalb der Familie. Es waren die unentbehrlich gewordenen Meier. Bald sogar erhielten sie selbst eigene Güter und Ländereien zu Lehen, stiegen teils selbst in den Adelsstand auf, blieben dabei allerdings unfrei und abhängig. Die Freiheit gab es nur dann, wenn sie sich von den Lehensgütern trennten, aus dem Dorf in die freiere Stadt gingen, um dort als Handwerker oder Krämer zu leben.
Außerdem gab es neuen Siedlungsraum im Osten, der mit Leuten aus der Heimat der Eroberer bevölkert werden sollte. Zum Auswandern wurde man verführt, indem man Freiheit und Unabhängigkeit versprach, ihnen Herrenrechte gab.
Zuhaus veränderten die so anderen wirtschaftlichen Abhängigkeiten mancherlei, aus Dörfern konnten Städte werden, Siedlungen mit freieren Lebensbedingungen und einer veränderten Arbeitsteilung. Das alles entwickelte sich aus den gewachsenen Ansprüchen von Herr und Knecht, aus dem gewachsenen Selbstbewußtsein der Hörigen.

Vom Dorf zur Stadt – am Beispiel Polle –

In jener Zeit teilte der *Eversteiner* den Menschen, die in den paar Häusern rund um den *Poll* wohnten, eines Tages mit, er habe hier einen Marktort gegründet, den Krämer und Handwerker ausbauen sollten. Jede Hofstatt, die er ihnen überließ, hatte lediglich einen jährlichen Zins am Tag des Heiligen Martin zu zahlen. Gleichzeitig machte der kund, welche Vorrechte er diesen Menschen auf ihren Wunsch hin gewähren würde: Schutz im Ort und auf Reisen innerhalb seiner Herrschaft, von ihnen soll dort auch keinerlei Zoll erhoben werden, und stirbt ein solcher ‚Bürger' einmal, so darf er den von ihm erworbenen Besitz an seine Angehörigen vererben so wie es auch einem Edlen zusteht.
An diesem Orte unterhalb des Polls, unterhalb der Burg, durfte jedermann wohnen, sofern er nicht jemandes Knecht war. So wurden aus den Bewohnern Poller Bürger.
In der Mehrzahl der Eversteiner Dörfer allerdings fehlten solche Rechte noch über viele Jahrhunderte, als die *Grafen von Everstein* mit ihrem Geschlecht bereits ausgestorben waren.

Anlage einer mittelalterlichen Stadt mit Graben, Wall und Palisade
(aus: Meisterlin's Chronik, Augsburg 1522)

Von schlechten Zeiten

In den Märchen und Sagen sind es die Riesen, die eine unermeßliche Freßlust entwickeln und die Bevölkerung bedrücken. Im Alltagsleben ist es das immer vorhandene Gespenst einer Hungersnot, die den Tod mit sich bringen wird. Nichts ist darum wichtiger als das tägliche Brot.
Hungersnöte sind nicht vorhersehbar und auch nicht zu beeinflussen. Eines allerdings weiß man gewiß: morgen, übermorgen ziehen sie wieder ein in die Häuser und Hütten!

Ungünstige Witterungsverhältnisse führen zu den Katastrophen. Trockenheit und Überschwemmungen verknappen die Lebensmittel. Alle drei, vier Jahre kommt die Getreidenot. Die Preise steigen, die Armen verhungern. Seuchen brechen aus – das große Sterben hat wieder einmal begonnen.

Die Weser als Plage

Schlimme Unwetter mit wolkenbruchartigen Regenfällen verwandelten die Äcker in Morast. Die Weser trat über ihre Ufer und verwandelte weite Flächen in Seen, die erst nach Wochen wieder verschwanden. Schlimmer noch waren die harten Winter, wenn sich die treibenden Eisschollen festsetzten zu vielen Meter hohen Barrieren, hinter denen sich das Wasser staute zu vernichtenden Hochwassern.
Welches Unheil die Fluten anrichteten ist kaum vorstellbar. Auch heute noch gebärdet sich der Fluß mindestens einmal im Jahr sehr wild. Im Mittelalter jedoch war alles um ein Vielfaches schlimmer. Die Weser strömte unreguliert zu Tal. Kein Stausee speicherte plötzliche Wassermassen.
Bei schönem Wetter war es ein ruhig dahinfließender Strom, abgesehen von unerwarteten Tiefen, nicht einmal einen Meter tief, dafür gewaltig breit, da, wo es die Taleinschnitte erlaubten, waren es 200, oft gar 300 m. Mitten in der Weser fand sich immer wieder eine schilfbewachsene Insel. An anderen Stellen, z. B. unmittelbar unter der *Poller Burg,* waren es die ‚Hungersteine', die in den heißen Sommern nicht mehr vom Wasser überspült wurden und von einer vertrockneten Ernte, vom kommenden Hunger berichteten.
Kam jedoch ein Hochwasser, wie so häufig, so waren es acht bis zehn Meter tiefe, kilometerbreite Fluten, die die Felder verwüsteten und die Ackerkrume fortspülten, so daß auch in den nächsten Jahren hier kein Getreide wachsen wollte.
Aus Geschichten ist uns bekannt, daß für *Karl den Großen* die Hochwasser der Weser ein unüberwindliches Hindernis waren. Eine andere schlimme Hochwasserkatastrophe wird erstmals im Frühjahr 1235 erwähnt. Als Folge davon herrschte eine so große Hungersnot, daß die Menschen, den Tieren gleich, das Gras auf den Feldern verzehrten. Ähnlich wiederum ist es vor 1284 gewesen. Überschwemmungen und nicht enden wollender Regen hatten das Erdreich derartig aufge-

weicht, daß man für die Saat drei Jahre lang keinerlei Furchen ziehen konnte. In der Erntezeit waren die Felder voll von Unkraut und das nasse Wetter hatte viel Mutterkorn zur Folge. Die verderbliche Tollgerste bracht eine schwere Seuche, das heilige Feuer, an dem viele Leute starben oder dem Wahn verfielen. Die einzige Hilfe, die man kannte, war, zu dem heiligen Antonius zu beten. Es war das ‚Antoniusfeuer', daß die Menschen mit Qualen und Veitstanz befallen hatte.

Zu dem Hochwasser und dem Antoniusfeuer kamen nun auch noch die in dieser Zeit eingewanderten Ratten. Keiner weiß genau, was in diesem Jahr die Hungersnot in **Hameln** auslöste: einmal hatte die Weser die Ernte vernichtet, die Ratten hatten die Getreidespeicher leer gefressen, das Antoniusfeuer war in die Stadt eingekehrt.
Über die Folgen berichtet phantasievoll die Sage von dem Rattenfänger und den tanzenden, verlorenen Kindern.
Für die letzten 150 Jahre kann man die vielen Hochwasser an den Pegeln in **Hameln** und **Polle** ablesen. Und für die Jahrhunderte davor ist kaum eine dieser schlimmen Katastrophen in Vergessenheit geraten. Keine Chronik, die nicht solches Unheil genau vermerkt.

Schlimme Zeiten herrschten nach den Überschwemmungen der Jahre 1342 und 1374. Da wird berichtet, daß die Not so groß wurde für die Menschen, daß sie, nachdem sie alle wilden Tiere und Vögel verzehrt hatten, Aas und Dinge, die kaum zu benennen sind, zusammentrugen, um sich daran zu sättigen. Manche sammelten, um dem Tode zu entgehen, im Walde wilde Wurzeln und in dem Fluß und in den Bächen das Wasserkraut. Entsetzen erfaßt jeden, der von den Verirrungen vernimmt, die damals das Menschengeschlecht befielen. In ihrem wütenden Hunger verschlangen die Menschen sogar das Fleisch von ihresgleichen. Reisende wurden fortgeschleppt, ihre Glieder abgehauen, am Feuer gebraten und verzehrt. Viele, die sich, um dem Hunger zu entrinnen, von einem Ort zu einem anderen begeben wollten, wurden von ihren Gastgebern nachts erwürgt und dienten diesen als Nahrung. Viele zeigten einem Kinde eine Frucht oder ein Ei, lockten es an einen entlegenen Ort, brachten es um und verschlangen es. Und die Leiber der Toten wurden vielerorts aus der Erde gescharrt, um den Hunger zu stillen.

Die Wirklichkeit war manchmal grausamer, als es in den Märchen, die von den Brüdern Grimm gesammelt wurden, erzählt wird.
1552 waren die Fluten so stark, daß die **Hamelner** Brücke fortgerissen wurde. So erging es der Brücke in **Holzminden** im Jahre 1621.
Die Hochwasser müssen im 18. Jahrhundert besonders häufig aufgetreten sein. Berichtet wird von sieben Katastrophen, die für die Weser die Wasser um acht bis zehn Meter ansteigen ließen. In Orten, die nicht geschützt lagen, wurden Straßen und Häuser überflutet. Am 22. und 23. Februar 1799 versuchten viele Einwohner vergebens, Hilfe zu finden, indem sie weiße Bettlaken aus den oberen Fenstern wehen ließen. Es herrschte ein derart schlimmer Sturm, daß niemand helfen konnte. Häuser wurden unterspült, wurden wie die Bewohner von schmutzig-lehmigen reißenden Wassern fortgespült.
Nur um wenige Zoll niedriger war die Überschwemmung vom 19. Januar 1841. Der Winter hatte die Weser mit Eisschollen zugefroren. Tauwetter und Regen brachten das viele Wasser, das das Eis sprengte und ringsum auf die Felder schwemmte. Ostern waren die Felder noch nicht frei von den Resten, morastig und nicht zu beackern.
Ein ähnliches Hochwasser wiederholte sich am 28. Januar 1846. Auch hiernach wirkten sich die Verwüstungen über die nächsten Jahre aus.
Dort, wo heute die Bundesstraße von **Holzminden** über **Polle** nach **Bodenwerder** entlang führt, gab es selbst Mitte des vorigen Jahrhunderts lediglich einen Treidelpfad. Die Wesertalstraße, endlich im Jahre 1841 gebaut – hochwassersicher sollte sie sein – wurde dadurch über weite Strecken überflutet und so stark beschädigt, daß sie noch im folgenden Jahr repariert werden mußte. Darüberhinaus hatten Schnee und Regen die steilen Berghänge bei der Steinmühle erneut abrutschen lassen und die neue Straße meterhoch mit Felsbrocken, Geröll, Bäumen und Büschen verschüttet.
Diesen Naturgewalten gegenüber war man hilflos bis in die Neutzeit. In regelmäßiger Folge suchten sie das Land heim.

Die großen Seuchen

Doch konnten die reichen Burgherren sich auch vor solcher Not bewahren – es gab noch den immer wiederkehrenden

Schrecken, gegen den sich weder der Arme noch der Reiche schützen konnte. Es waren die Lepra und die Pest, vor denen es keine Rettung gab.
Die Pest kam immer wieder, nachdem die Ratten im 14. Jahrhundert den Pestfloh verbreitet hatten. Die Bevölkerung mancher Orte wurde fast vollständig ausgerottet, Dörfer und Städte verkümmerten, die Geburten reichten nicht aus, um die vielen Toten zu ersetzen. Dann zog die Pest weiter, erlosch vorüberhend, konnte eine jahrzehntelange Atempause gewähren.
Der Aussatz, die Lepra, war dagegen eine stets gegenwärtige Krankheit, die ein viele Jahre währendes Leiden bedeutete. Sie war ansteckend und man wußte nicht, wie man sich davor schützen könnte. Die Kranken hatten daher keinen Platz in den durchaus schon existierenden Spitälern der Städte und Klöster. ‚Aus-satz' bedeutete, die Menschen fern von jeder Siedlung auszusetzen, wo sie dann in Hütten oder auf freiem Felde lebten.
Die Weser war der wichtigste Verkehrsweg des Gebietes. Das Mitleid der Schiffer und Reisenden war eine naheliegende Möglichkeit, Siechenhäuser betreiben zu können. Die von den vorüberfahrenden Schiffen erbettelten Almosen mußten für Brot und Suppe, manchmal auch noch für eine bescheidene Krankenpflege, ausreichen.
Das *Kloster Lippoldsberg* wurde erst im 16. Jahrhundert in ein Siechenhaus umgewandelt, doch seit dem 13./14. Jahrhundert gab es diese Einrichtung bereits in **Münden, Höxter, Holzminden** und **Polle**. In **Hameln**, der größten und gefährdetsten Stadt des Weserberglandes, bestanden sechs Siechenhäuser für Leprakranke, jeweils mit eigenen Friedhöfen.
Als dann im 14. Jahrhundert der ‚Schwarze Tod', die Pest, kam, begann das große Sterben. Hier gab es keinerlei Hoffnung mehr. Wenn die Pestbeulen aufbrachen, wurden die Menschen wahnsinnig vor Schmerzen. Schreiend lief man durch die Straßen, stürzte sich aus den Fenstern oder lebend gleich in die Abfallgrube neben dem Hause. War die Pest erst ausgebrochen, war das Leben keinen Pfifferling mehr wert und man brauchte kein Siechenhaus mehr. Hatte man Glück, überlebte man vielleicht das große Sterben. Aber bald kam dann der Tod zurück. „Es erhub sich groß Jammer, und kam das zweite groß Sterben, also daß die Leute sturben in großen Haufen an derselben Sucht, als sie sturben in dem ersten Sterben.

Und wo es nit hinkam in diesem Jahr, da kam es in dem andern Jahr, und ging all um."
Die Pest war etwas Unabänderliches geworden. Selbst die Zeitläufe wurden hiernach gerechnet. Einer der maßgeblichen Chronisten aus jener Zeit, *de Polde*, schrieb seine Chronik „post epidemiam". *Graf Spee*, der unermüdliche Kämpfer gegen die Hexenverbrennung, schrieb im *Kloster Falkenhagen* beim Anblick all des Elends den Kirchenchoral:
„Der schöne Mond will untergahn,
für Leid nicht mehr mag scheinen,
die Sterne lan ihr Gützen stahn,
mit mir sie wollen weinen.
Kein Vogelsang, noch Freudenklang
man höret in den Lüften,
die wilden Tier trauern auch mit mir
in Steinen und in Klüften."

Für die Dörfer des Weserberglandes liegen keinerlei Aufzeichnungen vor, wie schlimm das ‚große Sterben' gewesen ist. Aus Überlieferungen kennt man lediglich die Plätze der ehemaligen Pestfriedhöfe. So wurde man in **Polle** nahe der heutigen Jugendherberge, dem späteren ‚Judenfriedhof', verscharrt.
Für **Hameln**, das nur wenige tausend Einwohner hatte, sind die Epidemien aufgeschrieben worden. Angeblich wütete die Pest hier erstmals im Jahre 1384. Dann blieb man von ihr bis 1474 verschont.
Schlimm wurde es im 16. Jahrhundert. 1551 starben im kleinen **Hameln** 1.408 Menschen, mehr noch während der Seuchen von 1566 und 1581. Anno 1598 starben so viele Menschen, daß wiederum ein neuer Friedhof angelegt werden mußte. 1625, als die vorerst letzte Pestepedemie Einzug gehalten hatte, waren 1.143 Leichen zu verscharren. Niemand wußte, „welche Krankheit unter der Pest zu verstehen sey", niemand wußte zu helfen.
So, wie sie über die Menschheit gekommen war, verschwand sie erst einmal mit dem Dreißigjährigen Krieg. Lange Zeit dauerte es, bis man sich von dieser Plage erholt hatte, bis durch die Geburten die vielen Toten ersetzt waren.
Zum letzten Mal überfiel die Pest das Land im Siebenjährigen Krieg. Vom 11. August bis zum 24. Dezember 1757 starben an dieser Krankheit allein im französischen Hospital in **Hameln**

1.900 Menschen. Wegen der Ansteckungsgefahr beeilte man sich, die Toten zu beerdigen. Als bei diesem eiligen Verscharren dann noch einer von ihnen plötzlich wieder zum Leben erwachte, sollte solchen Überraschungen zukünftig vorgebeugt werden, indem die Leichen erst einmal für einige Tage im Garten neben der Kirche gestapelt wurden. Hatten sich einige Fuder angesammelt, brachte man sie dann in eine Grube, die außerhalb der Stadtmauer ausgehoben worden war.
Wenn heute in den alten Chroniken nur wenig über die Pestilenz zu finden ist, so sind um so gründlicher die Mordbrennereien der häufigen Kriege verzeichnet. Auch dann zogen Elend und Schrecken über das Land.

Vom ‚Landsturm' bis zum ‚Dritten Reich'

Der Landsturm und die Neuverteilung der Herrschaftsrechte

Kriege führten die Edelinge mit ihren Rittern und Söldnern. Die abhängigen und hörigen Landleute hatten nur bei länger andauernden Feldzügen als ‚Landsturm' zu fechten. Waffen – Hellebarden, Mistgabeln, Sensen – hatte man mitzubringen. War man wohlhabend genug, konnte dieser Dienst durch eine Abgabe ersetzt werden.
Ähnlich sah es auch bei den Bürgern der wenigen Weserstädte aus und in den Orten, wo eine herrschaftliche Burg stand. Stadttore und Burgtore zu bewachen war Sache der Bürger und des gemeinen Volkes. Von diesem Dienst konnte man sich durch Zahlung des ‚Wachtgeldes' freikaufen und den Dienst durch Söldner versehen lassen.
Mußte das Landvolk wirklich einmal in den Krieg ziehen, so wurde es von dem Drost, der dann der Oberhauptmann oder Hauptmann war, angeführt.
Wie groß diese Streitkräfte waren, wenn der ‚Landsturm' nicht hinzugerechnet wurde, zeigt sich an dem sich so mächtig gebärdenden *Heinrich dem Löwen*, dessen Gefolgsleute von den 300 Ritterfamilien seiner Güter gestellt wurden.

Der ‚Landsturm' wiederum war vonnöten in jener entscheidenden Fehde, in der die Herrschaftsrechte im Weserbergland neu verteilt wurden.
Ganz harmlos hatte hier alles begonnen mit wenig Menschen und wenig Blutvergießen. Anders als üblich sollte jene Bege-

benheit jedoch zum Vorwand dafür werden, daß die Welfen den seit Jahrhunderten erstrebten Grenzverlauf entlang der Weser bekamen.

Der Edle *Henning von Reden* erbrachte ungewollt diese günstige Gelegenheit für einen Krieg, der von 1404 bis 1409 dauern sollte. Herzog *Heinrich von Braunschweig* hatte ihn des Landfriedensbruchs angeklagt. Henning kam auf sein Betreiben in Reichsacht und wurde seiner Güter für verlustig erklärt.

Der wahre Stein des Anstoßes war eine Erbschaftsangelegenheit. Dem Grafen *Hermann von Polle-Everstein* fehlte der männliche Erbe. Trotzdem wollte er seine so beherrschende Grafschaft erhalten, möglichst sogar vergrößern und mächtiger machen. Darum schloß er mit den *Edlen zur Lippe* einen Erbfolgevertrag derart, daß mit seinem Tode die Fürstentümer Lippe und Everstein vereint würden.

Wie konsequent dieser Erbverbrüderungsvertrag angewandt wurde zeigt sich an den Siegeln eines Vertrages aus dem Jahre 1405. Sowohl die Eversteiner wie die Lipper führten nunmehr ein Doppelsiegel, entsprechend auch ihre Wappen. Nebeneinander standen der Eversteiner Löwe und die Lippische Rose.

Der Braunschweiger rüstete zur Eroberung, die Eversteiner und Lipper zur Verteidigung. Am Elisabethtage, dem 19. November 1404, kam es am *Ohrberge* bei **Hameln** zur Schlacht. Der Eversteiner *Drost Ketteler*, im Kriege zum Hauptmann bestellt, drang mit drei seiner Ritter auf den Braunschweiger Herzog ein und nahm ihn bei der Landwehr am Ohrberge gefangen.

Doch wieviel Unheil brachten solche Feldschlachten tatsächlich mit sich? Es gibt genauere Zahlen für eine ähnliche Schlacht, die kurz vorher am 8. November bei Hameln geschlagen worden war. Bei diesem Kampf beklagten die besiegten Hamelner 16 Tote.

Heinrichs Bruder, der Herzog *Bernhard von Braunschweig*, konnte unter Vermittlung von König *Ruprecht* den Inhaftierten gegen ein Lösegeld von 100.000 Goldgulden, zahlbar in fünf Jahresraten, freikaufen.

Heinrich nebst 32 seiner Ritter schworen zwar Urfehde (eidlicher Verzicht auf Rache) doch insgeheim ging es um Rache. Er gab keine Ruhe und verklagte die Eversteiner und Lipper, über die Reichsacht und Kirchenbann verhängt wurden. Durch die Reichsacht wurde der bestehende Erbfolgevertrag hinfällig. Ein Beistand für die Reichsständischen Eversteiner

seitens des Herzogs von Westfalen und Erzbischofs von Köln und auch des Reiches selbst war dadurch rechtlich ausgeschlossen, praktisch allerdings auch wegen derer fehlenden Macht nicht zu realisieren.
Erneut erschien also der Braunschweiger mit seinen Truppen als Vollzugsmacht des Reiches für das ergangene Urteil. Am 1. Ostertag 1407 in der Frühe nahmen sie mittels Sturmleitern die *Poller Burg* von der Weserseite her ein.
Große Verluste an Menschenleben hatte keine Seite zu beklagen. Selbst die Burg war kaum beschädigt worden.
Schlimmer wurde es dann, als die Braunschweiger in Lippe einfielen, **Schwalenberg** brandschatzten und die *Falkenburg* verwüsteten.
Solche Grausamkeiten verhärteten nur den Widerstand der Lipper, die sich dann letztendlich auch den Braunschweigern gegenüber behaupteten. Graf *Hermann von Polle und Everstein* war jedoch des Kämpfens müde, schloß am 20. Januar 1408 in Hameln Frieden.

Von weiteren Schlachten ist nun über etliche Jahrhunderte nichts zu berichten. Hier gab es kein blutiges Mittelalter mit Unruhen und Aufständen wie anderswo. Das Zeitalter der Ritter hatte bereits früher sein Ende gefunden.
Wenn überhaupt etwas in die Geschichte einging, dann waren es eher Scharmützel oder Raubzüge von kleineren Banden, denen es noch schwer fiel, sich in die neu wachsende friedlichere, aufgeklärtere Ordnung einzupassen.
Natürlich gab es noch die Bischöfe als Landesherren, die für sich die Untertänigkeit stärker in Anspruch nahmen und sich sträubten, Bürgerfreiheiten zu akzeptieren.
Außerdem war da noch der Braunschweiger Herzog *Heinrich der Ältere*, der sich mit dem *Grafen von Pyrmont* um das Amt Ottenstein stritt. Grund hierfür war die ständige Ebbe in der Kasse der Welfen, die auf diesem Wege abgestellt werden sollte.
Zweimal wurde deswegen **Ottenstein** belagert, woran ein alter Reim erinnert:
„Im Jahre finfteenhundert und eine
Lag Hinrik vor Ottensteine,
Im Jahre finfteenhundert und acht,
Do nam hei et mit smacht."

Anno 1571 wurde der Ort dann endgültig zerstört. Allein die Burg, das damalige Amtshaus, blieb erhalten.
Einige Mönche lösten sich vom strengen Klosterleben und machten plündernd und raubend das Land unsicher. Einen besonders üblen Ruf hatten sich die raubenden und sengenden Banden der *Klöster Falkenhagen* und *Marienmünster* erworben.

Im Weserbergland verlief die Geschichte oft anders als in Süddeutschland.
Hatte sich auch das Herrschaftssystem überall gewandelt, so zeigte sich ein gewichtiger Unterschied darin, daß sich im Norden die Landesfürsten ordnender durchsetzten und der Bevölkerung gleichzeitig mehr Rechte und Freiheiten eingeräumt wurden.
In Süddeutschland dagegen war es erst einmal weniger ein Wandel als eine Umschichtung innerhalb des Herrschaftssystems. Es kam lediglich zu Machtverschiebungen. Selbst der Aufstieg bürgerlicher Patrizierfamilien wie in Augsburg oder Nürnberg bewirkte alles andere als eine demokratische Entwicklung. Und die Dynasten in Schwaben, Thüringen, Bayern wollten ihre uneingeschränkte Macht erhalten.
Die großen, blutigen gesellschaftlichen Auseinandersetzungen des Mittelalters fanden daher nur in Süddeutschland statt. Mit Aufständen und Unruhen – Aufstand der ‚armen Ritter', der Bauern, Aufstand gegen die etablierte Kirche durch die Reformation – wurde versucht, den Weg vom Mittelalter in die Neuzeit zu finden. Man scheiterte. Die Folgen waren schrecklich und zeigen sich in der vollen Auswirkung erst hundert bis zweihundert Jahre später.

Kommen wir zurück in unser Weserbergland. Dem Kleinadel und den Rittern war die Macht genommen; reiche Stadtstaaten, herrschende Patrizierfamilien gab es nicht.
Die Bauern unternahmen hier keine blutigen Aufstände. Nicht etwa, daß die einstmals so auf Freiheitsrechte pochenden Sachsen braver geworden wären. Trotzdem konnten die Landesfürsten sich hier trotz allem keine unbeschränkte Macht erhalten und brachen zuerst mit der Hörigkeit ihrer Untertanen.
Auch die Unfehlbarkeit der Kirche, die uneingeschränkte Macht des Klerus, wurde in Zweifel gezogen. Die Reformation

führte hier nicht zu Blutvergießen. Die Landesherren ordneten an, die Klöster reformierten sich von heute auf morgen, manche der Mönche und Nonnen waren bereits früher innerlich und äußerlich den neuen Weg gegangen.
In einer Quelle heißt es hierzu:
„Als sich indessen mit dem Jahre 1433 die strenge Leibeigenschaft endigte und endigen mußte, weil die Bebauer von den fürstlichen und ritterlichen Meierhöfen flohen, und nur zurückkehrten, wenn man ihnen einige Freiheiten und Erleichterungen versprach; als der Bauer erwerben konnte, und der Bedrückung von Seiten der Herrschaft, durch die Verfügung vom 17. Mai gesteuert wurde, da schien ein neues Staatsleben beginnen zu wollen. Der Städter und der Ritter blieb nicht mehr der Alleinreiche; bares Geld und Besitzthum fand man auch in den niedrigsten Ständen, wo stete Betriebsamkeit den Erwerb leichter machten. Entscheidend für eine Umwälzung der Staats-Verhältnisse wurde die Erfindung des Schießpulvers und dessen furchtbringende Anwendung. Im 14. Jahrhundert schämte man sich, es zu gebrauchen. Vereinten sich auch Ritter und Geistliche und Schriftsteller, es als eine Erfindung der Hölle darzustellen, so kam es doch immer mehr in Gebrauch. Man erkannte gar bald, daß die Zerstörungskraft einer Kanone mehr Wirkung hervorbringe, als hundert gutgeführte Schwerter. Man durfte es nicht mehr wagen, hinter festen Mauern dem Landesherrn zu widerstreben, da sie unter dem Donner des Geschützes zusammenstürzten. Um das hohe Ansehen der Ritter und Städter war es mithin geschehen, wenn ein kräftiger Fürst das Land regierte. Das stehende Heer, welches geworben wurde, gab allen Verfügungen und Wünschen der Regierung einen solchen Nachdruck, daß der Wort- und Federkrieg verstummte. Der Fürst blieb seinem landsässigen Adel überlegen. Hätte es ihm nur nicht am Gelde gefehlt!“

Der dreißigjährige Krieg

Für die Menschen war es trotz Raubgesindel und Herzog eine erfreulichere, friedlichere Zeit, die mit Beginn des Dreißigjährigen Krieges endete. Er war in nichts vergleichbar mit dem Vergangenen. Nun ging es nicht mehr um Eroberung von Land und Macht, sondern um Vernichtung und Verwüstung. Die Orte wurden gebrandschatzt, die Menschen ermordet.
Es gab wohl kaum ein Land, das derart von diesen Kriegswirren heimgesucht wurde wie das Weserbergland. Hier tummel-

ten sich alle Kriegsparteien, ob nun die Kaiserlichen mit *Tilly* und *Piccolomini*, die Braunschweiger zuerst mit dem *Tollen Christian*, dann mit ihrem Herzog *Friedrich Ulrich*, die Schweden, der Dänenkönig *Christian, Wallenstein*, die Mansfelder, die Kroaten.

Der schlimmste Schrecken kam jedoch aus dem eigenen Land. Es gab keinen mordlustigeren, dem Wahnsinn nahen Feldherrn als den Sohn des Braunschweiger Herzogs Heinrich Julius, den *Tollen Christian*. 24 Jahre war er alt, als er im holländischen Arnheim die bildschöne Frau des Winterkönigs Friedrich von der Pfalz traf. Um ihre Anerkennung und Liebe zu gewinnen war ihm jedes Verbrechen recht.
Christian hauste mit seinen entmenschten Scharen wie ein Teufel. Erst ließ er die Geistlichen und die Juden umbringen, dann folgte die übrige Bevölkerung, ob Greis oder Kind.

„Horch, Kind, horch, wie der Sturmwind weht
und rüttelt am Erker!
Wenn der Braunschweiger draußen steht,
der faßt uns noch stärker.
Lerne beten, Kind, und falten fein die Händ',
damit Gott den tollen Christian von uns wend'.

Herr Soldat, tu mir nichts zu leid,
und laß mir mein Leben!
Herzog Christian führt uns zum Streit,
kann kein Pardon geben.
Lassen muß der Bauer mir sein Gut und Hab,
zahle nicht mit Geld, nur mit dem kühlen Grab."

Während der endlose Krieg anderswo die betroffenen Gebiete wechselte, gab es an der Oberweser in der Zeit von 1621 bis 1648 bis auf zwei kümmerliche Jahre keine Atempause. Dörfer und Städte wurden menschenleer, Häuser waren abgebrannt, kleinere Orte völlig von der Bildfläche verschwunden. Nur wer das Glück hatte, über längere Zeit eine starke Besatzung zu haben, kam etwas besser davon. Davon profitierte **Hameln**, das *Tilly* als Verwaltungssitz gewählt hatte, davon profitierte auch **Polle** bis zum Jahre 1641. Doch **Münden, Höxter, Holzminden** waren fast völlig zerstört. **Ottenstein** war mit seinen 70 Häusern abgebrannt, **Brevörde** bestand am Ende des Krieges aus nur noch 27 Häusern, **Pegestorf** aus 36 Häusern. **Polle**

hatte nach der schwedischen Brandschatzung anno 1641 immerhin noch 58 Häuser.
Die große Not begann 1623. Der *Tolle Christian* war vor den Kaiserlichen auf der Flucht und gab seiner Soldateska statt Sold die Freiheit, nach Herzenslust zu plündern. Am 25. Juli setzte er bei Bodenwerder über die Weser, zog über Polle, Rischenau ins Lipper Land gen Holland. Dort wurde dann seine räuberische Horde vom nacheilenden *Tilly* fast völlig vernichtet. Auf dem Wege war die braunschweigische *Burg Polle,* ein Bollwerk, das er nach gründlichem Beschuß am 23.9.1623 erstürmte. Die Unterburg wurde hierbei zerstört. In der Hauptburg quartierte sich nach seinem Abzug ein spanischer Rittmeister mit seinen Offizieren ein; später verwaltete von dort aus ein tyllischer Amtmann, über den für 1623 berichtet wird, dessen Truppe habe vom Amtshaushalt allein „23 Schweine und 29 Schafe gefressen und 50 Faß Bier ausgesoffen."

Der Tolle Christian

Christian hatte es bald erneut geschafft, sich ein Söldnerheer anzuwerben. Und wieder trieb es ihn an die Weser, so allerdings auch Tylli's Feldheer. Dies erbaute sich bei **Polle** und **Holzminden** Schiffsbrücken und setzte am 18. Juli 1625 über die Weser. Doch Christian wird so schnell nicht besiegt. 1626 läßt er noch **Grohnde** und **Blomberg** niederbrennen. Auch Polle hat vorübergehend wieder die Braunschweiger in der Burg zu Gast.

Bis 1626 trieb hier im Lande der Tolle Christian sein Unwesen. Ihm galt keine Fürbitte, als er endlich gefallen war, überall gab es nur Dankgebete. Seine Horden jedoch wüteten weiter. Eine Ballade berichtet von jenen Tagen über das Geschehen:

„Ach Gott, sieh nur den Jammer an
In dieser letzten Zeite,
Weil es so arg itzund tut stahn
Wohl in der Christenheite.
Groß Aufruhr nimmt nun überhand
Im ganzen teutschen Lande,
Ach Herr, Dein Gnad tu Du uns sende!

Den Jammer will ich zeigen an
So hier hat zugetragen.
Ist alles gewesen nicht bloß Wahn,
Die Wahrheit will ich sagen:
Die Braunschweiger eingefallen sind,
Ins Weserland, das tu ich kund,
In diesen Sommertagen.

Sie haben niedergehauen geschwind
Was sie dort angetroffen.
Jung, Alt, Mann, Weib selbst Kind,
Niemand tut ihn entlaufen.
Die Häuser haben sie angesteckt,
Viel Dörfer sind nun gar hinweg.
Die Menschen sind umkommen.

Sie haben groß Gewalt gebraucht,
Die Männer wurden gebunden.
Die Unzucht haben sie gebraucht
An deren eignen Frauen.
Und selbst an Kindern gar so klein,
Das muß groß Herzeleide sein.
Noch ist's dabei nicht blieben.

Ihr lieben Christen, tut stille stahn,
Noch mehr nun will ich zeigen an:
Sie haben gemordet und auch gebrannt,
Ertränkt viel arme Leute.
Nach Lippe sie wohl kommen sein,
Hier haben's nicht schont ob groß, ob klein,
Ach Gott, den Jammer wende!

Etliche Bauern haben sie nehmen tun
Und übers Feuer gehalten.
Die wie ein Schwein gesenget haben,
An den Händen sie tun nageln.
Riemen sie aus ihn schnitten haben.
Lieb Gott, sieh doch den Jammer an,
Ach, habe doch Erbarmen!

Wie Heiden sie gehandelt haben,
Des Christians Barbaren.
Niemand sie wollten verschonen tun,
Die Kind im Leib gebraten.
Des Mannes Weib sie genommen haben,
Und auf ihr Roß gesetzet haben,
Die ließen sie dann traben.

Viel Dörfer sie geplündert haben,
Davon will ich nun sagen.
Beim Köterberg sie alls vernichtet haben,
Das Vieh darnieder schlagen.
Sie taten es mit Mann und Weib,
Und selbst das Kind im schwangern Leib,
Keines taten sie verschonen.

In Falkenhagen dann sogar
Den Abt haben nackt sie ausgezogen,
Händ und Füß ihm hart gebunden.
Am Gemächt ihn aufgehänget haben,
Es floß sein Blut aus Wunden.
Ach Gott, wie er gejammert hat,
Zu fristen bloß sein Leben!

Am andern Tag, so zeig ich an,
Wollten sie über die Weser machen.
Ein Schlagbrück sie dort geworfen haben,
Gott aber tut sie strafen:
Die Brück entzwei gegangen ist,
Zweihundert Mann, gar wohl gerüst,
Sind diesmal all ersoffen.

Viel Volk wurd aufgeboten im Land,
In Dörfern und in Städten.
Die Poller Borch hielt Widerstand,
Eh sie sonst alles verheerten.

Das ganze Corvey, ich vermeld,
Mit Listigkeit wards angestellt,
Wo sie wollten angreifen.

Sechstausend Köllnsche Reiter so geschwind
Der Bischof tät dann schicken.
Die denen zu Hülfe kommen sind
Mit sechzehn großen Stücken.
Viertausend Hahnenfedern behend,
Die durch die Heid gezogen sind,
Mit Kartaun und großen Stücken.

Wie sie alsdann zusammen troffen sind,
Haben sie voneinander tun trennen:
Sechstausend im Holz gefallen sind,
Die andern täten geschwind sich wenden.
Wohl in das Holz, ich zeige an,
An Orten zwei sie tun greifen an,
Daß niemand konnte weichen.

Bei Holzminden ist dann die Schlacht geschehn,
Da wurden sie überfallen.
Wohl von den Hahnenfedern geschwind
Am sechsten Julitage.
Viel Volk sie da verloren haben,
Bei fünfzehnhundert blieben auf dem Plan
Da auf der Engländer Seiten.

Viel wurden in die Weser gesprengt,
Da sie zurückgeschlagen.
Die Engländer standen in arger Not
Wohl von den Hahnenfedern.
Acht Geschütz sie da verloren han,
Dreihundert blieben auf dem Plan
Wohl auf der Hahnenfeder Seiten.

Was weiter daraus werden wird,
Wird dann die Zeit wohl bringen.
Ist nur bewußt Christ den Seelenhirt,
Dem Schöpfer aller Dinge.
Denselben wir nun rufen an,
Er ist der rechte Kriegesmann,
Daß er für uns woll streiten!

Die *Poller Burg* wird dann im gleichen Jahr von *Piccolomini* ein-

genommen. Auch *Wallenstein* zieht es ins Weserbergland. In seiner Grausamkeit steht er dem Braunschweiger nichts nach!
Als *Tilly* nach der Eroberung von **Bodenwerder** 1625 auf dem Marsch nach **Hameln** ist, sehen ihm die Bürger mit Sorge entgegen, auch wenn er sich Jahre zuvor wohlwollend gegenüber der Bevölkerung gezeigt hatte, indem er Plünderungen untersagte und Lebensmittel verteilen ließ. Hameln wollte kämpfen, wozu einige Heißsporne geraten hatten. Tillys Angriff war in der Nacht des 30. Juli geplant. Ein Gewitter brachte den Aufschub und die Zeit, die Stadt nochmals zu warnen. In Verhandlungen stellte man Bedingungen, die Tilly akzeptierte, um die Stadt zu schonen. Hameln durfte lutherischen Glaubens bleiben. Es gab eine sehr mäßige Besatzung, wie die Bürger berichteten. Selbst eine aufgedeckte Verschwörung führte nur zu Kontributionen an den existierenden Landesherrn, dem Herzog von Braunschweig.
Auf Bürgerklagen schrieb dann Tilly an den Rat der Stadt:
„Wir möchten gern sehen, ermächtig zu sein, in Eurem Euch weiter zuwachsenden Kriegsbeschwerden hilff und Rath zu schaffen." Vergeblich, da der Landesherr Herzog *Friedrich Ulrich* nicht auf die Kontributionen verzichten wollte.
Andererseits wurde das übrige Weserbergland wieder einmal im Juni 1625 von den Kaiserlichen gesengt und geplündert. Friedrich Ulrich kamen Bedenken wegen seiner Pfründe und bat um Schonung für dies Land. Doch Tilly konnte seine Soldateska nicht jedlichen Vergnügens berauben. Seine Soldaten seien keine Vögel, die einfach über das Land hinwegfliegen könnten, um es zu verschonen.
Die Kaiserlichen bleiben, nach Tilly kommt *Piccolomini*. Der Oberst des Niedersächsischen Reichskreises, *Christian von Dänemark*, wird 1626 von Tilly entscheidend geschlagen. Der Friede scheint nahe. 1629 wird überall im Gebiet der ‚alte Glaube' wieder eingeführt.
1633 wendet sich dann das Kriegsglück erneut. Die Schweden erringen einen vernichtenden Sieg bei **Hessisch Oldendorf**, ganz in Hamelns Nähe. Die Kirchen bleiben von nun an lutherisch. In der Klosterkirche in Kemnade wurde dafür dann alljährlich ein ‚Lobetag' begangen über Jahrhunderte.
In den folgenden Jahren geht es verwirrend zu im Kriegsalltag. Es kann der Eindruck entstehen, daß niemand so recht mehr weiß, gegen wen er nun eigentlich kämpft. Jeder versucht jeden zu bekämpfen aus Lust am Waffengeklirr.

Nach *Gustav Adolfs* Tod in der Schlacht bei **Lützen** trieben es die Braunschweiger bzw. Welfen besonders schlimm mit ihrem häufigen Frontwechsel zwischen den kriegführenden Parteien. Hatte gerade noch Tilly gegenüber Hameln erklärt, daß die Entscheidungsgewalt beim Landesfürsten, dem Welfenherzog, liege, so übernahm nunmehr der Herzog *Georg von Calenberg* den Oberbefehl über das Gros der gegnerischen schwedischen Truppen. Bei den braunschweigischen Vettern war es der Herzog Ulrich, der Bruder des Tollen Christian, der sich für die Kaiserlichen entschieden hatte. Ihm nahm sein Calenberger Vetter *Georg* Anno 1633 vorübergehend die *Poller Burg* wieder ab, nach der Plünderung zog er jedoch weiter und überließ wiederum Friedrich Ulrich diesen beherrschenden Stützpunkt. Es sollte bis 1641 dauern, bis die Braunschweigisch-Kaiserlichen durch eine gewaltige schwedische Übermacht die Burg und die Herrschaft über das Poller Land verloren.

Unter den ständigen Gefechten Mitte der dreißiger Jahre mußten noch manche andere Orte leiden. Im Juli 1635 kommt es bei **Bevern** mit *Oberst King* zu einem blutigen Kavalleriegefecht. Die Ortschaft wurde dabei gebrandschatzt.
Am 13. April 1634 kommt großes Unglück über **Höxter**. War es bisher abwechselnd in den Händen der Kaiserlichen, Schweden, Braunschweiger und Hessen gewesen, so nahm nun der kaiserliche *General Gleen* die Stadt ein und richtete ein schreckliches Blutbad an. In einer Chronik heißt es: „Ach, wie kann ich alles melden; Huxar gedenke an die Strafe des gerechten Gottes. Siehe, ich will die Geschichte deinen Kindeskindern erzählen, damit sie sich an dem kläglichen Exempel bespiegeln und wandeln mögen."
Am 24. September 1640 wiederum war es **Holzminden**, das die Kaiserlichen zurück eroberten. Das wurde derart gründlich vollzogen, daß von der Stadt einzig die Kirche ohne Turm, das Amtshaus am Hafen, in dem bereits Tilly gewohnt hatte, und das Rathaus sowie die Burg übrig geblieben waren. Die Bewohner wurden alle erschlagen.
Ab 1641 hatten dann die Schweden die Oberhand. Die *Burg Polle* wurde vom Heimberge, dem Platz, der sich *Schwedenschanze* nennt, und vom Birkenberge, dicht unter der heutigen Jugendherberge, so heftig unter Geschützfeuer genommen, bis sie völlig in Flammen aufging.

Ab dieser Zeit – die vielen Feldherren waren müde geworden – herrschte weniger Krieg als Raub und Mord durch die herumziehende Soldateska, die sich selbständig gemacht hatte. Kein Ort, dem nicht übel mitgespielt wurde. Das Wenige, was kümmerlich wieder aufgebaut war, wurde erneut verwüstet. Wie es für die Menschen aussah, bezeugt ein Bericht über einen Vollmeier in Brevörde, „der hat in sechs Jahren kein lebendig Biest gehabt, jetzt ein Perd so ganz räudig, ist abgebrannt, der Hof wüste." Welch berechtigter Jammer, der hier am Ende des Krieges niedergeschrieben wurde:

„Ach, ich kann nicht länger schweigen,
Leber, Lunge, Miltz und Hertz,
Will mir aus dem Leibe steigen
Vor Betrübnis, Angst und Schmertz,
Pferde, Ochsen, Kuh und Rinder,
Alles, alles ist dahin;
Alles, alles ist verschwunden,
Durch des Krieges Grausamkeit,
Nichts wird bey uns mehr gefunden,
Als nur Jammer, Angst und Leid."

Es war ein trauriges Bild. Die verwüsteten Dörfer wurden von Gesindel bewohnt, die Moral war tief gesunken. Die von den Fürsten abgedankten Soldaten blieben noch lange eine harte Last.

Die Weser überschwemmte nun ungewehrt die Ufer. Der einst blühende Weserhandel war erlahmt. Die vielen Landesgrenzen führten dazu, daß ein Schiff im „mindischen, kurbrandenburgischen, königlich schwedischen und bremenschen Gebiet" Abgaben zahlen mußte. Und hatte der Handwerker früher mit Lust gearbeitet, so reichte nun die Arbeit nur dafür aus, die Steuern zu zahlen.

Endlich hatte dann die Herrschaft ein bescheidenes Einsehen, indem der Herzog *Georg Wilhelm von Calenberg* den Leuten freies Bauholz und eine zweijährige Steuerfreiheit gewährte, damit man die wüsten Höfe aufbauen konnte.

Der siebenjährige Krieg

Der siebenjährige Krieg war nicht nur ein Preußenkrieg. Die Kriegswirren wurden vielmehr durch die Feindschaft zwischen Frankreich und England, das in Personalunion zu

Greuel des Krieges

„Der Baum als Massengalgen" ist der Titel dieser Radierung von Jacques Callot. Er prangert in seinen Werken die Grausamkeit des Dreißigjährigen Krieges an.

Polle, Burgruine

dem nunmehrigen Kurhannover stand, in das Weserbergland hineingetragen. *Kurfürst Georg* wollte sich sein Land nicht entreißen lassen und beabsichtigte daher, gemeinsam mit den Engländern Krieg zu führen.
Der *Herzog von Cumberland* war der Heerführer, der am 26. Juli 1757 gegen den *Marschall d'Estrées* eine der wundersamsten Schlachten des 7jährigen Krieges führte. Wundersam, da keiner der Feldherren überhaupt wußte, wer Sieger, wer Besiegter war. Beide hatten sich auf dem Höhepunkt der Schlacht für einen Rückzug entschieden.
Ähnlich verhielt sich zwei Tage später die mächtige Festung **Hameln**, die wie stets kampflos ihre Tore vor den Franzosen öffnete.
Damit begann für die Gegend eine harte Besatzungszeit. Allein im **Poller** Winterquartier waren es 1.500 Mann und 700 Pferde, und die Zustände waren derart schlecht, daß die Verpflegung über Brandschatzungen und Plünderungen besorgt werden mußte.

In der Folge kam es noch zu einigen weiteren Gefechten. Der *Herzog von Cumberland* hatte sich wieder nach England eingeschifft. Der neue Befehlshaber, Herzog *Ferdinand von Braunschweig*, war dagegen siegreich bei **Bursfelde** und **Stadtoldendorf**. Sein Landesherr, *Georg II.*, verlieh ihm dafür den Hosenbandorden, insbesondere erhielt er jedoch 22.000 Liv. Sterling, um schleunigst seine Truppe zu bezahlen, damit diese endlich mit dem Requirieren und Plündern aufhören konnte.
Der siebenjährige Krieg brachte jedoch nicht nur Lasten mit sich. Die Franzosen brachten auch etwas mit, die ‚Tampete', ein wilder Tanz, bei dem alle Trompeter eifrig bliesen und die Querpfeife pfiffen und alle Trommler rasselten mit viel Lärm. Bald tanzte man nicht nur an der Weser so wild, sondern bald wurde sie der Nationaltanz ganz Norddeutschlands.
Dieser Tanz wurde bis vor 60, 70 Jahren auf den Schützenfesten in den großen Festzelten getanzt. Die ältere Generation kannte nichts Schöneres als diese Tampete. Zwei Kreise wurden gebildet, Männlein und Weiblein durcheinander, einmal links herum, dann rechts herum, dann schlängelten die Tänzer in einer langen Reihe durcheinander und man suchte sich mit Händedruck seinen Partner, mit dem man dann paarweise den Dreitritt tanzte. Da flogen die Schlatjen, die Lederpantoffeln, nur so durch das Zelt, und auf Wollsocken und Strümp-

fen wurde mit lautem Juchhuh weitergemacht. Ein Ende nahm es erst, wenn einem die Hitze in den Kopf gestiegen und der Bierdurst zu groß geworden war.
Damals war jeder Feldherr angetan von der vorzüglichen Qualität der Festung **Hameln**. Und doch baute sie jeder nach Kräften weiter aus. Im Ernstfall allerdings verzichtete man auf deren Verteidigung. Der Stadt Hameln brachte das eine wie das andere Vorteile und Nutzen. Wie glücklich war die Bevölkerung, als man begann, zusätzlich den Klütberg als Festungswerk auszubauen. Die Arbeit ging schnell voran. Bald hatte man als erstes ein massives Backhaus errichtet. Die richtige Vorsorge für die Verpflegung war wichtig, hatte man doch den betrüblichen Vorfall noch in bester Erinnerung, als der *Commissair de Blois* versäumt hatte, ausreichend Proviant zu lagern, darum auf dem Markt an den Schandpfahl kam mit dem Plakat in seinen Händen:
„De Blois, gardemagazin à Hameln, voleur, qui a fait manquer a l'armée – gezeichnet als Dieb und Betrüger."
Im übrigen waren die Befestigungsarbeiten eine sichere Erwerbsquelle für Tagelöhner, die mit grenzenloser Trägheit arbeiteten und selbst hierzu noch besonders ermuntert werden mußten. Ein Aufseher hatte einen Knaben schrecklich verprügelt, weil er sich zu viel Erde aufgeladen hatte. „Willst Du Dich zum Krüppel machen", schalt er ihn. „Das will unser allergnädigster Herr König nicht!", und erneut schlug er darum auf ihn ein.
Die Festungsarbeit war sehr begehrt und wurde gut bezahlt. Glaubten Knechte und Mägde, von ihren Herren zu schlecht entlohnt zu werden, drohten sie, andernfalls auf dem Klüt zu arbeiten. Waren es dagegen Bürgersöhne, wurden sie Aufseher und empfingen monatlich 10 bis 12 Taler, wofür nicht mehr zu tun war als ihre Pfeife zu rauchen und sich auf den Stock zu stützen.
Einträglich war auch das französische Lazarett. Es brachte viel Geld in die Stadt **Hameln**. Durch den Ausbruch der Pest war es sehr stark belegt. Mit guter Kost, Arbeitskraft, mit kirchlichen Totenmessen und dem Verscharren der Leichen mußte es versorgt werden. Davon profitierte die Bevölkerung. Der *Marschall Richelieu* war im Gegensatz zu seinen Vorgängern sehr korrekt und ließ alles prompt bezahlen. Das Schlimmste am siebenjährigen Krieg war wieder einmal die ungebärdige Weser. Seit August des Jahres 1760 hatte es unaufhörlich geregnet,

der Fluß überschwemmte die Felder und die ganze Ernte wurde vernichtet. Das brachte eine schreckliche Teuerung. Der Weizen kostete 2 RThaler und 12 Groschen, der Rocken 2 RThaler, die Gerste 1 RThaler und 12 Groschen, das Salz der Scheffel 4 RThaler.

Das Ende des 7jährigen Krieges nahte. Der nordamerikanische Krieg brach aus. Kurhannover hatte für die Engländer Truppen zu stellen. Viele kamen vom Deister und aus dem Weserbergland. 1775 gingen drei Bataillone unter *Oberst de la Motte* nach Gibraltar, zwei Bataillone unter *Oberst von Sydow* nach Minorka, zwei Regimenter Infantrie zum Dienst der englisch-ostindischen Compagnie.

Auswirkungen der französischen Revolution

Die Französische Revolution zeigte ihre Wirkung. Das Volk war unzufrieden, da es sich nicht wehren konnte gegen ständig höhere Lasten und neue Verfügungen. Flugschriften gingen von Hand zu Hand. Bürger und Bauern lehnten sich gegen die Herrschaft in Hannover und London auf. Bald hieß es überall „Freiheit, Gleichheit, Brüderlichkeit", so daß zur Befriedigung erst einmal versprochen – aber nicht gehalten wurde, die Kopfsteuer abzuschaffen. Ein erneuter Krieg gegen Frankreich ließ das Versprechen vergessen. Die aufsässigen Bewohner wurden zur Fahne gerufen, auch wenn man dem Rufe zur Verteidigung des Kurfürstentums nur widerstrebend folgte.

Der Frieden kam 1795. Preußen und Frankreich hatten ihn feierlich erklärt.

Zur Abwechslung wandte sich Preußen dann gegen England und besetzte erst einmal das benachbarte **Hannover**. Der *General von Tschammer* rückte mit seinem Grenadierregiment ins Weserbergland ein und ließ sich gut aushalten. Um den Sold an seine Soldaten bezahlen zu können erhöhte er die Steuern. Das Volk war mittlerweile so arm geworden, daß es nicht zahlen konnte. Mangels Geld und wegen der hohen hannoverschen Verschuldung zogen es die Preußen vor, Anno 1801 aus dem Lande, wo nichts zu holen war, wieder abzuziehen.

Zwei Jahre herrschte Ruhe. 1803 kamen erneut die Franzosen als Besatzer. Unnützerweise wurde gegen sie die Landwehr ausgerufen, ohne Sinn und Verstand, und kämpfen wollte die-

se auch nicht. Bernadotte konnte sich in Ruhe einquartieren und das Land regieren.
Was nun eigentlich die ‚Landwehr' sein sollte, ohne die es an den nötigen Soldaten fehlte, läßt sich in den Verfügungen über deren Neugründung im Jahre 1813 nachlesen:

„Errichtung einer Landwehr 1813.
Die von einem jeden Bezirke zu stellende Compagnie wird gebildet: aus denjenigen, welche sich diesem ehrenvollen Dienste freiwillig widmen wollen. Es läßt sich erwarten, daß diese Zahl dieser Freiwilligen nicht geringe seyn werde. Überdieß aber wird denselben die Versicherung ertheilt, daß sie

a) im Dienste nach Maßgabe der Umstände vorzüglich begünstigt werden sollen,
b) daß auf deren demnächstig Anstellung und Versorgung im Civildienste vorzugsweise Rücksicht genommen werden soll,
c) daß diejenigen, welche von den Meyerhöfen abstammen, bei deren Besetzung eine vorzügliche Begründung zu erwarten haben, und diejenigen, welche sich als Häuslinge niederlassen, eine sechsjährige Befreiung vom Schutz- und Dienstgelde genießen sollen."

Mit den Freiwilligen hatte es dann doch nicht so recht funktioniert. Darum hieß es dann 1815:

„Wir haben beschlossen, eine allgemeine Bewaffnung in Unseren deutschen Landen durch die Einführung des Landsturms anzuordnen und dürfen mit Zuversicht hoffen und vertrauen, daß dieser Beschluß allgemein freudig werde vernommen und mit Eifer werde ausgeführt werden:

1. Der Landsturm dient zur Vertheidigung des Vaterlandes und zur Aufrechterhaltung der RUHE, ORDNUNG und SICHERHEIT.
2. Die Landsturmpflichtigkeit erstreckt sich auf sämtliche dienstfähigen Landeseinwohner vom 17. bis zum 50. Lebensjahr.
3. Als Abzeichen trägt der Landsturmmann eine schwarze Kokarde am Hut und steckt einen grünen Busch auf. Ein jeder Landsturmmann muß sich auf seine Kosten bewaffnen. Gewehre, Jagdflinten, Piken, Heugabeln, gerade gezogene Sensen sind passende Waffen."

Kehren wir nocheinmal zurück ins Jahr 1803 zur Herrschaft *Bernadottes*. Er konnte es nicht vermeiden, daß der vertriebene Landesherr gegen gute englische Pfunde arme Bauern- und Tagelöhnersöhne anwarb für die Hannoversche Legion, die heimlich nach England eingeschifft wurde. Es waren aber auch Soldaten der von Frankreich aufgelösten Hannoverschen Armee dabei, die sonst niemand haben wollte.
Bald nannte sich diese Söldnertruppe Königlich Deutsche Legion, die bis zu 15.000 Mann stark war. Man kämpfte im englischen Sold gegen die Franzosen in Spanien und überall, wo man vom englischen Imperium Frankreich bekämpfen konnte. Als alles endlich dann mit dem Sieg über *Napoleon* ein Ende nahm, galt für die invaliden heimkehrenden Söldner, die nun keiner haben wollte, der am hannoverschen Hofe verfaßte Reim:

„Und ist es endlich Friede,
Wo wenden wir uns hin?
Gesundheit ist verloren,
Die Kräfte, die sein hin!
Alsdann wird es wohl heißen,
Der Vogel hat kein Nest:
Komm Bruder, nimm den Bettelsack,
Soldat bist Du gewest!"

Nur wenige Zeit dauerte es bis zum preußischen Fiasko von Jena und Auerstedt. Doch das Weserbergland war noch nicht verloren. Da gab es die stolze Festung **Hameln** – das „Gibraltar des Nordens" – mit Generälen von wohlklingendem Namen und 10.000 Soldaten. Die Feste war so mächtig, daß ihr Blücher die Standarte seiner geschlagenen Husaren bis zu siegreicheren Zeiten anvertraut hatte.
Die Franzosen hatten sich unter Befehl des *Generals Savary*, Napoleons späterem Polizeiminister, in der Gegend von **Ärzen** und **Ohr** einquartiert. Völlig unerwartet erschienen dort am Morgen des 20. November 1806 preußische Parlamentäre, die Generäle *Lecoq, Schöler, Hagken*, um zu kapitulieren. Die *Generäle von Wedell, von Lettow* sowie der *Oberst Caprivi* schlossen sich diesem Wunsche an. Denn, als von Wedell von seinem Offizierscorps ersucht wurde, ehrenvolle Bedingungen zu erreichen, konnte er einzig entgegnen: „Kennen Sie nicht die preußische Subordination? Das ist Sache des Commandanten und des Generals Lecoq, die haben Alles zu verantworten!"

Den Franzosen angeboten und dann ausgehandelt wurde, daß die Mannschaften als Kriegsgefangene nach Frankreich zu transportieren seien, die Offiziere auf ihr Ehrenwort dagegen zu entlassen. Erstere sollten ihren Tornister, letztere ihr Eigentum behalten. Empfohlen wurde *Napoleon*, dem neuen Monarchen, den Offizieren im Falle einer Invalidität eine Rente zu zahlen. Mündlich wurde vereinbart, daß *Savary* eine Menge Geldes bereitstellen würde zur Verteilung unter die preußischen Offiziere, um ihnen die Umstellung auf ein neues Leben und den Weg in ihre Heimat zu erleichtern.

Leider hatten die Mannschaften, als sie hiervon hörten, die preußische Subordination vergessen. In der Nacht kam es zur Meuterei – es war die unvergeßliche „Preußische Nacht".

Tumult herrschte in **Hamelns** Straßen. Es wurde geplündert, die Magazine ausgeraubt, mit Gewehren geschossen. Die Bürger kauften von den Deserteuren die gestohlenen Lebensmittel. Damit war man beschäftigt, so daß keine Zeit blieb für größere Übergriffe. Zwar stahlen die Soldaten des Prinzen von Oranien dem Uhrmacher König 52 teils goldene, teils silberne Uhren, die Witwe des Kaufmanns Kleinschmidt wurde durch das Schießen auf der Straße am Hals, die Ehefrau des Gastwirts Höltje an der Schulter verwundet, doch es blieb bei diesen Unglücksfällen. Am schlimmsten hatte die Schießerei die preußischen Soldaten selbst betroffen, die versehentlich im Dunkel der Nacht einen Unteroffizier und 10 Mann erschossen und 19 Mann verwundeten.

Am Morgen beim Einmarsch der Franzosen wurden die noch in der Stadt befindlichen restlichen 600 Mann gefangengenommen mit Ausnahme derjenigen, die sich in den wenigen kleineren Gefechten tüchtig gezeigt hatten und denen man Respekt zollte. Sie wurden sofort mit Pässen versehen und durften in ihre Heimat gehen.

Die Ehre der preußischen Armee wurde dann doch noch gerettet durch die Selbsttötung der beiden *Brüder Warnawa*. Und so geschah, was *Adalbert von Chamisso* in seinem Briefe vom 22. November 1806 bereits bezeugte und *Varnhagen* in den nachfolgenden Versen wohltuend pries:

„Aufruhr schnell sich erhob weit in der verrathenen Festung,
Von dem verwirrten Geschrei stehen die Feinde geschreckt;
Wild durchtobte der Zorn der Verrathenen nächtliche Gassen,
Ziellos sprühte die Gluth schmetternden Feuergewehrs;
Warnawa dort, zwei Brüder, in zärtlicher Liebe vereinigt,

Trafen sich an auf dem Markt, irrend im heißen Tumult,
Nicht mehr duldend die Schmach, weit schwächeren Feinden zu weichen,
Setzte das tödtliche Rohr jedem dem andern auf's Herz,
Blitz gleichzeitig und Schlag bricht los und es stürzen im Blute
Unüberwunden die Zwei, freudig umarmet dahin!"

1806 wurde das Weserbergland Bestandteil des Kaiserreiches Frankreich. 1808 ließ *Napoleon* die Festungswerke in **Hameln** schleifen. 8.000 Bauern hatten vorübergehend einen einträglichen Verdienst.
Neues Recht und neue Ordnung waren mit der französischen Herrschaft gekommen. Als französischer Untertan hatte man dem neuen Kaiser zu dienen, und nach dem neuen Recht wurden nun Deserteure und Meuterer füsiliert. Der kleine Trost, Paris sei weit und darum sei alles nicht so schlimm, war bald dahin. „Ab nach Kassel" hieß es vielmehr, wenn es zur Hinrichtung ging.
Das südliche **Hannover** hatte man am 4. Januar 1810 dem Königreich Westfalen zugeschlagen, regiert von *Jérôme*, Napoleons Bruder. Dieser König Lustigk zeigte wirklich wenig Bürgersinn. Wie er herrschte zeigte seine Maxime: „Eure Universitäten werde ich alle vernichten. Ich will nur Soldaten und Ignoranten!"
Manchem kam er hiermit entgegen, nur im Weserbergland war man weder mit dem einen noch dem anderen einverstanden. Doch gar bald arrangierte man sich, indem man als eigentliche Last die neu eingesetzten Amtsmänner sehen wollte. An einen solchen erinnert in **Polle** die Grabplatte des Hausvogts *Johann Heinrich Otto* auf dem alten Friedhof, zu dessen Beerdigung niemand gehen wollte und von dem man sagte: „Kinder, dat is nich Saat von Gott, dat is Düwelssaat!"
Jérôme selbst war gar nicht so unbeliebt. Als er im Jahre 1811 sein Weserbergland besuchte, erschien es ihm fast verdächtig, mit welch herzlicher Freude er überall empfangen wurde. In **Karlshafen** ließ er sich über die Weser setzen. Zur Begrüßung hatte sich das berittene Schützencorps aus **Uslar** aufgestellt, um ihn in den *Solling* zu begleiten. Die Reiterschar machte ihn stutzig, bis er dann darin zum Glück eine Ehreneskorte entdeckte.
Auf steiler Waldstraße, von den Einwohnern mit rotem und weißem Sand und Blumen bestreut, ging es zum festlichen

Empfang auf das so schön gelegene *Schloß Nienover*. Über **Amelith**, wo ihn die Spiegelfabrik imponierte, ging es dann quer durch den *Solling* nach **Neuhaus** und **Holzminden**, dies geschmückt mit einer Ehrenpforte. Für den Weg hatte man durch den Wald eine Allee gehauen, die noch heute den Namen „Königsallee" trägt.

Ganz so freundlich ging es im Amt **Polle** nicht zu. Dessen neuer Hausvogt war dafür zu verhaßt. Der war so blutsaugerisch, daß er viele Einwohner um Hab und Gut brachte.

Es war an einem dunklen Abend des Oktober 1813 – die Kosacken hatten *Jérôme* aus Kassel flüchten lassen – und der Hausvogt saß nichtsahnend am Schreibtisch in seinem Haus an der Poller Burgstraße, als plötzlich schwere Steine, dicht an seinem Kopf vorbei, durch das Fenster flogen. Durch die Hintertür konnte er sich gerade noch retten.

Am anderen Morgen aber kamen wohl an die fünfzig Heinser Schiffer, mit Knüppeln und Stangenbäumen, wie sie zum Steuern der Holzflöße auf der Weser benutzt wurden, vor des Hausvogts Haus. Vornan schritt mit roter Fahne der Schneider Müller, den man auch den „Spektakel Snider" nannte. Der gab den Befehl zum Angriff. Einhalt gab man erst, nachdem Türen, Fenster und das ganze Mobiliar zerschlagen waren. Im „Alten Zumpen" wurde mit Bier und noch mehr Schnaps der Sieg gefeiert gemeinsam mit dem verhaßten Steuerbeamten Wigand, an dem man nun Rache nahm. Immer erneut kam die neugierige Frage „Sepp, bist Du nicht doch ein westfälischer Spitzbub?" Stimmte der zu, bekam er die für Spitzbuben übliche Prügel. Verneinte er allerdings, dann hieß es kurzerhand: „Du Swinekerl löchst, davor mößte Släge hebben!" So ging es fort, bis der arme Wigand ziemlich mitgenommen war.

Was sich ansonsten während des Jahrhunderts im Lande zutrug, berührte zwar oft äußerst heftig die Emotionen der Bevölkerung, ohne deshalb allerdings den ruhiger gewordenen Lauf der Dinge groß zu erschüttern.

1837 erlischt die Personalunion zwischen Hannover und England. *Victoria* kommt auf den englischen Thron. In Hannover wird ihr Oheim *Ernst August*, Herzog von Cumberland, König.

1848 geht als unruhiges Jahr in die Geschichte ein. Auch im Weserbergland gärt der Geist der Revolution. Doch noch lebt die Generation, der die Angst vor den Preußen in Erinnerung geblieben war. So war es für *Ernst August* kein Risiko, seinem sturmbereiten Volk nach bescheidenen Zugeständnissen zu erklären: „Soweit gehe ich und keinen Schritt weiter. Wenn das nicht ausreicht, gehe ich mit dem Kronprinzen nach England und ihr könnt euch demütig den schon wartenden Preußen unterwerfen. Ihr habt die Wahl."

Man wählte das geringere Übel und arrangierte sich mit dem König. Die wirtschaftliche Bindung des Königreiches **Hannover** an England bleibt noch lange erhalten, bis mit dem Beitritt zum Deutschen Zollverein die besonders an der Weser so zahlreichen Zollschranken fallen. Zum 1. Januar 1854 erklärt die Hannoversche Regierung, daß dem Königlichen Amt **Polle** als Vergünstigung bereits für den ganzen Monat Dezember die zollfreie Niederlage gewährt wird.

Das waren prächtige Aussichten. Bis dahin war es im Amt **Polle** mit den vielen Grenzen bestellt. Wenn man sich eine beliebige Himmelsrichtung wählte, warteten braunschweigische, preußische, lippsche oder waldecksche Kontrolleure, die aufpaßten, daß der Schmuggel nicht überhand nahm. In Polle waren nicht allein das hannoversche Zoll- und Steueramt untergebracht, sondern ebenso auch das braunschweigische und preußische.

Einen Monat lang gab es herrliche Zeiten. Der Branntwein aus Lippe war viel besser und billiger als der hannoversche. Und andererseits war in Polle das Salz 7 Pfennige das Pfund billiger als jenseits der Grenzen.

Nun konnte sich jeder billig mit Kaffee, Zucker, Reis, Tabak und Wein versorgen. Die Leute kauften wie bei einem Schlußverkauf und die Schnapsleichen in den Poller Gossen häuften sich.

Lange hielt diese lustige Zeit jedoch nicht an. Die Vorteile einer „Freihandelszone" gingen bald wieder verloren.

Sonderlich erwähnenswert ist nicht einmal der preußisch-hannoversche Krieg 1866. Bei der für **Hannover** siegreichen Schlacht bei **Langensalza** war ihnen bereits die Munition ausgegangen, so daß es schnell zum Frieden und Annektion durch Preußen kam. Einzig die Bruderfehde zwischen **Hannover** und **Braunschweig** schwelte weiter. Hatte Braunschweig doch mit Preußen paktiert und dafür seine Unabhängigkeit behalten.

Neuordnung des Landes im ‚Dritten Reich'
Gebietsreformen gab es erst wieder am 1. August 1941. *Göring* hatte in Salzgitter seine ‚Reichswerke' gegründet und dies Gebiet aus dem Land **Braunschweig** ausgegliedert. Dem braunen, macht- und herrschaftsbesessenen braunschweigischen *Ministerpräsidenten Klagges* kam dies so schwer an, daß ihm im Tausch andere Gebiete zugesprochen werden mußten. Im Ringtausch kommt nun der Kreis **Holzminden** zur Provinz **Hannover**, das Amt **Polle** wechselt bei der Gelegenheit vom Kreis **Hameln-Pyrmont** zum **Holzmindener** Kreis und Klagges bekommt die preußischen Stadt- und Landkreise **Goslar**.
Als der Zweite Weltkrieg bereits verloren war, kam es im Raum **Polle** noch zu den heftigsten Kämpfen im Weserbergland überhaupt. Das *Amtsschloß* der Droste, eines der bedeutendsten Bauwerke der Weserrenaissance, wurde zerstört. Erhalten blieb allerdings ein Teil des Westflügels mit dem ehemaligen Gefängnis und das Burgtor mit den Wappen der Eltern des *Tollen Christian* und weiteren 24 Wappen, die an die verwandtschaftlichen Bindungen der herrschenden *Welfen* im Jahre 1599 erinnern.

Die Herren des Weserberglandes

Zur Geschichte der Sachsen

Der Mönch *Wittekind von Corvey* schrieb die Geschichte der Sachsen. Der Mönch *Einhardus* berichtet in seinen Annalen von den Sachsenkriegen Karls des Großen. *Eike von Repkow* wiederum legte die gültigen Rechtsnormen im Sachsenspiegel nieder.
In diesen Quellen entwickelte sich die Vorstellung von einem Sachsenland in den Grenzen zwischen Holstein und Thüringen, zwischen Elbe und Ems-Ruhr. Es bestand die Vorstellung von DEM Lande der Sachsen, das in dieser Art überhaupt nie bestand.
Der VOLKSSTAMM der Sachsen ist das schillernde Resultat der Siedlung, Verdrängung, der Kriege und Wanderungen seit dem zweiten Jahrhundert. Das LAND der Sachsen wiederum wurde niemals von einer einzigen Herrschaft regiert und ge-

führt. Innerhalb eines bestimmten Gebietes, später auch innerhalb bestimmter Grenzen herrschten die zahlreichen Dynastien, die Bischöfe, die Klöster und die Reichsstädte.
Im Weserbergland ist der Wechsel der Mächtigen bis in die Gegenwart hinein hochinteressant. Wie sehr die Geschichte dieser Landschaft die deutsche Geschichte von Anfang an geprägt hat, wird deutlich in der Geschichte der Bevölkerung, der Herrenschicht, der Rechte, der Siedlungen.
Der Fluß ist seit altersher Sprachgrenze, Grenze der Dialekte. Der Fluß als Kulturgrenze, da er Hindernis war für die Wanderungen der unterschiedlichen Volkstämme.
Westlich der Weser waren die Räume vor etwa 2.500 Jahren überwiegend durch die Kelten besiedelt, östlich hiervon hatten sich germanische Stämme angesiedelt. Die Landnahmen geschahen ohne kriegerische Aktionen. Man wanderte in weitgehend menschenleere Gebiete.
Die Weser ist die Grenze zwischen diesen Volksstämmen, eine Kultur- und Sprachgrenze, von ihr berichteten bereits die Griechen.
Die nach Westen vordringenden Germanen vermischten sich mit dem Nachbarvolk und nahmen den höheren keltischen Lebensstandard an. Etwa vor 2.000 Jahren war die Besiedlung des norddeutschen Raumes durch die Germanen abgeschlossen. Besiedlung für diesen Vorgang ist wohl doch ein zu anspruchsvoller Begriff, in Wirklichkeit waren es Siedlungsinseln, zwischen denen weite unbewohnbare Landstriche, Moore, Überschwemmungsgebiete und dichte Wälder lagen. Gesiedelt wurde bevorzugt in den Flußtälern.
Hier hatten sich Großfamilien, Gemeinschaften, niedergelassen. Die Siedlungsdichte betrug wenige Personen pro Quadratkilometer. Und all das zu einer Zeit, wo jenseits der Alpen bereits in Bürgerstädten sowohl Wohlstand als auch Armut eingezogen waren.
Innerhalb der germanischen Stämme kam niemand auf die Idee, einen Staat zu bilden. Lediglich Kulturgrupen grenzten sich voneinander ab. Und selbst um Stammesführer war es arg bestellt. Nur wenn von außen der Friede bedroht wurde, wählte man für diese Zeit einen ERSTEN, der die Stammeskrieger anführte.
Am dichtesten besiedelt wiederum war das Wesertal, bewohnt von den Cheruskern. In die Geschichte gingen diese ein, weil sie erfolgreich das Vordringen der Römer in das Gebiet der

‚Weserfestung', begrenzt vom *Teutoburger Wald, Deister, Ith* und *Solling*, verhinderten. Im Teutoburger Wald gab es die Schlacht mit *Varus*. Wo dies genau geschah, ist jedoch ungewiß. Wahrscheinlich kam es im Raum **Hameln** zur Schlacht. Es dauerte einige Jahrhunderte, bis dann sächsische Stämme an die Weser vordringen und sich mit den Cheruskern vermischen. Das Stammesland der Cherusker nennt sich nun Stammesland der Engern.

Eine monarchische Spitze hat das Land nicht. Mit dem Vordringen der Sachsen bildet sich nur eine Herrenschicht heraus und die Gliederung in die streng geschiedenen Klassen der Edelinge, Freilinge, Halbfreien und rechtlos Unfreien.

Die fehlende Staats- und Herrschaftsordnung wird den Sachsen dann allerdings zum Verhängnis in den Kriegen mit den Franken.

Die einzelnen ‚Sachsen-Stämme' wurden besiegt und dann in das Frankenreich eingegliedert. Den Edelingen macht *Karl der Große* rechtliche Zugeständnisse als Gegenleistung für Treueschwur und christliche Taufe.

Die alte sächsische Gaueinteilung wird weitgehend beibehalten, wobei der Gau Verwaltungseinheit des Reiches wird, die ein ‚Graf' als Verwalter führt.

Als Verwaltungsgrafen nimmt man überwiegend getaufte sächsische Edelinge. Sie haben nun mehr Rechte, zumindest gegenüber den Bewohnern des Gaues, als sie je besaßen. Verständlich, daß sie treue Vasallen der Franken werden.

Rechtlich sind sie darüberhinaus eine herausgehobene Klasse sowohl innerhalb der Sachsen wie auch gegenüber den Franken. Für sie allein gilt weiterhin als Ausnahme innerhalb des Frankenreichs überwiegend noch das sächsische Recht, der *„Sachsenspiegel"*.

Anders war die Entwicklung für die ehedem freien und halbfreien Bauern, die Frilinge und die Laten. Sie wurden Lehensbauern von Graf oder Kaiser. Dies besonders führt zu jenen Bauernaufständen, die mit Widukind die beiden letzten Jahrzehnte der Sachsenkriege prägten.

Im Weserbergland hatte sich in der Zwischenzeit ein buntes Völkergemisch gebildet. Kelten, Cherusker, Langobarden hatten sich vermischt, Römer waren für ein Jahrzehnt heimisch geworden, sächsische Engern, Thüringer, Franken folgen und siedelten. Die ungarischen Reiterheere zogen 915 vom Süden entlang der Weser bis in den Bremer Raum.

Das fränkisch gewordene Gebiet der ‚Weserfestung' umfaßt in etwa die ehemaligen sächsischen Gaue *Thiliti, Augau, Huettagau, Osterpurgi* und *Bucki*. Ende des 8. Jahrhunderts wird hier durch *Karl den Großen* mit fränkischen Ordnungsrechten die Adelsherrschaft eingeführt. Markgrafen, Bischöfe und Äbte der Reichsabteien werden als Vasallen des Monarchen mit Gütern belehnt und herrschen dann stellvertretend.
Die Rechte und die Lehen dieser Vasallen werden jeweils nur an die Person verliehen, später erst werden sie erblich. Aus den Erblehen wiederum entwickeln sich unterschiedliche Eigentumsformen und Eigentumsrechte.
Von kriegerischen Eroberungen einmal abgesehen können diese Rechte nur verloren gehen, wenn durch Rechtsspruch die Reichsacht ausgesprochen wird. Ein eklatantes Beispiel hierfür ist *Heinrich der Löwe*, der so seiner Reichslehen verlustig ging und von einem Herzog ‚von' Sachsen zu einem Herzog ‚in' Sachsen mit minderen Rechten herabgestuft wurde. Herr mit vollen Rechten war er dann nur für seinen Allodial-, d. h. Eigenbesitz.
Unmittelbares Reichs- und Königgut wird dagegen durch Dienstleute verwaltet, durch die sogenannten Ministerialen. Die Rechte solcher ‚Verwaltungs-Grafen' lassen sich allerdings auch bald weitervererben.
Der Aufbau der mittelalterlichen Gesellschaft wird gut verdeutlicht mit einem Gleichnis des *Anselm von Canterbury*. Die Menschen seien wie eine Herde von Schafen, Ochsen und Hunden. Die Schafe, Inbegriff der Sanftmut und Milde, waren dabei die betende Welt mit der Milch christlicher Glaubenslehre und die mit der Wolle ihres guten Beispiels beglückende Geistlichkeit. Die Ochsen waren die Bauern, die die Nahrungsmittel zu erzeugen hatten. Und wie die Hunde schützten die Krieger die Schafe und Ochsen, die Geistlichen und die Bauern.
Schade, daß die Wirklichkeit anders aussah. Die Ochsen wurden nicht allein in deren Eigeninteresse beschützt, sondern bald sowohl durch die Geistlichkeit wie durch die Adelsherrschaft rücksichtslos ausgebeutet. Es bedurfte keiner Wölfe und anderer Raubtiere, denn Schafe und Hunde, Bischöfe, Mönche und Adel wetteiferten als Raubgesindel im Aussaugen des Bauernstandes.
Herren im Weserbergland waren jetzt die Bischöfe und Grafen. Mit dem Verfall des Fränkischen Reiches unter dem

Druck der in das Sachsenland einfallenden Slawen und Wikinger, zu einer Zeit, wo der Schutz durch den König nicht mehr ausreicht und man zur Abwehr von Übergriffen auf Selbsthilfe angewiesen ist, kommt es dann zur Bildung des Stammesherzogtums Sachsen. Geführt wird es von dem im Oberweser- und Harzgebiet begüterten Geschlecht der *Liudulfinger*. Bald behaupten sie sich nicht nur gegenüber den Wenden und Normannen, sondern auch gegenüber den Franken.

Am Anfang für die Entwicklung der Herrschaftsrechte stand die Unterwerfung. Anno 772 begann *Karl der Große* mit den Sachsenkriegen. Nach 32 Jahren waren dann die Sachsen endgültig niedergeworfen. Das Kriegsziel war erreicht – die Eroberung und Eingliederung des Gebietes in das Frankenreich, der Raub von Gold und Silber aus den sächsischen Schutzburgen. „Aurum et argentum, quod ibi reperit, abstulit."

Der karolingische Adel schwamm nach der Unterwerfung in Geld und Gold, kaufte kostbares Pelzwerk und Schmuck aus Edelmetall und Elfenbein. Er war auch wohlhabend genug geworden, um dem großen Karl nacheifern zu können und für das eigene Seelenheil Klöster zu stiften.

Den gewaltigsten Zugewinn aus diesen Raubzügen jedoch machte erst einmal *Karl der Große* selbst für seine Person und Familie.

Für die private Annektion der vereinnahmten sächsischen Gebiete gab es keine rechtliche Möglichkeit. Doch jene Sachsen, die sich ihm nicht bedingungslos unterwerfen wollten, ließ er vertreiben und deren Eigentum für sich einziehen. Im Frankfurter Raum errinnern Ortsnamen wie **Sachsenhausen** an diese Vorgänge.

Die wesentlichen Teile Sachsens jedoch mußten zu Verwaltungseinheiten des Frankenreiches, nicht des Kaisers, unter Führung abhängiger sächsischer Edelinge gemacht werden. Nur das Grenzland, das die Sachsen zu Verteidigungszwekken zwischen sich und die Nachbarvölker gelegt hatten, diese menschenarmen Marken und Einöden, konnte er zur „causa regis" erklären und bekam dadurch persönlich die schrankenlose Verfügungsgewalt und Herrschaft über diese Gebiete.

Diese Ländereien mit ihren guten Pfründen behielt er als Privatbesitz. Dort allerdings, wo er zu deren Sicherung kriegerische Macht benötigte, wurde fränkischer Adel als Lehensherr eingesetzt. Den Rest schenkte er der von ihm abhängigen

Kilianskirche Lügde, Karl der Große

Kirche. Abhängig von ihm, nicht vom Reich, denn er wählte und setzte jeweils die Bischöfe seiner Wahl und Gunst ein. Schenkungen an die Kirche, geregelt in seinem Testament, sollten bezwecken, daß vor allem dem privaten Seelenheil Karls nichts im Wege stand.

Ludwig, sein Nachfolger, annullierte dann das Testament. Für sich selbst beanspruchte er zwei Drittel des Vermögens und die damit verbundenen Machtansprüche.
Für das Frankenreich blieb danach nicht viel übrig. Zunächst wurde die Macht der Familie etabliert, der Staat vernachlässigt und geschwächt. Dessen einstiger Glanz bröckelte, die Macht des Reiches wurde mehr und mehr bedeutungslos.
Die Bischöfe und Edelinge, die als Stellvertreter des Königs, nicht etwa der Reichsmacht, Grafenrechte auf Lebenszeit verliehen bekommen hatten, übten Recht und Gewalt des Königs aus. Sie waren Richter, führten den Heerbann und wurden Kirchenvögte des Königs. Wenn auch bald die Kirchen unabhängiger und dafür von Rom abhängiger wurden, so blieben doch viele Abhängigkeiten zu den bedeutenden Adelsfamilien über Jahrhunderte erhalten. Bischofgeschlechter übten vom Mittelalter bis in unsere Gegenwart nicht nur Seelsorge sondern auch Macht aus.
Weltliche Macht für das Weserbergland lag bei den Bischöfen von Fulda, Paderborn, Minden, Hildesheim, aber auch bei den Erzbischöfen von Bremen, Mainz und Köln. Weltliche Macht in kirchenunabhängigen Gauen wurde von Grafen ausgeübt, die abhängig von Eigen- und Lehensbesitz Rechte im eigenen oder Königsnamen für das Reich, seltener als Lehensgraf eines Sachsenherzogs, ausübten.

Die Eversteiner als Herrscher des Weserberglandes

Da die gängigen Vorstellungen von Grafenrechten und Grafentitel ein irreführendes Bild ergeben, mag die bedeutendste Familie, die im Hochmittelalter das Weserbergland beherrschte, einmal an ihren vielfältigen Herrschaftsrechten die unterschiedlichen Machtstrukturen verdeutlichen.

Herkunft der Eversteiner

Es handelt sich um die Adelsfamilie, die sich wie üblich nach ihrem Wohnsitz oder nach dem Herkunftsort nannte, Eberstein, Euersten oder auch *Everstein*. Ihr erster nachweisbarer Dynastensitz war die *Burg Eberstein* mit Eigentümern im *Ufgau* im Schwarzwald. Urkundlich werden hier diese Edelherren zuerst 1085 erwähnt. Um 1100 erhalten sie die Grafenrechte und Titel für die Ortenau.

Verwandtschaftliche Beziehungen zu den heutigen schwäbisch-fränkischen Adelsfamilien führten dann im Raum Diemel, Nethe, Eder bis Göttingen zur Lehensvergabe durch den *Grafen von Northeim*, der andererseits weitere verwandtschaftliche Bindungen zu dem sonstigen schwäbischen Adel hatte.

Dort, wo die Northeimer im Weserbergland das *Kloster Amelungsborn* stifteten, tritt im Jahre 1106 ein Edler *Conradus* als Lehensmann des Northeimer Grafen in Erscheinung.

Dieser Edle Conradus läßt nahe dem Kloster zwei Burgen auf einem Bergrücken erbauen. Getreu der Herkunft wird der Berg, so wie jener Berg nahe Baden-Badens, der Ewersten genannt. Und hiernach nannte er sich, wie eine *Corveyer Urkunde* besagt, „nobilis“ *Conradus de Euersten.*

Grafenrechte für das Gebiet um die *Burgen Everstein* wurden nicht ihm selbst, sondern erst seinem Sohn verliehen. Dagegen existierten für die Eversteiner schon Grafenrechte, die man im Schwäbischen vom Grafen *von Malsch* um etwa 1100 übernommen hatte.

Grafenrechte für den Raum Diemel, Nethe, Eichsfeld – dies waren alte Billunger Grafenrechte – wurden für die Grafschaft Thunersberg erst ab 1123 durch Kaiser *Lothar von Süpplingenburg* an die Eversteiner verliehen. Grafenrechte erhielt Albrecht, der Sohn von Conradus, als treuer Vasall des ehemaligen Sachsenherzogs Lothar, der nach seiner Krönung berechtigt war, Comitatsrechte zu verleihen.

Dies war allerdings auch schon die Zeit, wo es sich einbürgerte, Grafenrechte und Lehen zu vererben. Graf war auch noch kein Titel, sondern die Bezeichnung für einen Vertreter des Königs, des Reiches oder später auch eines Herzogs, der mit zugeordneten Rechten zu verwalten hatte.

Es muß durchaus kein Irrtum vorliegen, wenn der Conradus in einer *Corveyer Urkunde* als „Edler“, als „nobilis“ bezeichnet wird, zu dieser Zeit in *Helmolds* Slawenchronik dagegen als

„Graf“ in der Burg Everstein. Unterschiedliche Herrschaftsrechte besaßen er wie auch seine Nachkommen gleichzeitig in verschiedenen Gebieten.

Wann die Eversteiner Herrschaftsrechte z. B. in **Hameln** erhielten, läßt sich nicht genau bestimmen. Sie besaßen dort im 12. Jahrhundert Eigenbesitz, Reichslehen und Fuldaer Lehen. Urkundlich ist ferner festgehalten, daß die „Edlen“ von Everstein, von der Burg Everstein aus dem Raum zwischen Oppenheim und Basel, Anno 1033, nach anderen Quellen vor 1233, hier Herrschaftsrechte durch den Abt von Fulda und den Erzbischof von Mainz erhielten. Ein Graf Friedrich, Custos des Erzbistums Mainz, wurde Probst der Stadt, sein Bruder Otto Vogt des Stiftes Hameln.

Aus den Familiendaten der Eversteiner ergibt sich zumindest eindeutig, daß diese Rechte bereits in der Zeit existierten, als die Eversteiner bei **Lobmachtersen** ihre Dynastenburgen errichteten, also Anfang des 12. Jahrhunderts. Und auch im Reichsland Vogtland war ein Eversteiner bis 1244 Reichsvogt. Ein anderer Eversteiner war vom Kaiser als Burggraf von Segeberg eingesetzt.

Herrschaftsrechte für die Eversteiner gab es auch als *Graf von Holtesminne, Graf von Büren, Graf de Osen*. Mehrere Rechte konnten mit einer Person, aber auch nur mit der Stammfamilie verbunden sein.

Herrenrechte besaß man ebenfalls als Probst von Corvey, als Marschall von Westfalen, Probst zu Hilfesheim und Goslar oder als Edler von Lippe.

Es sagt daher nichts aus, die Eversteiner lediglich als Herren der Grafschaft Everstein zu sehen. Sie waren über mehrere Jahrhunderte die Herren des Weserberglandes und darüberhinaus für Reich, Kaiser und Kirche Vertreter derer Herrschaftsstellung.

Als Zeugen für diese Zeit gibt es nicht allein Aufzeichnungen in alten Urkunden. Zahlreiche Burgen und Ruinen aus jenen Tagen erinnern an die Plätze, von denen aus geherrscht wurde. Und eversteinsche Burgen künden noch heute von der einstigen Macht.

Da mit letzter Sicherheit nicht gesagt werden kann, ob die Eversteiner im hiesigen Raum zuerst Besitz an der Diemel, im Eichsfeld, an der Oberweser, Herrenrechte in Stiften und Klöstern hatten, lassen sich die einzelnen Wohnsitze auch nicht genau chronologisch einordnen. Dies darf ruhig vernachlässigt werden. Bedeutungsvoll dagegen ist jede einzelne Eversteiner Burg, denn sie besagt, daß durch Besitz und Macht ein umliegendes Gebiet – in seinen Grenzen selten fest umrissen – beherrscht wurde.

Ausdehnung der Herrschaftsrechte und Besitzungen

Dort, wo heute die Länder Niedersachsen, Hessen und Nordrhein-Westfalen zusammentreffen, die Diemel bei Herstelle in die Weser fließt, wo *Karl der Große* oftmals in der sächsischen *Eresburg* Zuflucht suchte, wenn er bei seinen Vorstößen während der jahrzehntelangen Sachsenkriege an der Weserfestung gescheitert war, dort beginnt ein umfangreiches Herrschaftsgebiet der Eversteiner.

Dies Land erstreckt sich von der Weser entlang der Flußtäler der Diemel, Nethe, Eder weit ins Eichsfeld und bis nach Göttingen. Es bestand aus etlichen Gauen mit jeweils eigenen Grafenrechten. Begrenzt wurden sie weniger durch Grenzen, wie wir sie heute verstehen, sondern durch dichte Wälder, Moore und Sümpfe, für die Eigentumsrechte und daher auch Machtrechte fehlten. Seit dem 9. Jahrhundert hatte man mit dem Roden der Urwälder begonnen, so daß nunmehr Begrenzungen und Grenzziehungen erforderlich wurden. Dadurch wurden dann allerdings Siedlungsräume zu neuen Verwaltungsbezirken.

Die Besitztümer waren erst einmal weit gestreut und selten zusammenhängend. Doch der dieser Zeit folgende Ausverkauf des Königsbesitzes bot der Feudalherrschaft Möglichkeiten zur Entfaltung und Arrondierung ihres Landes durch Allodialbesitz oder Lehen.

Trotz allem fühlte man sich selbst im 11. Jahrhundert nicht als Landesherr. Man dachte noch nicht territorial, sondern man war ein reicher Feudalherr und zugleich treuer Gefolgsmann des Königs. Mit ihm zog man über die Alpen zur Kaiserkrönung, mit ihm zog man in das Heilige Land. Und aus Treue zum König verkaufte man Besitz oder gab Lehen weiter, um die Reisekosten für solche Fahrten zu decken.

Dies war die Zeit, wo auch die Eversteiner durch Rodungen ihren Allodialbesitz vergrößerten, Macht über Ehen und Erbe gewannen, Amtsträger von Vogtei- und Grafschaftsrechten wurden, andererseits auch Lehen für den eigenen Besitz vergaben, wenn die Kriegskasse knapp geworden war.

Die Herrschaftsrechte lagen vom 10. bis in das 12. Jahrhundert bei den bedeutendsten Adelsfamilien jener Zeit. *Amelung*, der erste bekannte Billunger, wurde Karl des Großen Vasall, wurde bei den Sachsenaufständen vertrieben und erhielt dann in Nordhessen Lehen und Grafenrechte. Herzöge ‚in' Sachsen werden sie als Vertreter des Königs, nachdem der erste Liudolfinger, *Heinrich IV.*, Schwager vom Grafen Hermann Billung, deutscher König wird und dabei Herzog ‚von' Sachsen bleibt.

Nachbarn der Billunger waren die Grafen von Northeim. Der letzte Billunger, *Magnus*, und der letzte Northeimer, *Graf Siegfried IV.*, versuchten einen Aufstand gegen *Heinrich IV.* Erfolglos, auch die Eversteiner hatten sich gemeinsam mit den Truppen des Reiches ihnen entgegengestellt. Sie, die bereits durch die Billunger Lehen besaßen, unbestätigt auch Comitatsrechte, profitierten jetzt vom Besitz der Northeimer.

Lehensrechte müssen es überwiegend gewesen sein, die von den Northeimern an die Eversteiner gegangen sind. Ihr Besitz in diesem Gebiet schrumpfte wiederum, nachdem die Northeimer von *Heinrich dem Löwen* und von *Lothar von Süpplingenburg* beerbt wurden.

Heinrichs Großmutter war eine Northeimerin, die Rikenza also, während die andere Großmutter Wulfhild Tochter des Magnus Billung war. Erbfolgen brachten den Welfen die Macht.

Abseits des Weserberglandes hatten die Eversteiner in Anerkennung ihres Kampfes gegen die Ungarn Grafschaftsrechte an der Unstrut in Thüringen erhalten.

Rechte und Besitz der Grafschaft Thuneresberg, ein größeres Gebiet an der Twiste und Diemel, der Raum zwischen Brakel bis Arolsen, gingen in der Zeit von 1123 bis 1187 an die Eversteiner über. Die dortige Dynastenburg *Donnersberg* war bis 1187 im Besitz des Grafen Fridericus de Thuneresberg und wurde dann eversteinisch. Ab dem 14. Jahrhundert gingen die Orte Warburg, Volkmarsen, Scherfede, Greene, Nienover dann an die Welfen bzw. an das Erzbistum Köln und das Bistum Paderborn.

Wie sich die Herrschaftsrechte der Eversteiner an der Werra entwickelten, von den dort anssässigen Northeimern an die Eversteiner übertragen wurden, ist nicht völlig geklärt. Fest steht lediglich, daß im Jahre 1190 von ihnen die Burggrafschaft Rüsteberg übernommen wurde.

Die Grafen des benachbarten Sülberggaues nannten sich nach ihrem Wohnsitz Grafen von Dassel. Graf *Rainald von Dassel*, der wohl bedeutendste Staatsmann seiner Zeit, wurde 1156 von Kaiser *Barbarossa* zum Kanzler des Reiches ernannt. Ab 1156 war er gleichzeitig Erzbischof von Köln.
Ursprünglich waren ihre Besitzungen bescheiden mit der *Dynastenburg Hunnesrück* und dem Orte **Dassel**. Mit dem Sturz *Heinrichs des Löwen* wurde deren Machtbereich um große Teile des Ilmetales, des Sollings und Nordhessens erweitert. Auf Nachbarschaft und in Freundschaft stärkten sich in diesem Gebiet zur gleichen Zeit und mit Unterstützung des Kaisers die Eversteiner.
Um die Mitte des 13. Jahrhunderts begann der Abstieg des Dasseler Geschlechts. Die Schwester von Ludwig I. von Everstein, Klementia, war die Frau des Grafen Ludolf IV. von Dassel. Deren Sohn Adolf Ludolf wurde mit seinem Erbe Eversteiner, er nannte sich entsprechend de Eversten und lebte 1243 bis 1259.
Der Sohn von Ludwig I. dagegen kam an Dasseler Besitz, indem er die Drudeken von Dassel heiratete. Der Sohn von Albrecht II. von Everstein und der Rixa von Polen, Konrad III., der 1202 bis 1250 lebte, heiratet eine Ermentrud von Dassel. Solche Ehen trugen dazu bei, daß die Dasseler verarmten, die Eversteiner dagegen mächtiger wurden. Simon, der letzte Graf von Dassel, verkaufte dann 1310 die Stadt Dassel an den Bischof von Hildesheim. Ohne nennenswerten Besitz hatte er damit auf seine Stellung als Reichsgraf zu verzichten.

Die Herrschaftsrechte und Besitzungen der Eversteiner an der Oberweser dagegen erhielt man von den Billungern, den Herzögen ‚in' Sachsen, von *Lothar von Süpplingenburg*, dem Herzog ‚von' Sachsen und Deutscher König und Kaiser, und als Erbe des ausgestorbenen Stammes der Grafen von Katlenburg. Das Herrschaftsgebiet an der Oberweser umfaßt nun in etwa den alten sächsischen *Thilithigau* von **Polle** weserabwärts bis **Vlotho** mit **Hameln** als Mittelpunkt. Um die Verbindung zum nordhessischen Herrschaftsraum zu schaffen, wurden wesent-

liche Teile des *Augaus* und des *Hessimgaus* – von **Polle** bis **Münden** – hinzugefügt.
Die Herrschaftsrechte des Thilithigaus zu Zeiten Karls des Großen besaß der Gaugraf Ewrad Osten, der Gründer von Stadt und Stift Hameln, belehnt vom Kaiser. Nach seinem Tode ging das Lehen an den Abt von Fulda als Reichslehen.
Der Thilithigau bestand aus acht Fronhofverbänden. Einer davon ging als Afterlehen an die Edlen von Everstein, die anderen an die Edlen von Erzen (Ärzen), dann ebenfalls an die Eversteiner als Lehen. Ab diesem Zeitpunkt werden die Herrschaftsrechte neu geordnet. Aus dem Afterlehen des Fuldaer Abtes wird ein unmittelbares Reichslehen der nunmehrigen Grafen von Everstein. Ab jetzt ist dies Gebiet auch nicht mehr im Fuldaer Lehensregister verzeichnet. Die geistliche Inspektion wird Fulda ebenfalls genommen und fällt an den Bischof von Minden.
Dies war zu der Zeit der Liudolfinger mit den Billungern als Vizekönig und Herzögen in Sachsen. Die Machtansprüche des Reiches waren gestärkt, das Selbstbewußtsein der sächsischen Edlen mit der Wahl eines sächsischen Königs gewachsen.
Widukind von Corvey beschreibt dies so: „Die Sachsen nämlich, stolz geworden, weil sie einem König unterstanden (Heinrich I. war deutscher König und blieb dabei Herzog von Sachsen), lehnten es ab, anderen Stämmen zu dienen und verschmähten es, die Lehen, die sie besaßen, durch die Gunst irgendeines anderen als die des Königs zu haben."
Die Billunger übten ab dem 10. Jahrhundert auch im *Thilitigau* Grafschaftsrechte aus, ohne nun deshalb selbst Gaugrafen zu sein. Sie handelten vielmehr stellvertretend für ihren König und setzten im Weser-Lippe-Gebiet die Eversteiner und die Schwalenberger als Grafen für die Reichslehen ein. Eingesetzt wurden diese als ‚Reichsständische'. Daraus folgerte, daß die Lehen erblich wurden. Als unmittelbare ‚Reichsständische' waren sie Vasallen des Königs.
Von den Billungern weitergegebene gräfliche, grundherrliche und Vogteirechte stehen immer in Abhängigkeit von den königlichen Lehensrechten. Eigene Billunger Rechte wiederum sind nicht unabhängig, sondern als Pertinenz des vom König zur Verwaltung übergebenen Herzogtums zu sehen.
Nach dem Aussterben der Billunger wird 1106 der Graf *Lothar von Süpplingenburg* als Sachsenherzog eingesetzt, der 1125 zum deutschen König gewählt wird.

Als Sachsenherzog beerbt er 1106 die ausgestorbenen Grafen von Katlenburg. Die Eversteiner verlieren damit die Katlenburger Lehen an ihn. Andererseits wird von Lothar anerkannt, daß sie nicht Vasallen des Herzogs sind, sondern Grafen überwiegend mit Reichslehen. In seiner Herzogszeit dienen ihm die Eversteiner bei Beurkundungen häufig als Zeugen bei der Unterschriftsleistung an erster Stelle, was der Rangfolge und Unabhängigkeit der Zeugen entspricht.
Treueste Vasallen des Königs Lothar allerdings werden die Eversteiner, nachdem sie vordem gemeinsam Aufrührer gegenüber dem König Heinrich V. waren. Bei Lothar werden sie auch Burggrafen von Segeberg in Holstein. Etwa in der Zeit vom 11. bis zum 15. Jahrhundert sind die Eversteiner Herren des Weserberglands als Dynastengrafen, Vögte, Pröbste, mit Grundherrschaften weit über dies Gebiet hinaus. Sie hatten die großen Grafenfamilien der Northeimer, Dasseler, Stader, Katlenburger abgelöst. Sie hatten das noch mächtige Reich als Schutz und Erzbischöfe und Bischöfe als Freunde und Verbündete. Die wie sie aus Schwaben gekommenen Konkurrenten, die Welfen, waren erst einmal in die Schranken verwiesen. Deren Streben, das Sachsenherzogtum zumindest bis zur Weser auszuweiten, war bis in das 14. Jahrhundert kläglich gescheitert.
Dabei beherrschte *Heinrich der Löwe* ziemlich skrupellose Methoden beim Landerwerb. Bei dem Aussterben von Geschlechtern machte er das ‚Heimfallrecht' geltend. Doch dies stand allerdings im Wesergebiet, hier im alten Engern, dessen Herzog er nach Befinden des Reichskanzlers nicht einmal war, allein dem Reich zu.
Genauso maßte er sich als Herzog für das Land östlich der Weser an, sich die Vogteien über die an der Weser gelegenen Reichsklöster Corvey, Helmarshausen, Fischbeck und Kemnade zu verschaffen.
Bis zur Reichsacht ließ ihn *Barbarossa* gewähren.
Der Versuch Heinrichs des Löwen, sich notfalls unter Mißachtung bestehender Rechte eine Gebietsherrschaft in dem gesamten Sachsen zu errichten, scheiterte an den Eversteinern und den Schwalenbergern als unmittelbaren Nachbarn. Es war ein kümmerlicher Versuch, diesen beiden Dynastien zusätzlich zu den bereits vorhandenen Reichsrechten auch noch Rechte als herzöglicher ‚Lehensgraf' zu verleihen. Die Folge war, daß familiäre Bande zwischen den Eversteinern und den Welfen ver-

gessen wurden und die Eversteiner eine Politik gegen die Welfen trieben.
Begonnen hatte dies damit, daß man sich durch Barbarossa als Schutzherrn für den Ostmissionar Vicelin, Schutzherr insbesondere gegenüber Heinrich dem Löwen, einsetzen ließ.
Die Ächtung Heinrichs des Löwen durch die Reichsfürsten brachte eine Umgestaltung der territorialen Verhältnisse mit sich. Die Heinrich dem Löwen gegebenen Reichslehen und Vogteirechte wurden ihm genommen. Seine Macht beschränkte sich nun allein auf seinen Eigenbesitz.
Jetzt erstarkten die Eversteiner endgültig. Sie vermehrten ihren Besitz, ihre Lehen und ihre Vogteien. Eine Stütze hierfür hatten sie im Herzog von Westfalen, dem Erzbischof von Köln, dessen Marschall sie wurden. Marschall war der höchste Ministeriale und Ausübender der weltlichen Macht.
Und dieser Erzbischof *Philipp von Heinsberg*, Kanzler des Reiches, machte bei Barbarossa deutlich, daß sich das sogenannte Herzogtum Sachsen bereits bei den Billungern lediglich über Westfalen und Engern erstreckte, die Welfen also keineswegs Sachsenherzöge sein könnten. Heinrich als ‚Herzog in Sachsen' wäre niemals Lehensnehmer des Reiches für weitere Gebiete.

Burgen und Klöster als Sitze der Macht

Um sich erfolgreich behaupten zu können bedurfte es mehr als nur Freunde und Verbündete. Es bedurfte fester Plätze, Burgen mit Lehensrittern und Reisigen zur Beherrschung der eigenen Lehens- und Fronbauern, zur Abwehr von Neidern, zur Unterwerfung neuer Landstriche und als Reservoir, um dem Kaiser oder König für dessen Kriegszüge pflichtgemäß Truppen zu stellen.
Für eine Grafendynastie ist dies einmalig, was die Größe ihres Territoriums, besonders jedoch was die Anzahl ihrer Burgen betrifft. In ihrer Grafschaft Thuneresberg, in den Grafschaften Dassel, Northeim, Katlenburg erinnern auch heute noch zahlreiche Burgruinen an jene Zeit.
An der Diemel, unmittelbar beim Eversteiner Kloster *Wormeln*, links der Twiste am Weg nach Germete liegt der Platz, wo die *Donnersburg* stand, Dynastenburg für den *Hessigau*, über die Grafen von Northeim an die Eversteiner gelangt. Unweit hiervon liegt die Stadt **Warburg**. Der Name galt ursprünglich nur

Kaiser Friedrich I. Barbarossa mit seinen Söhnen König Heinrich VI. und Herzog Friedrich von Schwaben. (Miniatur aus der Welfenchronik.)

für die dortige Burg, Schutz für den Diemel-Übergang. Im 12. Jahrhundert gelangte der Besitz an die Eversteiner.
Nur Ruinen sind von der *Burg Desenberg* im Kreis Warburg geblieben. Wechselvoll war ihre Geschichte. *Otto von Northeim*, auch einer der Aufrührer gegenüber Heinrich IV., war ursprünglich Besitzer. Der Kaiser ließ sie erorbern, sie kam in welfischen, dann schwalenberger Besitz. Der Sturz Heinrichs des Löwen brachte sie in den Besitz des Erzbischofs von Köln,

Burg Dringenberg

dann des Bischofs von Paderborn, des Klosters Corvey. Die frommen Leute stritten sich so sehr, daß zur Befriedung die Eversteiner die Burg stürmten. Später schenkten sie diese wieder dem Erzbischof von Köln.

Eine der zahlreichen Grundherrschaften der Eversteiner im Warburger Land war die Grafschaft **Dringen**. Der einst befestigte Ort unweit von **Borgentreich** war wüst geworden. Und in anbetracht des gegenseitigen Bemühens, die Territorien Lippe und Everstein zu vereinen, wurde die Grafschaft 1316 an den Edlen *Bernhard zur Lippe* verkauft. Die heutige Stadt und Burg **Dringenberg** wurden von diesem gegründet.
Zur Grafschaft Dringen gehörte Peckelsheim mit seiner Burganlage oberhalb der Nethe. Die ausgedehnten Befestigungen wurden in den folgenden Jahrhunderten weiter ausgebaut mit zahlreichen Burgmannshäusern, von denen noch drei existieren.
Zur Grafschaft **Thuneresberg** gehörte die *Burg Calenberg*, in Nachbarschaft der im 14. Jahrhundert zerstörten mainzischen *Burg Holzhausen*. Calenberg wurde über die Jahrhunderte gut erhalten. Erhebliche Teile einschließlich des Wohnturms stammen aus dem 13. Jahrhundert.
Die Grafschaft **Canstein** grenzte unmittelbar an die Grafschaft Thuneresberg und wurde von den Eversteinern im 12. Jahrhundert übernommen. Die dazugehörige *Burg Kahenstein* oder auch *Dohlenstein* war etwa hundert Jahre älter. Im 14. Jahrhundert ließ der Erzbischof von Köln durch seinen Marschall, Graf Otto von Everstein, die Burg erneuern. Die benachbarten Grafen von Waldeck errichteten eine Gegenburg, den *Grimmenstein*. Der Grimmenstein steht nicht mehr, während die Burg Kahenstein oder heute *Canstein* ausgebaut wurde zum heutigen Schloß.
In der Stadt **Brakel** hielt 836 der Zug, der die Gebeine des heiligen *Vitus* nach Corvey brachte. Zwei Burgen schützten später die Stadt, nachdem im Gebiet die Grafen von Schwalenberg und die Grafen von Everstein als Untergrafen von Kaiser Lothar von Süpplingenburg eingesetzt worden waren. Nahe der Kirche stand die Burg der Eversteiner; die *Palburg* oder auch *Oldenburg* wurde der Stammsitz der Schwalenberger. Erhalten ist noch deren alter Wohnturm.
Der Reinhardswald war Besitz der Grafen von Dassel, der an das Erzbistum Mainz ging. Als Schutz gegen die unfriedlichen

Nachbarn, die Braunschweiger, Hessen, den Bischof von Paderborn, war eine Burg zu errichten, die *Sababurg*. Und wie hier hatten sich die Eversteiner auch in **Arolsen** und dem benachbarten **Mengeringhausen** seßhaft gemacht. Arolsen war bereits vor 800 der sächsische Edelhof Haroldshusen. Burgen hier und in den benachbarten **Mengeringhausen**, **Volkmarsen** wie ein befestigtes Vorwerk in **Jestedt**, die im 13. Jahrhundert von den Eversteinern bewirtschaftet wurden, sind verschwunden. Das heutige *Arolser Schloß* stammt erst aus dem 16. Jahrhundert und wurde Residenz der Fürsten von Waldeck. Die nahe *Burg Waldeck* hat eine andere Geschichte. Zu Zeiten der Süpplingenburger, als die Eversteiner und die Schwalenberger deren Untergrafen waren, wurde die Burg vom Grafen Volkwin I. von Schwalenberg erworben. Seine Nachkommen nannten sich nach dem neuen Besitz Grafen von Waldeck, später Fürsten von Waldeck. Andere Burgen waren zeitweilig im Eigentum der Eversteiner, so auch die 1272 erbaute *Burg Grebenstein*. Die Tochter des Ludolf von Dassel, Drudike, wahrscheinlich die Ermentrud, vom Grafen Otto von Everstein geehelicht, brachte diesem die Burg als Hochzeitsgut ein. 1294 wurde die Burg an Hessen verkauft.

Im Jahr 1297 wurde auch die *Stadtburg Immenhausen* an Hessen übereignet. **Jestedt** nahe Eschwege mit Burg und Grundherrschaft blieb bis 1408 eversteinisch. An der Werra hatte man dagegen – es war 1190 – die Burggrafschaft *Rüsteberg* erworben. Um 1200 wurde man Lehensgraf des Mainzer Erzbischofs für die *Kugelsburg*, die bei **Wolfshagen**, also im Dasseler Gebiet, liegt. Zu dieser Zeit bestand auch die Herrschaft über die befestigten Orte **Mengeringhausen** und **Volkmarsen**, die von Dienstmannengeschlechtern ausgeübt wurde. So war der Ritter Hermann von Oldershausen Lehensmann der Eversteiner.

Die Machtstruktur, die der Herrschaft der *Burg Greene* zugrunde liegt, ist unterschiedlichen Ursprungs. **Greene**, diese alte Siedlung an der Leine, wurde früher schon durch die Wallbefestigung der Hünenburg gesichert. Mitten im heutigen Ort lag ein Königshof Karls des Großen. Gaugrafen des Gebiets wurden die Liudolfinger, die sich eine neue Burg errichteten. 980 wurde der Burgbann an das liudolfingische *Familienstift Gandersheim* übertragen, 1021 erhielt das nunmehrige Reichsstift Gandersheim darüberhinaus die Grafschaftsrechte für den Gau.

Die Übertragung der Rechte des Burgbanns wie der Graf-

schaftsrechte dienten beide der Sicherung des ausgedehnten Königsgutes. Dies wiederum war Lehen der im Gebiet ansässigen großen Dynastenfamilien, der Northeimer und der Eversteiner, die für das Reichsstift die Burggrafenrechte ausübten.
Im 13. Jahrhundert waren es die Welfen und auch der Bischof von Hildesheim, die hier die Herrschaft erlangen wollten. Anfang des 14. Jahrhunderts setzten die Welfen die Edelherren von Homburg als Lehensleute ein, die dann die heutige, hoch über Greene liegende Burg erbauten.
Die *Burgen Vorstemberg*, das heutige *Fürstenberg*, und *Nienover* im Solling waren Befestigungen der Grafen von Dassel an den Grenzen ihres Herrschaftsbereichs. *Heinrich der Löwe* erbte Fürstenberg. Nach seiner Ächtung kam sie vorübergehend in Reichsbesitz. Sie hat eine wechselvolle Geschichte mit manchen Herren, dem König von Cornwallis, den Waldecker Grafen, den Eversteinern, dann wieder den Welfen.
Fürstenberg, das „rauchende Schloß" der *Annette von Droste-Hülshoff*, daß das Corveyer Land „wie das Knochengebäude eines vorweltlichen Ungeheuers aus roten Augenhöhlen anstarrt", hat viele Geschichten aufzuwarten. Eine davon benutzte auch *Wilhelm Hauff* in seinem „Lichtenstein". Herzog Ulrich von Württemberg, der 1519 vom schwäbischen Bund aus seiner Heimat vertrieben wurde, flüchtete zu seinen Schwagern Philipp von Hessen und Heinrich dem Jüngeren von Braunschweig. Auf der Sababurg und auf Fürstenberg fand er Zuflucht. 1529 wurde in Fürstenberg die gewaltsame Wiedereinsetzung des Württembergers von den drei Fürsten beschlossen.
Über Fürstenberg selbst stritten sich anschließend die Braunschweiger und die Hessen. Es wurde von Philipp 1545 erobert und zerstört, 1547 von den Braunschweigern erneut aufgebaut.
1747 wurde hier die neben Meissen älteste deutsche ‚herzogliche Porzellanfabrik' von Herzog Heinrich Julius errichtet, die in der Franzosenzeit des König Jérôme dessen ‚Königliche Prozellanfabrik' wurde.
Nienover, neben Neuhaus die älteste Siedlung im Solling, damals Nigenovere genannt, war im 12. Jahrhundert im Besitz Heinrichs des Löwen, gelangte an die Eversteiner und von diesen vorübergehend an die Dasseler Grafen. Von diesen sollte der Besitz als Lehen an die Welfen zurückgehen, doch die notwendige Zustimmung Rudolf von Habsburgs wurde versagt

und statt dessen ein Graf von Waldeck erwählt. Dieser machte dann doch noch mit den Braunschweigern den Handel und verkaufte ihnen die Burg für 1.800 Mark reinen Silbers.

Als Dynastenbesitz an der Oberweser erbauten die Eversteiner am Osthang des Burgberges, nahe **Negenborn**, eine Doppelburg. Die weitere *Hünenburg* auf dem Tenterling bei **Golmbach** war aller Wahrscheinlichkeit nach hierfür ein vorgeschobenes Außenwerk. Von allen drei Burgen sind nur noch Mauerreste und ein Ringwall vorhanden. Diese Burgen ‚Everstein' müssen Ende des 11. bzw. Anfang des 12. Jahrhunderts errichtet worden sein, denn der um 1090 geborene heilige *Vicelin*, Lehrer des Konrad von Everstein, wohnte hier längere Zeit, war dann ab 1115 in Bremen und Paris.

Von diesem Platz eiferten die Eversteiner mit friedlichen oder auch räuberischen Mitteln, ihr Territorium an der Oberweser und im Raum Diemel, Werra und Leine gewaltig auszudehnen. 1284 dann verlieren die Eversteiner diese Stammburg nach einer Belagerung durch den Welfen Heinrich den Wunderlichen. Die Burgen sollen 1493 vom Abt von Amelungsborn abgetragen worden sein. Bis dahin waren sie herzoglicher Besitz.

Herzoglicher Besitz wurde auch die als Schutzburg gegenüber der Eversteinburg vom Grafen Siegfried von Northeim errichtete **Homburg**. Als Burggrafen waren die Edelherren von Homburg eingesetzt worden. Sie gerieten in Abhängigkeit von den Welfen, nachdem Heinrich der Löwe 1152 die Erbschaft des Northeimers angetreten hatte. Die Homburg und fünf weitere Burgen beschützten nun das welfenabhängige Territorium Homburg. 1409 starb das Geschlecht der Grafen von Homburg aus.

Wenige Kilometer weserabwärts liegt auf einem talbeherrschenden Bergkegel die *Burgruine Polle*. Es ist die größte aller eversteinschen Burganlagen und auch die beherrschendste Burg der gesamten Oberweser. Sie galt als uneinnehmbar.

Nachdem 1284 der Everstein verloren gegangen war, wurden diese Burg und die *Burg Ohsen* bei **Hameln** die Hauptsitze der Eversteiner. Urkundlich wird sie zuerst 1285 erwähnt. Ihr Alter muß allerdings in etwa dem vom Everstein entsprechen, da sie schon von Konrad von Everstein bewohnt und vom heiligen *Vicelin* aufgesucht wurde. Das war zu der Zeit, wo auf dem Reichstag zu Bamberg den Eversteinern von Lothar von Süpp-

lingenburg gräfliche Sonderrechte zugesprochen wurden und sie ab dann lediglich dem König untertan sein sollten.
Die Burg Polle wurde erst 1285 Residenz, jedoch Burg wie Ort waren erheblich älter. Und auch die Eversteiner selbst waren in ihrem gesamten norddeutschen Herrschaftsgebiet seit Ende des 10., Anfang des 11. Jahrhunderts zu finden. Vor 1033 war der Custos vom Erzstift Mainz ein Graf Friedrich von Eberstein. Aus Fuldaer Urkunden geht hervor, daß gegen seine Wahl zum Probst vom Stift Hameln protestiert wurde. Und 1107 waren es die Grafen Conrad, Ludwig und Otto von Eberstein, die auf dem Hamelner Markt ein Ritterspiel abhielten, wobei ein Ritter sein Leben verlor. Ab 1109 erhielten die Eversteiner die Hälfte der Hamelner Zolleinnahmen. Sie hatten sich um diese Zeit bereits sehr etabliert.

Holzminden als Stadt mit Burg verdankt seine Gründung den Eversteinern, auch wenn seine Anfänge bis in die erste Hälfte des neunten Jahrhunderts zurückreichen. In den ältesten Schenkungsurkunden Corveys, als Stephanus noch dessen einziger Patron war, also vor 836, wird der Ort Holtesmini bereits genannt. Damit allerdings ist das heutige Holzminden nicht gemeint.
Andere Urkunden finden sich, nachdem Konrad I. den deutschen Thron bestiegen hatte. 1036 erhielt der Bischof Meinwerk von Paderborn – nach einer anderen Quelle bereits 1031 – das im Pagus Ango gelegene Gut Häginhusen oder auch Heinsen mit den zwei Vorwerken Holtesminni duo, den Vorwerken Holzminden und Altendorf.
Die eigentliche Stadtgründung, die nova plantatio, erfolgte zwischen 1197 und 1202 als Markt-, Zoll- und Münzstätte der Grafen von Everstein. Zum Schutz wurde eine Burg erbaut, dort, wo heute Hafen und Jugendherberge liegen. Hier erfolgte auch die erste eigentliche Siedlung. Die Hintere Straße, immer noch „die Gräfliche" genannt, erinnert hieran.
1245 bestätigte Otto von Everstein das Stadtrecht, doch die Stadt versucht bereits in dieser Zeit, unabhängiger zu werden. Der dort ansässige Eversteiner nennt sich nun Graf von Holtesminne oder auch Büren, dem Namen des in Hameln einst ansässigen Gaugrafen des Thilitigaus. Da die Eversteiner Gelder benötigten, verkauften sie Burg und Stadt **Holzminden** um 1300 an den befreundeten Erzbischof von Köln, von dem der Besitz 1302 in die Hand der Edelherren von Lippe kam.

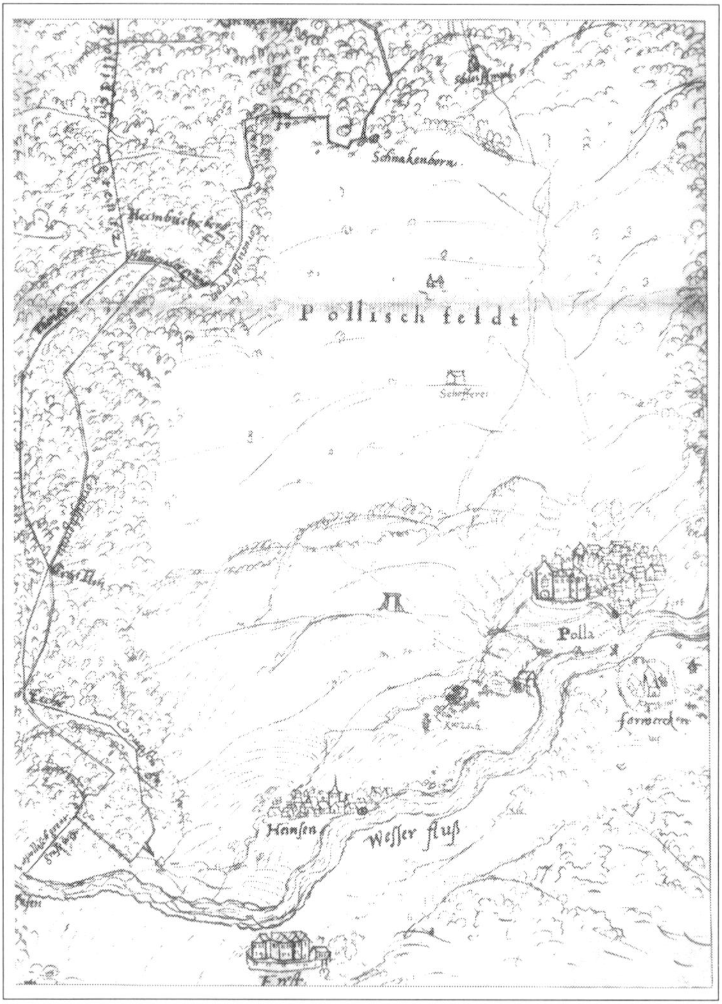
Schnakenborn
Heimbüchenberg
Pollisch feldt
Scheefferei
Polla
Heinsen
Wesser fluß

Dieser Herrschaftswechsel mitten in ihrem Territorium konnte den Eversteinern nicht gefallen. So verbündete sich Graf Hermann von Everstein mit Abt Bodo von Corvey, Herzog Otto von Braunschweig und dem Edelherren Heinrich zu Homburg im Jahre 1389 und nahm die Stadt den Lippern wieder ab. Den Bündnispartnern gegenüber waren jedoch Verpflichtungen eingegangen worden. Der Besitz teilte sich jetzt zwischen Eversteinern und Braunschweigern.

In allerengster Nachbarschaft zur welfischen Edelherrschaft und Lehnsherrschaft von Homburg befand man sich im *Kloster Amelungsborn*. Hier lief die Grenze zwischen Herrschaft Homburg und Grafschaft Everstein „von der Linde zu Ostern nach dem Backhaustor zu Amelungsborn". Beide Tore, die Kirche und andere Klostergebäude waren Eversteiner Gebiet. Die Besitzansprüche ergaben sich aus übernommenem Northeimer Eigentum, aber auch aufgrund häufiger Schenkungen an das Kloster, für die man Rechte beanspruchte. So verzichtete Otto von Everstein 1240 auf seine Rechte an der *Golmbacher Mühle*, die *Forster Mühle* hatte bereits sein Großvater Albert I. dem Kloster zu Lehen gegeben. Lediglich der Fischfang im Forster Bach blieb der Grafenfamilie vorbehalten. Otto stiftete die *Negenborner Mühle* für eine Mark Jahresrente für eine Jahresgedächtnisfeier für seine verstorbene Frau Irmgart. 1206 schenkt Graf Ludwig dem Kloster die Mühle in **Dolenstein**, die *Steinmühle*. **Lobach**, 1303 als Lotbeke erstmals urkundlich erwähnt, Afterlehen und Rittersitz des Eversteiner Dienstmannsgeschlechts von Vornholte, hat den Zehnten an den Abt zu zahlen. So war es auch mit *Reileifzen*. Der Ort findet sich in einer Urkunde des Jahres 1197 als Reinlevesen, war Everstein bis 1308 zinspflichtig, Amelungsborn ab 1268 zehntpflichtig. Und für das eigene Seelenheil ging es ebenso mit dem Zehnten der Dörfer Ölkassen, Arholzen, Braak wie auch des Gandersheimer Afterlehen, und dazu kam der Zehnte von Halle und Bremke. 1217 schenkte man die Forsten des Vogler, 1197 war es der Zehnte und das Eigentum der Hagendörfer Holenberg und Nienhagen, auch wenn dies nur Weiden waren für 30 Schweine und 3 Eber. Für sich selbst behielt man die Herrschaftsrechte, dafür hatten die Eversteiner für das *Kloster Amelungsborn* die Gerichtsbarkeit für schwere Strafrechtsfälle, während der Abt lediglich Strafen bis 24 Stunden Haft aussprechen durfte.

Kloster Amelungsborn (Merianstich von 1654)

Im häufigen Streit mit den welfischen Homburgern wußten sich die Eversteiner zu behaupten, ihre Besitzrechte wahrzunehmen und die Gerichtsbarkeit auszuüben. Manche Gerichtsbarkeit muß allerdings in Mord ausgeartet sein, wenn man von Homburger Berichten ausgeht. So waren hier 1228 mehrere Eversteiner Grafen über *Bodo von Homburg* hergefallen und hatten ihn ermordet. Und selbst noch 1409, als die Welfen vereint mit den Homburgern die Eversteiner für immer besiegt hatten, traf Graf Hermann von Everstein den letzten Homburger, *Graf Heinrich,* in seiner Klosterkirche an und erstach seinen Todfeind auf den Stufen des Altars, genau an der Stelle, wo sich das Hochgrab seines Vaters Hermann mit Frau Adelheid zur Lippe befindet.
Unmittelbarer Schutz des Klosters waren der feste Ort **Forst** und die *Burg Bevern.* Hier saß das Dienstmanngeschlecht der Herren von Bevern, Lehensleute der Eversteiner seit 1258. Der Besitz ging an Statius von Münchhausen, der an der Stelle der Burg das heutige Schloß errichten ließ.

Grabmal des Grafen Hermann von Everstein († 1350) und seiner Gemahlin Adelheid zur Lippe

(Als Schutzburg für das *Kloster Corvey* wurde um 1315 die *Tonnenburg* errichtet – Schutz gegen Bischöfe und Erzbischöfe! Burgvogt war Graf *Albrecht von Everstein*, außerdem war er der Probst des Klosters.
Ein Eversteiner, möglicherweise dieser Albrecht, war in diesen Jahren auch der Vogt der benachbarten Stadt **Höxter**.
Der ewige Streit mit den Welfen um die Herrschaftsrechte für das Kloster Amelungsborn findet seine Parallele in den Streitigkeiten der *Klöster Marienmünster* und *Falkenhagen* mit dem Bischof von Paderborn, der diese seiner Macht unterwerfen wollte. Versucht wurde, die Klöster durch dazugehörige Burgen zu schützen. Als Burgmannen eigneten sich nun die frommen Brüder nicht. Darum mußte ein mächtiger Schutzherr gesucht werden. Wer nun allerdings den Schutz ausübte, war anscheinend nicht so sehr von Verträgen abhängig, sondern mehr von der praktischen Machtausübung. Dafür gab es die Eversteiner. Leidtragende hiervon waren weniger die Herren, Mönche und Nonnen, sondern die am Köterberge wohnenden Menschen, die bei diesen ewigen Fehden verelendeten.
Der Abt des *Klosters Marienmünster*, Hermann von Mengersen, trotzte dem Paderborner Bischof, der diesen frommen Ort für seinen Machtbereich beanspruchte. Er legte daher gegen den Einspruch und bewaffnete Streitereien des Bischofs 1319 auf einem Höhenrücken bei **Vörden** die *Burg tom Forde* an, mußte sie allerdings 1324 unter Zwang dem Bischof übertragen. So sagt es die Urkunde, während die Wirklichkeit hiervon doch erheblich abweicht. Rechte beanspruchten nämlich gleichzeitig die Grafen von Schwalenberg, die zeitweise die Klostervogtei besaßen. 1324 übernahm dann zwar der Bischof die Schutzherrschaft über das Kloster, schenkte dafür dem Kloster die Pfarrkirchen der eversteinischen Grundherrschaften Nieheim und Altenbergen, früher bereits Steinheim, doch für die Burg tom Forde oder auch Vörden – nichts ist von ihr erhalten geblieben – nahm er den Grafen Hermann und dessen Sohn Otto von Everstein gegen Zahlung der Hälfte seiner Einkünfte aus dessen Grundherrschaft in Löwendorf in Anspruch.
Nicht sehr viel anders sah es aus bei der Schutzherrschaft für das *Kloster Falkenhagen*. 1231 wurde es erstmals als Kloster Burghagen erwähnt, 1249 vom Papst als Kloster Lilienthal unter den Schutz des heiligen Petrus gestellt. Gegründet als Sühnekloster der Grafen von Schwalenberg für Raubzüge gegen den Bischof von Paderborn.

Oberlehensherr für die Schwalenberger, die Klostergründer, war hier allerdings das *Kloster Corvey*, indirekt damit der Erzbischof von Köln. Dessen Marschall, also höchster Ministerialer, war ein Graf von Everstein. In der Praxis vertraute man daher auch nicht allein dem Schutz des heiligen Petrus, sondern wählte sich für diesen Zweck die benachbarten Eversteiner, die deswegen mehrere Burgen im nahen Rischenau, genauer gesagt nahe der Ortschaft, die zu jenen Zeiten noch Stadtrechte besaß, bauten. Eine Höhenburg lag im Westen auf dem Burgberg. Sie stammte aus dem 12. Jahrhundert/Anfang 13. Jahrhundert. Im Norden errichtete man bald danach eine Wasserburg. Stadt und Burgen wurden in dem Eversteiner Erbfolgekrieg mehrfach gebrandschatzt und völlig zerstört. Aus den Trümmern entstand dann in den folgenden Jahrhunderten die heutige Ortschaft.

Wie schlimm es damals zuging mit Not und Elend für das Volk, wer zu herrschen und wer zu dienen hatte, haben die Betroffenen überliefert.
So erzählt man:
In Wörderfeld, nicht weit vom *Köterberg* und nahe den rauflustigen und trinkfesten Mönchen des *Klosters Falkenhagen*, welche nicht christlicher waren als das herumstreunende Diebesgesindel, lebte der Kleinköthner Christoffer mit seinem Enkel Peter.

Bim-Bim klang es oft bescheiden aus der Ferne, bim-bam rief es lustig für all die, die einen satten Magen hatten, und bumbum dröhnte es dazwischen ohne Unterlaß, wieder und wieder bum-bum.
„Was klagt es so traurig bim-bim, als ob die Pest zurückgekommen wäre? Was geht da so lustig bim-bam? Und was dann dröhnt so schrecklich und dumpf bum-bum?" wollte der Peter wissen.
„Das sind die Kirchenglocken, die erzählen vom so lustigen und fröhlichen Leben unserer Herren, die jammern über unseren Ohm, den man mit dem Degen abstach, und das Brummen sind die Kanonen, die erinnern an die blutige Schlacht, die der Braunschweiger Herzog hier geschlagen hat. Warum das so sein muß mit uns, will ich Dir nun sagen.
Am Anfang schuf Gott Himmel und Erde, und die Erde war wüst und leer. So sagt der Paster uns frommen Menschen. Danach schuf er eine große Menge Kaiser und Könige, Fürsten,

Der Ständebaum. (Holzschnitt aus Petrarcus „Von der Artzney bai der Glück“, Augsburg 1532.)

Grafen, Bischöfe und die sonstige Geistlichkeit. Das sind die Herren, denen wir Gehorsam schulden als Vertreter von seinen Gnaden. Dann erst sprach er: ‚Lasset uns Menschen machen gleich unserem eigenen Bilde!‘ Und aus schlechtem Lehm machte er den Adam und blies ihm den Odem ein, damit er eine Seele habe.
Und Gott der Herr sprach: ‚Es geht nicht an, daß dieser Adam allein sei. Er soll eine Gehilfin haben, damit beide dann Kinder zeugen, die meinem wohlgefälligen Werke zu dienen haben.‘ Er nahm Adams Rippe und formte aus ihr die Eva. Da aber beide sündig wurden, sprach er zornig: ‚Im Schweiße Eures Angesichts sollt Ihr dem Kaiser und dem Grafen von Everstein, den Schwalenbergern, dem Paderborner Bischof, der Erde sowie allem dienen, bis daß Ihr wieder zu Lehm werdet.‘
Als Jahre später die zehn Gebote erlassen wurden, galten diese darum nur für die sündhaften Adam und Eva und ihre zahlreichen Nachkommen, denn die großen Herren konnten sich nicht mit Sünde beschmutzen, da ihnen ja nichts verboten worden war. Darum sind die großen Herren frei von den zehn Geboten und dürfen Kriege führen und in blutigen Gemetzeln die Menschen zusammentreiben und totschlagen. Und die Glocken lassen sie läuten zur Mahnung und Warnung der sündigen Knechte.
Schlägt jedoch ein Mensch unseresgleichen einen anderen tot oder stiehlt des anderen Vieh, so lassen sie ihn so lange am Galgen baumeln, bis seine Gebeine abgenagt sind wie Suppenknochen.“
„Mein Gott, jetzt verstehe ich die Gerechtigkeit. Doch warum unterscheidet man dann noch die geringen Stände mit ihren Bauern und Tagelöhnern, dem Krämer und dem Schuster?“
„Ja, da waren also Adam und Eva, führten ein langes arbeitsreiches Leben und zeugten treu dem Gebote viele Kinder. Die Kinder machten den Eltern Freude, oft jedoch auch Ärger und Mühe. Eines Tages wollte der liebe Gott nun nach dem rechten sehen und kontrollieren, ob ein jedweder gehorsam und botmäßig wäre.
An einem schönen Sonntagmorgen machte er sich auf den Weg. Eva war gerade dabei, die Kinder zu waschen und zu schrubben, als sie durch das Küchenfenster in der Ferne den Gottvater vom Köterberg her kommen sah.
Die eine Hälfte der Kinder war schon sauber und geputzt, doch der Rest war noch dreckig und stank nach Ziegenstall.

Damit er nun nicht mit ihr schelte, steckte sie die schmutzigen in die dunkle Ecke hinter dem Herd. Denn sie ängstigte sich sehr. Hatte sie doch ein schlechtes Gewissen, weil sie am Morgen erst spät aufgestanden und immer noch nicht fertig war mit der Arbeit.

Einen guten Morgen wünschte der liebe Gott und war richtig erfreut, als er sah, wie sauber und brav Evas Kinder ausschaute. Er gab ihnen die Hand und gutgelaunt folgte dann die gute Tat. ‚Du sollst ein kunstfertiger Schmied werden, Du ein reicher Bauer, und Ihr anderen Küster, Lehrer, Schneider und Krämer.'

Das gefiel der Eva, wie ihrer Kinder Zukunft gut geordnet wurde. ‚Gottvater', dagte sie daher, ‚sieh, ich habe noch etliche Kinder mehr', und holte den Rest schmutzig aus dem Versteck hervor. Die sahen schwarz und dreckig aus wie kleine Teufel und gefielen dem lieben Gott gar nicht gut, und er sprach: ‚Du sollst ein Schornsteinfeger werden!' Den zweiten machte er zum Schweinehirten, die anderen zum Besenbinder, Tagelöhner und Steineklopfer. Sie bekamen allesamt einen niederen Dienst, sollten in Hütten wohnen, Krautsuppe essen und ihrer sauberen Geschwister Knechte sein.

Sieh, so kam es, daß diese Kinder nur dem unteren Stand angehören. Die allerdings, die er ungewaschen angetroffen hatte, sortierte er aus für ewig für den niedrigsten Stand.

So ist die göttliche Ordnung: Die zehn Gebote gelten lediglich für uns, nicht aber für die großen Herren, da diese die göttliche Ordnung überwachen müssen. Und damit die Herren ihre Untertanen auch unterscheiden können, hat er dann die verschiedenen Stände in die Welt gesetzt."

Das war die lange Rede des Hans Christoffer aus Wörderfeld über die göttliche Gerechtigkeit, seinem Enkel Peter als erbauliche Lehre für sein künftiges Leben gehalten.

Im 12./13. Jahrhundert wurde der ehemalige *Thilitigau*, das Eversteiner Kernland, voller Burgen gebaut.

In **Ottenstein** befindet sich zwar keine besonders große Eversteiner Burg, dafür jedoch eine mit viel Überlieferungen und Geschichten. Diese Burg wurde „vor langen Jahren von einem Grafen von Eberstein genant CI o/ erbawet und dahero der Ottenstein genennet worden." Eigenartigerweise wurde auf dieser trockenen Hochebene eine Wasserburg errichtet zu einer

Zeit, wo in diesem Gebiet solche Burgen noch ziemlich unbekannt waren.
Das muß irgendwann im 12. Jahrhundert durch einen Grafen Otto I. geschehen sein. Zumindest war es vor 1182, denn unter anderem heißt es in der „Braunschweigisch-Lüneburgischen Chronica" von 1722: „Am 18. November ist der Herzog mit den Seinen von Einbeck gezogen, biß auf das Schloß von Ottenstein, auf eine Höhe nicht weit von der Weser gelegen."
Das ergibt sich auch aus einer welfischen Urkunde von 1182, die weniger bekannt ist als die alte Sage von den Zwergen, die heimlich nachts bei Brevörde über die Weser setzten, das Boot voll beladen mit Mehlsäcken. Hurtig ging es durch das einsame Glessetal hinauf zum Ottenstein. Im Morgengrauen dann kam das Trippeln zurück.
In dem engen Gemäuer lebte Heinrich der Löwe, der hier schon 1181 jenseits der Grenzen seines Herzogtums mit seiner Familie Zuflucht fand, nachdem ihn Kaiser und Reich geächtet hatten.
Entstanden ist der Ort Ottenstein, indem sich die Bewohner der wüst gewordenen Orte Hattensen und Bergfelde im Schutz der Burg ansiedelten. 1319 heißt es bereits *Dominus de Ottensteyne*. 1393 werden die Stadtrechte verliehen, die nach dem großen Brande von 1571 wieder verloren gingen.
So emsig muß das Leben gewesen sein, daß Neid erweckt wurde. 15 Hausstellen besaßen Braurechte für Bier und Branntwein, jährlich gab es vier Kram- und zwei Viehmärkte. Bis in die Gegenwart besaß man eine eigene Gerichtsbarkeit.
1409 übernahmen die Braunschweiger die Herrschaft. Pfand- und Besitzrechte, damit auch die Herrschaftsrechte, wechselten bis ins 17. Jahrhundert zwischen Braunschweig, Pyrmont-Waldeck, Lippe und etlichen unabhängigen Edelherren.
Wer von diesen jedoch Simon zur Lippe im Ottensteiner Burgturm schmachten ließ, ist nicht überliefert. Die Bürger von **Horn** zogen aus, um ihren Herrn zu befreien, eroberten die Burg, konnten jedoch nicht bis zum Kerker vordringen, der durch eine Eisentür fest verschlossen war. Da nahm der Schmied von Horn, ein Mann mit gewaltiger Kraft, einen schweren Hammer und zerschmetterte die Tür. Die erbeuteten Rüstungen und Schwerter bewahrt die Stadt Horn noch immer auf.
Weite Gebiete um **Hameln** waren einst Reichsland, das in Lehenbesitz überging. Hameln, wo einst der Gaugraf von Osten

zuhaus war, entwickelte sich zu einer Stadt mit eigenen Ansprüchen. Als Schutzherrn hatte man den Vogt und schon frühzeitig einen Eversteiner. Ihre Herrschaft übten die Eversteiner von den umliegenden Burgen und Schlössern aus. Der Bedeutung des Gebiets entsprechend nannten sie sich bald auch – spätestens ab 1259 – Graf de Osen nach dem alten Dynastensitz Ohsen.

Amtsträger, Vögte und Droste

Entlang der Königsstraße von **Hameln** nach **Ärzen** besaßen die Eversteiner Reichslehen. In der fränkischen Zeit wurde Ärzen besiedelt, Herren waren die von Erzen, teils auch de Artelsen genannt, die für kurze Zeit von den sieben Fronhofsverbänden des *Thilithigaus* sechs übernahmen. Dann herrschten die Eversteiner. Mit ihrer Herrschaft behielten sie ihre hoheitlichen Rechte, die sie auch als Drost oder Vogt ausübten. Für ihren eigenen Besitz dagegen setzten sie Amtmänner ein, die für Verwaltung und für begrenzte Verteidigungsaufgaben zuständig waren. Zu der Zeit, als man sich um eindeutige Grenzen bemühte, wurden Landwehre und Knicke als Begrenzung angelegt oder auch Grenzsteine gesetzt. Grenzsteine mit der Wolfsangel als Zeichen für die Welfen finden sich noch häufig in den Gemarkungen.

Ämter im Eversteiner Gebiet gab es seit dem 12. Jahrhundert. Zu den Ämtern gehörte eine beschränkte Gerichtsbarkeit in Form von Gogerichten, den Landgerichten, oder Hägergerichten im Gegensatz zum gräflichen Blut- oder Halsgericht. Hägergerichte werden für das Amt **Forst** 1220 zu **Negenborn** und **Lütgenade** beurkundet, oder auch für **Börry**. Die Ämter **Ohsen** werden 1197, **Grohnde** im 13. Jahrhundert erstmals mit ihren Amtmännern beurkundet. Ähnlich alt ist das Amt **Fürstenberg** mit **Nienover**.

Abweichend hiervon hat **Hameln** volle Stadtrechte und einen Vogt statt Amtmann. Bei den anderen Orten mit verliehenen Stadtrechten weicht diese Regelung wiederum ab, da man grundherrschaftliche Rechte nicht an den Rat der Stadt abtreten wollte. Dies trifft für **Holzminden** und für **Polle** zu, wo trotz der verliehenen Stadtrechte keine Vögte herrschten. Für Polle gab es Stadtrechte schon vor 1374, da in diesem Jahr der Eversteiner Erbvertrag mit den Edelherren von Lippe von „de rad van dem Polle“ besiegelt wurde. Trotzdem gab es das Amt

Polle, 1399 erwähnt, und das Amt **Ärzen**, wo erbfolgebedingt noch 1383 ein Vogt existiert, 1399 jedoch wie für Polle ein Amtmann „Amtluden to Artelsen unde Poll" verwalten. All diese fein abgestimmten unterschiedlichen Ämter sind bedeutungsvoll, da sich hieraus die Abhängigkeit mittelbar oder unmittelbar ergibt. Mit der Stadtentstehung hat dies weniger zu tun, wie sich zeigte.
Von der *Ärzener Burg* ist nichts mehr überliefert. Ähnlich ist es der eversteinischen *Hermersenburg* ergangen, die um 1300 auf dem Bergrücken der Woldau an der Emmermündung zu finden ist. Als Ritterlehen kam die Burg 1437 in den Besitz der Herren von Klencke. 1487 wurde sie durch die Welfen zerstört. Danach wurde sie in unmittelbarer Nähe zur Weser neu errichtet, wo sie ab 1588 zu dem stattlichsten und bedeutendsten Schloß der Weserreanaissance ausgebaut wurde, *Hämelschenburg*.
Nicht weit hiervon, auch am Zufluß der Emmer in die Weser, liegt der Stammsitz des Familienzweiges der Eversteiner, der Grafen de Osen. Heute besteht die Siedlung aus den beiden Orten **Kirchohsen** und **Hagenohsen**.
Kirchohsen ist ein alter Platz, wo angeblich *Karl der Große* eine Kirche erbauen ließ. Kirchohsen wurde das Achidiakonat der Bischöfe von Minden. Hier stellte auch Heinrich IV. eine Schutzurkunde für das Kloster Fischbeck aus.
Auf der anderen Weserseite liegt Hagenohsen mit der Burg der Grafen von Everstein, von welcher der Turm, angeblich bereits von Karl dem Großen als Zwingturm errichtet, erhalten ist. Man nennt ihn ‚das schwarze Laster', aufgrund einer anderen Überlieferung auch den Wittekindsturm. Denn nachdem Karls Truppen Wittekind gefangen hatten, sperrten sie ihn angeblich in diesen Turm.
An Karl den Großen erinnert auch das Sonderrecht der dortigen Bauern, die eifrig für die Franken Hand- und Spanndienste geleistet hatten. Als Dank verzichtete er auf den Zehnten, eine Regelung, die so bis in die neueste Zeit beibehalten wurde.
Zu dem Herrschaftsbereich der Grafen de Everstein-Osen gehört auch der Ort **Ohr**, im 9. Jahrhundert Othere, mit seinem festen Haus am Ohrberg, wo die vereinigten Eversteiner und Lipper im Erbfolgekrieg den Welfenherzog gefangen nahmen. Der dortige Eversteiner Besitz wurde 1307 dem Geschlecht von Hake belehnt.

Die eversteinische *Wasserburg* in **Grohnde** wurde im 14. Jahrhundert errichtet. Auch hiervon blieb wenig erhalten. Zweck dieser Burg war es, von den Schiffern Zoll einzuziehen, Gebühren wurden an dieser Stelle selbst noch im 17. Jahrhundert erhoben.
Grundherrschaften besaßen die Eversteiner auch am Deister – in **Laatzen** bei Hannover, am Salzbergwerk in **Hemmendorf**.
Mehr als fünfzig befestigte Plätze waren es, wo das Geschlecht der Eversteiner herrschte. Die überwiegende Anzahl findet sich im weitläufigen Gebiet ihrer reichsabhängigen Macht von Nordhessen bis in den Raum nördlich von Hameln.
Mit dem 15. Jahrhundert kam in mehrfacher Hinsicht das Ende. Für das Geschlecht der Eversteiner, deren Zeit vorbei war; für das Reich als Schutz und Macht, denn die dieses tragenden Reichsfürsten waren zerstritten und ohnmächtig; für die ehedem so anspruchsvollen Welfen, die nicht einmal mehr ihrer Eroberungen und Erbschaften froh wurden. Jeder Kriegszug hatte Schulden, jeder Gebietszuwachs Mißgunst in die eigene Familie gebracht, so daß bald eine Teilung des einstigen welfischen Herzogtums der anderen folgte. Was war nur aus *Heinrich des Löwens* Herrschaftsdenken geworden!
Es war keine Staatspolitik, die die Welfen trieben, um den Flekkenteppich ihrers Herzogtums zu vervollständigen. Wenn schon Politik, so galt sie lediglich dem Wohl des Hauses, der Familie. In Erbteilungen wurde alles mehrfach zersplittert in die Fürstentümer Lüneburg und Braunschweig; aus Braunschweig entstanden die Fürstentümer Wolfenbüttel, Grubenhagen und Göttingen, und so ging es fort.
Das eigentliche Problem der Welfen sah jedoch ganz anders aus. Geldsorgen bei ungeheurer Verschwendungssucht waren deren große Plage, der sie durch Verpfändung ihrer Ämter, Verkauf von Liegenschaften, durch neue Steuern und Abgaben Herr werden wollten. Der Traum vom großen Herzogtum Sachsen war für ewig ausgeträumt.

Hastenbeck wurde von ihnen für 14.000 Joachimsthaler und 7.333 gangbare gute Thaler verkauft. Die Ämter **Ärzen** und **Lauenstein** verpfändete der Herzog für 48.666 R.thaler, das Amt **Grohnde** für 36.100 Thaler im Jahre 1583 an die Herren von Münchhausen. Als Herzog Erich dann im Jahre 1584 starb, war Herzog Julius wegen dessen hoher Schulden erst dann zur Übernahme von Erbe und Herrschaft bereit, nachdem die

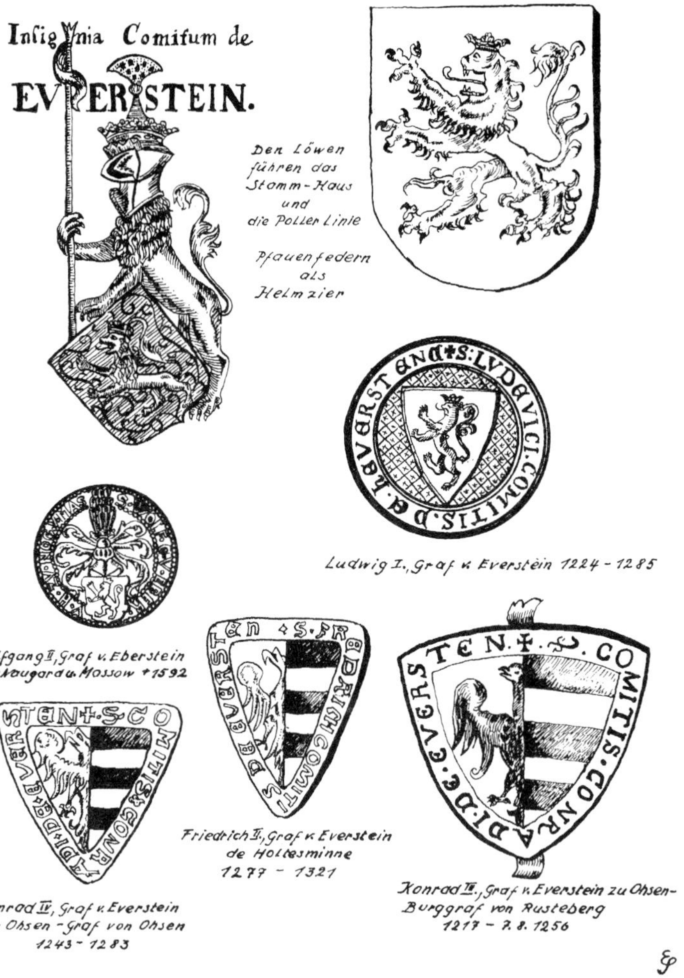

Wappen der Grafen von Everstein

Ritterschaft und die Kirche zu Lasten der Bevölkerung zugestimmt hatten „auf gnädiges Anhalten und aus Liebe zu ihrem verstorbenen gnädigen Landesherrn und dem Herzog Julius zu Ehren und Gefallen", eine neunjährige Steuer, den Scheffelsatz, das waren je Fuder Korn 1 Thaler und 32 Pfennig, dazu die Bieraccise, die geistliche Steuer und das Knechtgeld einzuführen.

Die Macht des Herzogs war mit seinen persönlichen Schulden bescheidener geworden. Der Landtag mußte zustimmen, wenn neue Steuern oder die Übernahme der herzoglichen Schulden durch das Land nötig wurden. Für die Zustimmung wurden manche Edle direkt bestochen. Eine rühmliche Ausnahme war der Stats von Münchhausen, der auf solche 10.000 herzogliche Thaler verzichtete.

Trotzdem nahm die Verschwendungssucht bei Hofe ständig zu, während die Ärmsten des Hungers starben. Das fehlende Geld beschaffte man sich über immer neue Abgaben, die ‚Fräuleinsteuer' wurde eingeführt, und man studierte eifrig, aus dem Silber stets noch mehr Münzen zu prägen.

Der Luxus führte dazu, daß die Weiber mit entblößtem Hals und mit vielerlei Ketten und Armbändern, seidenen Strümpfen, samtenen Schuhen gingen, und bei den Hochzeiten und Kindstaufen nahm man statt Trommelschlägern Geiger, Trompeter und Paukenschläger.

Die Herrschaft durch Ministeriale als unmittelbare Beamte des Herzogs wurde 1504 durch Droste und Amtmänner ersetzt. Ungewöhnlich war es dann nicht mehr, daß der Drost des Herzogs Pfandherr wurde.

Das Amt **Polle** mag Beispiel sein für einen Bezirk, der überwiegend von einem Drost verwaltet wurde. Noch 1850, in seiner Größe inzwischen erheblich geschrumpft, umfaßte es 14 Orte mit 4.467 Einwohnern.

Solche Zahlen schwankten während der Jahrhunderte durch Not und Pest und aus sonstigen Gründen. 1585 erscheinen auf der Musterungsrolle für das Amt Polle lediglich 354 Personen, von denen bereits einige tot, andere wegen Wilddieberei außer Landes gegangen, andere zu arm waren, um eine eigene Hellebarde zu besitzen. Und darüberhinaus teilt der Drost von Wrede dem Herzog mit, daß dieser keinerlei Anspruch habe auf die Gestellung von Leuten, Pferden oder Waffen, da er das Amt Polle ohne jegliche Lasten gekauft habe und daher dieses nur ihm untertänig sei.

Das Amt Polle war für einen Drost wirtschaftlich interessant. Durch Lage, Befestigung und Tradition war es nach wie vor ein beherrschender Platz. Die alte Eversteinsche Zollstätte war geblieben und existierte bis in das Jahr 1823.
Erfreulich hoch waren die Einkünfte des Herzogs oder auch des Drosten aus Abgaben, Zolleinnahmen oder Pfandgeldern. Die Macht wurde ausgeübt von der Burg bis zu deren Zerstörung im Dreißigjährigen Krieg. Dann wurde auf dem Platz der ehemaligen Unterburg das Amtsschloß errichtet. Ein Neubau der Burg war unsinnig geworden, seitdem es Feuerwaffen, insbesondere Geschütze, gab, denen auch Burggemäuer nicht widerstehen konnten.
Nur wenige Familien sind es, die ab dem 15. Jahrhundert im Amt **Polle** die Herrschaft ausübten. Von den Ministerialen für die ersten hundert Jahre ist wenig zu berichten. Dann kam das Geschlecht derer von Kanne aus Lügde im Lipper Land, dem feindlichen Ausland. Mit ihrem Gelde hatten sie so umfangreiche Besitzrechte erworben, daß sie selbst die Hälfte von Schloß, Ort und Gericht Polle lt. Vertrag vom 14. Januar 1448 gegen 1.550 rheinische Gulden an die Grafen Heinrich und Moritz von Pyrmont verpfänden konnten.
Hundert Jahre später sind es die Drosten de Wrede, die 1558 als Pfandinhaber des Amtes Polle ausgewiesen sind. Dem nicht genug, der Drost Casper de Wrede erscheint in der Calenbergischen Musterungsrolle vom 15. Juli 1585 mit der Weigerung, Pferde und Knechte bereitzustellen, da er den Sitz Polle von Herzog Erich erblich gekauft habe und daher keinerlei Verpflichtung gegenüber dem Herzoghaus bestehe. Der Rabe Otto de Wrede wiederum war gemeinsam mit Casper Drost, gleichzeitig der Drost und Eigentümer des Amtes Lauenförde.
1603 erwarb der aus dem *Alten Lande* vertriebene Graf von Heimbruch Poller Grundherrschaft und wurde seßhaft auf dem Schäferhof. 1656 wurden dann wieder einmal Haus und Amt Polle für 5.000 Thaler an die Städte **Hameln** und **Bodenwerder** verpfändet. 1645 erwarb ein Erich Behling die ehemalige eversteinsche Grundherrschaft Hajen, 1656 den Poller Ritterhof vom Geschlecht derer de Wrede.
Auch mit dem benachbarten **Ottenstein**, zeitweise immer noch dem Amt Polle zugehörig, wurde ähnlich verfahren. Es bot sich an, diesen wohlhabenden Ort einschließlich seiner Gerichtsbarkeit zu verpfänden. Pfandinhaber waren mal die Pyrmonter Grafen, abwechselnd aber auch manche anderen

Adelsgeschlechter. Erstmals 1594 wurde diese Herrschaft überschaubarer und längerfristig geordnet mit dem ersten herzoglichen Amtmann und Drost Otrave von Landsberg. Verpfändet wurde allerdings auch weiterhin. Letzter Pfandinhaber im 17. Jahrhundert waren die Fürsten von Lippe.
Kehren wir zurück zur übergreifenden Herrschaft des Amtes **Polle**. Als Nachfolger der herzoglichen Ministerialen wurde Geord de Wrede erster Drost. Ihm folgten gemeinsam Franz, Rabe Otto und Lips de Wrede. Sie betrachteten Polle als ihren Besitz und erbauten mit ihrem Geld in den Jahren 1550 die Kirche. Franz ist dann auch Gläubiger des Herzogs. Im Jahre 1577 ist dann ein Jasper oder Casper de Wrede Pfandinhaber, 1585 werden er und Philipp als Poller Droste erwähnt, ein Friedrich de Wrede wiederum ist deren Amtmann.

Schmähbrief des Herzogs Julius von seinen zehn Bürgern, u. a. Drost de Wrede

Im Dreißigjährigen Krieg änderten sich die Herrschaftsrechte. *Tilly*, der auf die Herzogswürde für Calenberg spekulierte, war das Weserbergland wichtig genug, um hier seinen Feldherrn *Piccolomini* als Stadthalter einzusetzen. Dessen „Hochgräflicher Tillyscher Amtmann" war dann von 1623 bis 1641 der Conrad Ludewig, Nachfolger des Amtsmanns Johann Drebbers. Dieser letztere berichtet 1610 dem Herzogshof nicht nur von Einnahmen und Schulden, sondern berichtet eingehend und mitfühlend über „sämtliche zum Amt Polle gehörende Dienste". Dieser „Ambts Polla Unterdienstlicher“ schildert, wie sonst nicht üblich, hier das Leben der Beherrschten, der Leute des Amtes Polle und bringt ein Bild von den Tagesnöten. In diesem Jahr hatte man „8 fuder Weitzenn, 44 fuder Rogken, 41 fuder Gerstenn und 20 fuder Haberenn“ zu dreschen, dazu „ohngefehr 5 fuder Erbßen und Wicken, da die Meuse alß ein straff Gottes noch Viel dabey thun, ehe es außgedroschen.“

Ein Dienst war die Pflege des Hopfengartens. Er gehörte zur herzoglichen Brauerei, die der Herrschaft ständig gute Einnahmen bescherte.

Viele Tagewerke benötigte man, um die Knicks und Hagen, die Zäune und Hecken in Ordnung zu halten, die Äcker zu düngen und mit Mergel „aufzufrischen“. Flachs mußte gerissen und geschlagen werden, Weidenruten für das Körbeflechten waren zu hauen. 16 Kötner hatten tagein, tagaus im Steinbruch und an den Kalköfen zu arbeiten. Dann haben die Kötner in Gottes Namen begonnen, 45 Morgen Land zu roden und mit Hafer zu bepflanzen. Eine harte Arbeit muß es gewesen sein, denn gerodet wurden 300 Eichen, viele Hainbuchen und ein so dicker Busch, daß keiner durchkriechen konnte. „Was dazu an Arbeit gehören will, stelle zu der hochvernünftigen Fürstlichen Räte großgünstigen Überlegens und Erkenntnis.“

Dem Amt standen 59 Gespanndienstleute zur Verfügung, von denen jedoch wegen der außerordentlich bitteren Notlage nur 49 imstande waren, ihre Dienstpflichten zu erfüllen.

900 Morgen Land wurden im Amt Polle beackert, wovon der größere Teil auf der anderen Weserseite lag, so daß die Ackersleute von Polle, Brevörde, Heinsen und Pegestorf immer erst über den Fluß gesetzt werden mußten, damit sie ihr Tagewerk beginnen konnten. Das tägliche Übersetzen mit der Fähre nahm so an die zwei Stunden in Anspruch.

Gewissenhaft berichtet der Amtmann Drebbers von der Not und der Armut seiner Untertanen. „Kleine Kötner davon über ein Hundert so mehr nicht alß ein Hüttlein haben, oft auch Zwey in einem Hauß wohnen. Hermann Meyse, Hans Christoffer zu Heinhausen Hartmann zu Meyborßen, Heinrich Stapell zu Polla, welche wegen bey der Pfandzeit gar verdarben, daß sie Ihren Stiffkindern, Bruderen und Schwestern zu viel aus den Gütern geben und dadurch so in Schulden vertiefet, daß keiner derer jetzo ein Handvoll Korn im Hause hat. Wie sie freßen und ihr Vieh halten weis Gott, und erfahret es der mit Schmerzen, so mit ihnen umgehet." „Kein Dorf darunter, so einen Anger oder Weide hatte, sondern ihr armes Pferde Vieh ins Holz schlagen oder ufen Stall Sommers eben wohl als Winters futtern mußten, welches ihnen unmöglich. So hat dies Amt durchaus keine Rinderhüte oder Weyde, haben sie an Solling getrieben, da sechs und zwanzig Häupter ein Jahr lang blieben. Kein Dorff, so die Pest verschieden Jahr grassierte."

Um glaubhaft zu machen, daß die Leute des Amtes Polle zu arm sind, um den Zehnten zu entrichten, beendete Drebbers seinen Bericht folgendermaßen:

„Ich getraue, was von mir in dem Geschehen, furm höchsten Zinsherrn zu vorantwurten. Sollte ich sie aber höher beschweren, würde ich meine Seele deswegen in Gefahr stecken. Hetten diese arme Leute wie anderer Örter jeder viel Hufen Landt, Wiesenwachs, stadtlicher Anger und Weide, so thäten sie billich mehr."

Kein Ende nahmen Not und Elend, auch wenn die Bevölkerung zu den Zeiten, als *Piccolomini* Statthalter war, nicht gar so schlimm gebeutelt wurde. Das Land wurde bereits als Besitz des *Tilly* angesehen und daher von den Kaiserlichen weniger gebrandschatzt.

Mit der Fortdauer des Dreißigjährigen Krieges kamen dann doch drückende und jährlich immer schwerer werdende Steuerlasten über das gewöhnliche Volk, während der Adel, der reich geblieben war, verschont wurde.

Das Kriegesland hatte die Bevölkerung halbiert, von den ärmlichen Häusern waren die meisten eingefallen oder niedergerissen. Die Bürger der kleinen Städte wie **Holzminden, Ottenstein** und **Polle**, hatten ihre Gerechtsamen, so die Braugerechtigkeit, an den Fürsten verloren, verloren auch an den Drosten und den Adel, die mit Bier und Branntwein trotz alledem lukrative Geschäfte trieben.

Und wenn die monatliche Steuer fällig wurde, zog der Amtmann mit seinen Leuten über das Land, erbrach die Haustüren und nahm den letzten Notpfennig als Beute. Wurden weder Geld noch Gut gefunden, so riß man die Häuser ein, verkaufte das Holz zur Feuerung, während deren Bewohner verkümmerten und verhungerten, falls sie nicht vorgezogen hatten, ihre Nahrung auf den Feldern zu stehlen, um dann am Galgen zu enden.

Gut hundert Jahre später wurde das Leben etwas tröstlicher.

Der Überlieferung nach war die Herrschaft der nunmehr ministeriellen Amtmänner Joachim Niemeyer, Georg Karl Kotzebue und der Wyneken erträglicher geworden.
Nach ihnen kam 1778 der bis heute in guter Erinnerung gebliebene Drost Georg von Alten mit seinem Amtmann Dammann und seinem Hausvogt Heinrich Otto.
Dieser Drost von Alten verzichtete 1807 auf sein Amt, nachdem Napoleons Bruder Jérôme hoheitliche Rechte für das calenbergische oder nunmehr hannoversche Weserbergland übernommen hatte. Das Königreich Hannover verschwand für die kurze Zeit von 1810 bis 1814 überhaupt von der Landkarte und wurde Bestandteil des Königreichs Westfalen.
Nach 1807 wurde von Altens ehemaliger Hausvogt Heinrich Otto neuer Drost, der die Leute schlimmer drangsalierte und ausbeutete als je zuvor. Er wurde schlimmer gehaßt als all die vielen Besatzer und Befreier jener Jahre, ob nun Franzosen, Preußen oder Russen. 1866 nahm die Herrschaft der Welfen ein Ende.

Der Untergang der Eversteiner

Das Ende der Eversteiner kam durch die Welfen. Dreihundert Jahre lang hatten sich diese vergeblich bemüht, ihr ‚Sachsen' um das Land der Eversteiner zu erweitern und an die Weser vorzustoßen. Endlich bot sich die Gelegenheit, nachdem die schützende staufische Reichsgewalt zusammengebrochen war und der mit den Eversteinern liierte Erzbischof von Köln und konkurrierender westlicher Sachsenherrscher – Herzog von Westfalen – in seinem eigenen Land derartig viele Probleme hatte, daß er nur bedingt Beistand leisten konnte.
Dies erscheint wie ein Kuriosum. War doch dieser Erzbischof von Köln, ein angesehener Reichsfürst, so ohnmächtig, daß er wenige Jahrzehnte zuvor lediglich gemeinsam mit den Eversteinern fähig gewesen war, sich gegenüber seinen widerborstigen westfälischen Grafen wie auch dem Bischof von Paderborn zu behaupten. Diese Schwäche war geblieben. Mit einer kleinen Mannschaft hatte er sich trotzdem zur Unterstützung gegen die Welfen auf den Weg gemacht, doch schon bei Delbrück in den Sümpfen fiel der Paderborner Bischof mit seinen Bauern über ihn her und jagte ihn zurück an den Rhein.
Die Frage des Beistands war und blieb für die Eversteiner im-

mer ein ganz besonderes Problem. Der Umfang des jeweiligen Beistands und auch der eigenen Macht war unterschiedlicher Natur auch dadurch, daß hier eine Abhängigkeit von der Art der jeweiligen Besitzrechte und der Art der zahlreichen Grundherrschaften bestand. Verständlich wird dies, wenn man berücksichtigt, daß Allodialbesitz, also Eigenbesitz, bei solchen Betrachtungen anders zu sehen ist als Lehensbesitz, insbesondere Reichslehen, wo seitens des Lehensherrn, z. B. dem Reich, Beistands- und Schutzverpflichtungen bestanden. Und die Eversteiner hatten sowohl Eigenbesitz, waren hierfür auch zum Teil selbst Lehensherr, waren allerdings auch Lehensnehmer verschiedener Reichsgrafen. Für das engere Oberwesergebiet galt dann zumindest seit *Lothar von Süpplingenburg*, daß hier die Eversteiner Reichsafterlehen besaßen.

Es bestand weder eine Abhängigkeit vom Herzog von Westfalen, also dem Erzbischof von Köln, allerdings auch nicht vom sächsischen Herzog. Und Reichsafterlehen wiederum bedeutete, daß kein unmittelbares Reichslehen bestand.

Diese besondere Lage war dadurch zustande gekommen, daß die Belehnung zwar durch den Herzog ‚in' Sachsen als Königsvertreter erfolgt war, der lediglich im Auftrag des Reiches bzw. des Königs handeln konnte. Durch diese umstrittenen Regelungen hatten die Eversteiner einen nur zweifelhaften Anspruch auf Beistand des Reiches wie des Herzogs von Westfalen. Die Sachsenherzöge jedoch kamen stets zu einer anderen Auslegung, indem sie mit Schwinden der Reichsmacht darauf beharrten, Lehen im eigenen Namen und nicht des Königs vergeben zu haben.

Mit Ausnahme der Welfen bemühten sich alle, zumindest vertraglich, für Recht und Frieden zu sorgen. 1386 wurde der große westfälische Friedensbund zwischen dem Herzog Wilhelm von Berg und Grafen von Ravensberg, Graf Hermann von Eberstein und neunzehn weiteren Herrschaften geschlossen. Kirchhöfe und Haushalte sollten Sicherheit genießen, ebenso die Kaufleute und Pilger auf der Straße. Alle wilden Pferde, Pflüge, Pferde mit zwei Leuten, Wagen, Karren, Ochsen, alle auf dem Feld Arbeitenden, jedermann mit seinem Gesinde außer wenn dieselben Verbrechen mit Raub oder Brand begangen hatten, sollten Schutz genießen. Ebenso sollten Jäger und Waidleute und diejenigen, die zur Kirche gehen oder reiten, sicher sein. Graf von Everstein hatte für all diesen Schutz fünf

Bewaffnete ständig bereit zu stellen, angemessen auch die anderen Herren. Dann mußte eine Fehde einen Tag und eine Nacht vorher angekündigt werden. Wenn jemand diesen Frieden brach, hatte man einzeln oder gemeinsam gegen ihn vorzugehen.

Solche Beistandsverpflichtungen sollte man allerdings nicht überschätzen. Weder das Reich noch das westfälische Herzogtum besaßen ein Volks- oder Stammesheer, das eingesetzt werden konnte. Es gab lediglich nur Ritterscharen der Fürsten, Bischöfe, Grafen, die unter Führung ihres Territorialherren in den Kampf zogen. Allein bei einem Angriff von außen oder bei Landfriedensbruch bestand die Möglichkeit für König und Herzog, ein eigenes Heer unter eigener Führung aufstellen zu lassen. So war die Idee von einem Schirm- und Schutzherren praktisch nur schwer zu realisieren. Schwer war es auch, Grafen und Territorialfürsten dafür zu gewinnen, im Namen des Schutzherrn tätig zu werden.

Doch zurück zu den Eversteinern und dem vordergründigen Anlaß der Welfen.

Zu der Zeit fehlte den Eversteinern ein männlicher Erbe. Es gab zwar die Tochter Elisabeth, doch sollte das Eversteiner Land nicht als Erbe oder Mitgift an eine fremde Dynastie verloren gehen. So wurde zwischen dem Grafen *Hermann VIII.* von Everstein und Polle und dem Edlen *Simon zur Lippe* und dessen Sohn *Bernhard* am 6. Juni 1403 auf der Burg Polle beschlossen, die Länder Everstein und Lippe erblich zu vereinigen, und daß die Mannen gegenseitig die Huldigung empfangen sollten. Nun also nannte man sich daher Hermann Graf von Everstein und Herr zur Lippe, die Junker Simon und Bernhard dagegen Edler von Lippe und Graf von Everstein. Nach dem Tod des Hermann von Everstein sollte Bernhard als Graf von Everstein dem vereinten Lande vorstehen.

Bald aber entstanden Zwistigkeiten zwischen den Erbverbrüderten. Braunschweig, immer darauf bedacht, die großen Eversteinschen Besitzungen an sich zu bringen, hatte bald die Gelegenheit zur Fehde gefunden.

Ein Edler *Henning von Reden* war von Herzog *Heinrich von Braunschweig* des Landfriedensbruch angeklagt, auf sein Betreiben in die Reichsacht getan und seiner Güter für verlustig erklärt worden. Heinrichs Mannen überfielen dessen *Schloß Freden* an der Leine und brannten es nieder. Henning nebst

Brüdern und Anhang fanden Unterschlupf in der Burg Vahrenholz nahe Rinteln, einer Herrschaft der Lipper. Von hier aus machten die Redens ihre Rache- und Raubzüge ins Braunschweiger Land. Rache hierfür war auch der äußere Anlaß für die Fehde zwischen Braunschweig und Lippe-Everstein. Diese sogenannte Eversteiner Fehde währte von 1404 bis 1409.
Man rüstete zum Kriege. Auf dem linken Weserufer wurden bei **Polle** die Truppen zusammengezogen. Die Vorwerke der Poller Burg, der Ritterhof, wo die heutige Schule liegt, und das hochwassergeschützte Vorwerk auf dem Heidbrink, erhielten zusätzliche lippische Reisige.
Herzog Heinrich von Braunschweig wagte es nicht, sich diesem Bollwerk zu nähern. Er zog erst einmal weserabwärts in Richtung Hameln. Am 19. November 1404 wurde er am Ohrberge zur Schlacht gezwungen. Am Landwehr am Ohrberge bedrängten vier Ritter den Braunschweiger und nahmen ihn gefangen.
Wie der Chronist *Johann Piderit* berichtet, wurde er für drei Tage in der Kirche des eversteinschen Dorfes Hillewardinsdorpe, dem heutigen **Hillentrup** bei Lemgo, inhaftiert, bis er dann zur *Falkenburg* bei Detmold, gebracht wurde. Aus jenen Tagen stammt Heinrichs Klagelied „Ick sach min hern von Falkenstein", das er angestimmt haben soll, als er dort in strenger Haft in der Fürstenkammer saß. Sein mitregierender Bruder Herzog Bernhard von Braunschweig versuchte, ihn mit Hilfe des *Königs Ruprecht* zu befreien. Gegen ein Lösegeld von 100.000 Goldgulden, das in fünf Jahresraten gezahlt werden sollte, wurde er nach Zahlung der ersten 25.000 Gulden im Jahre 1405 entlassen.
Braunschweig hatte sich über alle Maßen verschulden müssen. Neuer Streit mit den Eversteinern wurde gesucht, und auch die beiden regierenden Braunschweiger Heinrich und Bernhard wurden sich nicht einig, wem die Kriegslast zufalle.
Deren gemeinsame Regierung dauerte lediglich von 1400 bis 1409, dann kam es zur Trennung von **Braunschweig** und **Lüneburg**.
1407 allerdings versuchte man erst einmal für sich das Recht mit Hilfe des Königs zurecht zu biegen, um vom restlichen Lösegeld befreit zu werden. Ruprecht war den mächtigen Welfen gefällig und verhängte über die Grafen von Everstein und die Edlen zur Lippe die Reichsacht und den Kirchenbann und be-

auftragte mangels eigener Macht die Welfen mit dem Vollzug. 13.000 Mann waren aufgeboten worden, um die Eversteiner niederzuwerfen.
Am Ostermorgen des Jahres 1407, es war noch dunkle Nacht, wurde die *Burg Polle* überraschend von der Weserseite her eingenommen. Herzog Heinrich war einer der ersten, der mittels Sturmleiter die Mauern erstieg.
Größere Kämpfe gab es im Lipper Land. Die Stadt **Horn** wurde eingenommen, die *Falkenburg* zerstört.
Die Fehde war selbst 1408 noch nicht entschieden. **Lippe** war in der Zwischenzeit wieder freigekämpft. Der Eversteiner allerdings war kriegsmüde, verhandelte und schloß am 20. Januar 1408 in **Hameln** Frieden.
Vertraglich wurde geregelt, daß Elisabeth, Hermann von Eversteins minderjährige Tochter, den Sohn des Herzogs Bernhard, den späteren Herzog Otto von der Heide, heiratete. Als Mitgift erhielt sie gezwungenermaßen die *Schlösser Ärzen, Hämelschenburg* und *Ottenstein* sowie Anteile an den *Schlössern Ohsen, Holzminden* sowie an deren Grundherrschaften. Die *Burg Polle* blieb in dem Vertrage ausgespart, denn offensichtlich betrachtete man die Eroberung schon als Besitzergreifung. Die Heirat fand dann tatsächlich Anno 1425 statt. Graf Hermann hatte sich auf das Schloß Neustadt am Rübenberge zurückgezogen. Wenige Jahre später starb er dort.
Die neuen Braunschweiger Lande werden durch herzogliche Lehensleute verwaltet. Ab 1504 residieren für lange Zeit auf der Poller Burg für das nunmehrige Amt **Polle** Amtmänner als Vertreter des Herzogs, die in seinem Namen zu verwalten und Recht zu sprechen hatten.
Lippe hatte vorher, da es zu schwach war, den Krieg allein zu führen, auf seine Rechte aus der Erbverbrüderung verzichtet und schloß ebenfalls Frieden.

Von emanzipierten Frauen, reichen Mitgiften und vererbter Macht

Die Rolle der Frau zur Zeit Karls des Großen

Das Leben selbst war wichtiger als das Herrschen. Seit der Zeit allerdings, als sich Herrschaftsrechte entwickelten, sich der Landadel herausbildete, Besitz und Macht erblich wurden, veränderten sich verständlicherweise auch die Sitten bei der Wahl der Ehefrau.

Ehedem lebte die Sippe zusammen, dann die Familie. Alles wurde selbst gemacht – Brot, Butter, Wurst, Kleidung. Zahlreiche Kinder waren erforderlich, denn die Kindersterblichkeit war hoch. Von einem Dutzend überlebten vielleicht drei. Und die waren nötig, um von ihnen im Alter ernährt zu werden.

Frauen waren doppelt kostbar. Sie waren sowohl Arbeitskraft und brachten außerdem die Kinder auf die Welt. Rechtlich waren die Frauen untergeordnet. Zuerst waren es die Eltern, die sie bevormundeten, dann übernahm der Mann diese Rechte. Er durfte sie versklaven, schlagen, ja töten. Doch Theorie und Praxis unterscheiden sich radikal. Tatsächlich war der Mann kein prügelnder Haustyrann, die Frau kein versklavtes Arbeitstier. Für das Überleben war man gegenseitig voneinander abhängig.

Parallel zu den Herrschaftsrechten hatten sich persönliche Eigentumsrechte entwickelt. Für sein Eigentum beanspruchte man die Herrschaft. Eigentum gewährte zusätzliche Macht über Besitzlose. Und ständig drängte man auch auf weitere Macht über verbliebenes gemeinschaftliches Eigentum.

Mit neuen, Besitz und Macht ausgeprägter regelnden Rechten, von den Franken nach Sachsen gebracht, hatte man das Fundament, um über Heirat und Erbe beides zu mehren. Dafür war es allerdings entscheidend, eine Frau aus der oder an die richtige Familie zu (ver)heiraten.

War die Frau bisher Gefährin für das häusliche Leben gewesen, so emanzipierte sie sich nun und erlangte Einfluß in Kultur und Politik.

Das alles war vor mehr als tausend Jahren, als die Franken mit

Karl dem Großen auszogen, um Volksstämme zu unterwerfen, ihnen eine andere Sitte und Ordnung zu geben, und um Länder und Menschen, Gold und Silber zu rauben.
Es kam zu den zahlreichen Sachsenkriegen, von denen die alten Reichsannalen ausführlich berichten.
Mönche schrieben das ereignisreiche, dramatische Geschehen auf. So auch *Einhardus*, Freund und Vertrauter Karls des Großen, an dessen Hofe lebend.
Er begann bereits 814 aus der unmittelbaren Erinnerung dessen Geschichte aufzuzeichnen. Er berichtete über alle 46 Regierungsjahre, von denen lediglich zwei ohne Krieg gewesen waren.
Dabei wurden die vielen Kriege ohne Not und Zwang geführt. Krieg, nicht Diplomatie war das politische Mittel jener Zeit. Krieg war das einzige Handwerk, das König und Adel je gelernt hatten. Und der Sieg wurde ein weiteres Fundament ihrer Macht und ihrer Privilegien.
Jedes Jahr im Mai trafen sich König und Adel, um den Sommer über im Krieg zu verbringen. Im Herbst ging es zur Jagd in die Wälder und Moore. Die Winterszeit über war man seßhaft und ließ sich von seinen Lehensleuten und Hörigen beköstigen und aushalten.
Ein vorrangiges Ziel dieser Kämpfe war die Eroberung der ‚Weserfestung': das durch Berge und Morast, durch dichte Wälder geschützte Gebiet im Raum der Oberweser. Lohnende Beute erwartete die Krieger. Hier wollte sich Karl Gold und Silber aus den Sachsenburgen holen, „aurum et argentum, quod ibi reperit, abstulit".
Fünf Sachsenburgen sind es, die Einhardus oft erwähnt, vier davon als Flucht- und Schutzburgen im Weserbergland:
Die *Eresburg* am Flüßchen Eder, die *Brunsburg* bei Höxter, die *Sigisburg* bei Karlshafen, die *Iburg* am Teutoburger Wald und etliche andere Fluchtorte, geschützt nur durch Erdwälle.
Der Besitz der Burgen wechselte ständig. Mal waren es die Franken, die sie eroberten, dann die Sachsen, die sie zurückeroberten. Beides kann nicht groß verwundern, bedenkt man, wie wichtig den Männern Ruhm und Ehre solcher Gemetzel war.
Die Frauen dieser Kreise wiederum waren alles andere als Heimchen am Herd, sehnsüchtig darauf wartend, daß der Angetraute für die stillen Wintermonate gesund heimkehrte. Sie gebärten nicht nur Kinder, sondern waren Mittelpunkt des

kulturellen Lebens, des Geisteslebens jener Zeit. Sie waren es, die fremde Sprachen beherrschten, die Künste pflegten, das Geld verwalteten und das Land während der langen Abwesenheit ihrer Männer regierten.

Die karolingischen Herrscher leiteten ihren Auftrag von Gott her. Bestätigt wurde dies durch die päpstliche Salbung. Das galt allerdings genauso für die königliche Frau. Deren Aufgaben und Rechte waren keinem Zufall, keiner Willkür ausgesetzt, sondern in Erlassen umfassend aufgeführt.

Die Zahl dieser adligen, emanzipierten Frauen war zwar gering, doch ihr Einfluß und ihre Macht waren bedeutend. Sie waren mitbestimmend für die Politik der Herrscher, ob nun König oder Graf. Mitbestimmt wurde auch das Leben der mehr als 95 % der sonstigen Bevölkerung außerhalb dieser Oberschicht durch diese Frauen.

Ein Beispiel aus den Überlieferungen jener Jahrhunderte korrigiert unser Geschichtsbild. Auf dem Krönungsbild im Evangeliar *Heinrichs des Löwen* sieht man ihn, kleiner, auf den Knien, bescheiden den Segen empfangend, und neben ihm seine Frau, die englische Königstochter *Maud*, deutsch Mathilde, aufrecht und selbstbewußt. Sie, die nicht nur dies Evangeliar in Auftrag gab, sondern die dem Sachsenhof überhaupt die Kultur brachte. Nicht allein das: während er für Jahre durch die Reichsacht verbannt worden war, regierte sie selbständig das Herzogtum.

Geherrscht wurde im umfassenden Sinne durch die erwählten, besitzenden Familien. Entsprechend gestaltete sich das Leben an den Höfen der Kaiser, Könige, Herzöge und Grafen.

Dabei besaßen weder der Kaiser noch der Herzog absolute Herrschaftsrechte. Der ‚beamtete' Adel bestimmte mit. Das mag überraschen. Hatte sich aus dem Zusammenleben der Zwang zur Ordnung ergeben, zu deren Pflege und Verwaltung Personen eingesetzt waren, so hatten sich diese Regeln zwischenzeitlich wuchernd verselbständigt.

Vielleicht waren es wenige hundert Verwaltungsbeamte - tituliert mit „Graf" –, die in ihren Gebieten anordneten und Weisungen erteilten, Steuern einforderten und Recht sprachen. Gebiete allerdings ohne eindeutig umrissene Grenzen, dafür voll mit Lehensgut des Reiches oder Königs als mittelbarer Rechtsbasis für die ausgeübte Herrschaft.

Bald vererbten diese Beamten ihre Posten – es kamen die Beamtendynastien/Grafendynastien – für die einzelnen Gebiete, traditionell Gaue genannt. Dazu nutzten sie jede Schwäche des

Reiches oder Königs zum Nutzen für die eigene Freiheit und Unabhängigkeit.
Das nationale Bewußtsein, die Bereitschaft, sich selbst als ‚Deutscher' zu identifizieren, kam erst spät zu Luthers Zeiten auf. Und das ‚Heilige Römische Reich' war nicht das Land der deutschen Nation, sondern ein Reich der Bayern, Franken, Böhmen, Polen, Sachsen usw., ein Land von Herzogtümern, Grafschaften, Bistümern mit mehr oder weniger Unabhängigkeit. Wollte der Kaiser einen dieser Herren zur Verantwortung ziehen, brauchte er dafür den Auftrag vom Reichstag, brauchte er den Beistand anderer herrschender Adelsgeschlechter. Eigene Macht besaß der Kaiser kaum.
Wer war nun dieser Adel? Er bestand aus Grafen und Herzögen. Aus diesen Reihen wurden Kaiser und Könige erwählt, eingesetzt und vererbt.
Nach seinen Siegen versprach Karl der Große allen Edelingen in Sachsen den Schutz ihrer Güter und Rechte, wenn sie seine Oberherrschaft anerkennen würden und sich taufen ließen. Dies Geschäft machte der Adel gern und ließ sich willig taufen. Doch dies System der Unterordnung funktionierte nur vorübergehend und forderte ständigen Widerspruch heraus. Dagegen waren die neben dem Adel und dessen Hörigen existierenden freien Bauern weniger bereit, sich zu unterwerfen und sich taufen zu lassen. Für sie gab es keine Gegenleistung. Sie hatten mit der Taufe „bei Verfall von Leib und Leben" einzig das Fuldaer Treuegelöbnis zu sprechen und zu beeiden, um sich selbst und ihren Besitz dem Kaiser Karl persönlich, nicht etwa dessen Reich, zu übereignen, um ihm dann als Lehensmann mit all den vielen Lehenspflichten zu dienen.
Für die Taufe hatte das Bistum Fulda für das Gebiet an der Diemel und Weser folgendes Frage- und Antwort-Spiel festgelegt:
„Entsagst Du dem Teufel?"
„Ich entsage dem Teufel."
„Und allen Teufelswerken?"
„Und allen Teufelswerken."
„Glaubst Du an Gott, den Allmächtigen Vater, an Christum, Gottes Sohn, und an den Heiligen Geist?"
„Ich glaube an Gott, den Allmächtigen Vater, an Christum, Gottes Sohn, und an den Heiligen Geist!"
Vermögens- und dienstrechtliche Fragen wurden anschließend geregelt.

Bald war es nicht mehr so sehr der Taufakt, der Widerstand provozierte, sondern der damit verbundene Verzicht auf Eigentum und Freiheit zugunsten eines Herrschers, der gleichzeitig mit der Christianisierung eine ungeliebte Herrschaftsordnung einführte.

Hier lag die Ursache für die vielen Unruhen im Sachsenland. Es waren Bauernaufstände, gegen die dann gemeinsam mit den Franken auch die mit den neuen fränkischen Grafschaftsrechten bestellten sächsischen Edelinge brutal vorgingen. So gesehen überrascht auch nicht, wenn *Widukind* als krasser Außenseiter Verbündete bei den Bauern, kaum jedoch beim sächsischen Adel fand.

Wie allerdings war es möglich, daß es neben dem Adel freie Bauern mit einem Anspruch auf eigene Rechte geben konnte? Rechte ergaben sich aus dem Besitz von eigenem Grund und Boden. Das war ursprünglich persönliches Eigentum, später übergreifend auf Besitz, das Lehen, das geliehene Land.

Eigentum und Besitz gaben Macht und Titel für den Fürsten oder Grafen und nicht umgekehrt. Eigentum und Besitz wechselten durch Erbschaft oder eheliche Mitgift. Man kam auch zu Besitz durch Lehen, wofür man sich verpflichten mußte, dem Eigentümer treu und hold zu sein und ihn mit von der geliehenen Scholle zu ernähren.

Bald hatte sich eingebürgert, daß neben dem eigenen Grund und Boden auch die Lehen vererbt wurden, daß man Lehensmann wurde für etliche Eigentümer.

Wem hatte man nun die Treue zu halten? Das Problem war nicht lösbar. Man beschränkte sich bei seinen Pflichten mehr auf die rein materielle Seite, d. h. darauf, seine Schuld einzig durch Geld oder Naturalien zu begleichen, ohne sich dabei untertänig zu fühlen.

Es waren wenige Familien, die ihre Macht durch ererbtes oder geliehenes Eigentum so stark erweitern konnten, daß sie hierüber in die Geschichte eingingen. Zu erwähnen wären vor allem die Zähringer, Babenberger, Wittelsbacher, Süpplingenburger, Staufer und Welfen.

Land und Macht wurden verheiratet und vererbt. Glückliches Heiraten und nicht unbedingt das Schwert wurden die Basis, um mächtig und reich zu werden.

Wie schon erwähnt, schilderte der Mönch *Einhardus* eingehend, wie sich das Leben, Herrschen und Besitzergreifen am

Hof *Karls des Großen* abspielte. Als Karls Vater im Jahre 768 starb, war der Erbe 26 Jahre alt. Er bekam zwar die Königskrone, doch das Regieren übernahm erst einmal seine Mutter Bertrada. Sie lenkte nicht nur die Politik, sondern bestimmte auch, welche Mitgift erheiratet werden sollte.

Es war eine langobardische Prinzessin, die er gegen seinen Willen nehmen mußte. Ihr Name sollte unbekannt bleiben. Bald wurde sie verstoßen. Eine wirklich krasse Ausnahmeregelung in seinem Harem!

Vier Frauen ehelichte er, mit Dutzenden lebte und liebte er. Nicht gezählt werden konnten seine zahlreichen Kinder aus den Ehen, von seinen Konkubinen, aus seinem von Eunuchen bewachten Aachener Harem. Allein seine zweite Frau Hildegard gebar neun Kinder. Der ursprüngliche Thronfolger Pippin war unehelich bereits früher von einer Geliebten geboren worden.

Verstoßen wurde einzig und allein diese langobardische Prinzessin. Alle sonstigen Frauen einschließlich der Töchter lebten mit ihm einträchtig, umsorgten ihn, herrschten mit ihm und wurden mit ansehnlichen und einflußreichen Rechten und Ämtern versehen, nicht geringer als die zahlreichen Söhne. Alles war eine große in Arbeitsteilung herrschende Familie.

Hildegard und etliche Nebenfrauen waren es auch, die ihn bei seinen Feldzügen in Richtung Weser begleiteten und auf der eroberten Eresburg wohnten und herrschten. Und wenige Kilometer westlich der Weser feierte Karl mit seiner Großfamilie 784 das Weihnachtsfest im Raume Schieder – Lügde.

Für Karl gab es keine Trennung von Privatleben und seinem öffentlichen Amt. Selbst Kinder auf die Welt zu bringen war eine hochpolitische Angelegenheit, lebensnotwendig, um hierüber die Macht zu erhalten und zu stärken. Man brauchte nicht nur einen Thronfolger. Wichtig war auch, Söhne und Töchter als Grafen, Äbtissinen und Äbte einzusetzen und so das Machtfundament zu stärken. Und auch das Verheiraten mit herrschenden Familien war wichtig.

Hier allerdings bildeten Karls viele Töchter eine Ausnahme. Er konnte sich von ihnen nicht trennen und umgekehrt. Doch auch ledig sorgten sie – in jeder Beziehung trotzdem gut versorgt – für reichlich Enkel. Selbst unverheiratet hatten sie Einfluß, sie, von denen *Einhardus* wiederum verständnislos berichtet: „Obwohl sie sehr schöne Mädchen waren und er sie über alles liebte, erlaubte er seltsamerweise keiner von ihnen zu heiraten, weder einen Mann aus eigenem noch aus fremden Volke."

So hatten die königlichen Töchter feste Verhältnisse zu angesehenen Junggesellen und Ehemännern. „Er aber ging über diese Dinge hinweg, als wäre nie der geringste Verdacht eines Fehltritts entstanden." *Alkuin*, der die Kinder in Karls Aachener Pfalz unterrichtete, warnte allerdings vor diesen lebenslustigen Mädchen: „Hütet euch vor den königlichen Tauben, die durch die Zimmer des Palastes fliegen."

Karl konnte beruhigt sterben. Er hatte nicht nur unendlich viele Söhne und Töchter hinterlassen, sondern hatte ihnen reichen Grund und Boden verschafft.

Es war kein Zufall, daß Karl seine Kinder – wie oben erwähnt – besonders bevorzugt mit wohlhabenden Abteien versorgte. Zu diesen Klöstern gehörte jeweils erheblicher Grundbesitz. Vermachte man nun, wie bei den Karolingern üblich, seine Ländereien dem Kloster und besetzte den Stuhl des Abtes, der Äbtissin oder auch des Bischofs mit ledigen oder selbst mit verheirateten Familienangehörigen, so waren Wohlstand, Macht und Einfluß hierüber gesichert. Der Besitz blieb zusammen und ungeteilt erhalten, denn für Klöster galt kein Erbteilungsrecht.

Nicht nur für das persönliche Seelenheil war es gut, unverheiratete Töchter und machthungrige Söhne ins Kloster zu schicken. Als Abt oder Äbtissin hatte man sowohl geistliche wie weltliche Macht, führte ein freies und fröhliches Leben, und nirgendwo mangelte es, um die vielen Bedürfnisse zu befriedigen, die sich so vom frühen Morgen bis in die späte Nacht ergaben.

Selbst für solche Familienpolitik hatten die Töchter, die Frauen überhaupt, keine geringere Bedeutung als die männlichen Verwandten, denn Nonnenkloster waren genau so mächtig wie die Mönchsklöster. Nur von weiblichen Bischöfen hörte man nicht, nur von Bischöfen, die verheiratet waren und deren Kinder versorgt werden mußten mit einer geistlichen oder weltlichen Herrschaft.

Ähnlich waren Leben und Herrschen sowohl der Äbte wie Äbtissinnen. Eine Äbtissin war mit gleichen Rechten ausgestattet wie der auf Nachbarschaft beheimatete Abt und nicht etwa benachteiligt, weil sie weiblichen Geschlechts war.

Zucht und Ordnung in Klöstern

In den christianisierten Gebieten an der Oberweser wurden in der Karolingerzeit und im Hochmittelalter derart viele Klöster gegründet, daß es schwer fällt, sich dieses real vorzustellen. Kaiser und Könige, Herzogs-, Grafen- und Bischofsdynastien waren eifrig bemüht, sich so in ihrer Macht zu stärken.

Was nun die Frauen, die Äbtissinnen, betrifft, so wurden sie keineswegs benachteiligt. Es war so, daß mehr Nonnenklöster als Mönchsklöster eingerichtet wurden und trotzdem die Arbeitsteilung der Kirchenoberen spezifisch auf die Geschlechter zugeschnitten war. Den Männern blieb nach wie vor der Hang zur Machtausübung mit der Waffe, die Frauen herrschten auf dem ersten Blick friedlicher, aber mit nicht weniger Geschick. Waffen benötigten die Frauen einzig und allein für die Jagd, die sie im Solling, in den Wäldern des Vogler, Ith, im Reinhardswald, am Köterberg ausübten.

Mehr als 18 Klöster und Stifte wurden geschichtsträchtig, zehn Nonnenklöster und acht Mönchsklöster.

Die Klöster waren überwiegend dem Benediktinerorden und dem von ihm abgespaltetenen Zisterzienserorden zugehörig. Von den imposanteren Reichsabteien abgesehen sind sie bewußt bescheiden gehalten, auch fehlen den Klosterkirchen fast immer die Türme. Das alles hat seinen Grund. Benediktiner, besonders aber die Zisterzienser wollten in ihrem Gott zugewandten Leben Ruhe und Einkehr. Das war gültig, auch wenn man im wahren Begehren hierzu zwiespältig stand. Darum galt für das Erscheinungsbild die Ordensvorschrift, keine Glocke aufzuhängen, die größer ist, als daß sie von einem Mönch oder einer Nonne bequem zu läuten sei, um unnützen Lärm zu vermeiden. So also konnte auf hohe Türme sehr wohl verzichtet werden.

Nahe der Eresburg, der Fluchtburg Karls des Großen, wurde 997 ein *Benediktinerkloster* in **Helmarshausen** eingerichtet. Wenige Jahre später wurde hieraus eine Reichsabtei. An seine kulturelle Bedeutung erinnert noch heute das hier geschaffene Evangeliar *Heinrichs des Löwen*.

Unweit entfernt liegt die 960 von *Otto I.* gegründete *Reichsabtei Hilwartshausen*. Dies ursprüngliche Kanonissenstift wurde im 13. Jahrhundert in ein Augustinerinnenkloster umgewandelt. Man hoffte, hierdurch dem Verfall von Sitte und Moral Einhalt gebieten zu können.

Das Kloster selbst ist verfallen. Auf der rechten Weserseite steht lediglich noch einsam die Zinsscheune der Klosterländereien. Nutzen stiftete dies Kloster bis in die Gegenwart. Die Zins- und Pachterträge wurden nämlich ab 1745 der Universität Göttingen übertragen.

So alt ist auch das 892 von *König Arnulf* verschenkte Königsgut, auf dem das *Kanonissenstift Fischbeck* entstand. Otto I. nahm es unter seinen königlichen Schutz und wandelte es am 10.1.955 in ein Benediktinerinnenkloster um. Das gut erhaltene, romanische Bauwerk mit Kreuzgang ist ein seltenes Beispiel mittelalterlicher Klostertradition. Es stammt aus dem 11. Jahrhundert.

Bekannter ist das Familienstift für den sächsischen Hochadel, das *Kanonissenstift Gandersheim*. Gegründet wurde es 844 bis 846 vom *Sachsenherzog Liudolf*. Erhalten ist die romanische Stiftskirche aus dem Jahre 1007.

Im Hochmittelalter lebten hier, im Einflußgebiet der den Weserraum beherrschenden Dynastie der Eversteiner, u.a. deren Edelfrauen Adelheid, Sophie und Matilde.

Äbtissinnen aus der Familie der Eversteiner finden sich ebenfalls im *Benediktinerinnenkloster Willebadessen* und im *Zisterzienserinnenkloster Brenkhausen*. Auch im *Nonnenkloster Bödexen* war eine Adelheid von Everstein, Tochter von Albrecht und der Gisela von Büren, Äbtissin.

In diesen Klöstern herrschte wenig Zucht und Ordnung. Die Äbtissinnen mit ihren Nonnen huldigten nicht allein dem Trunke, sondern waren durch Raubzüge und Plünderungen derart in Verruf gekommen, daß sie den nachbarlichen Mönchsbrüdern in Nichts nachstanden und sich der Papst genötigt sah, das Kloster Corvey zu bitten, mit Truppen gründlich für Ordnung zu sorgen.

Unmittelbar am Köterberge wurde 1128 von Corveyer Mönchen das *Benediktinerkloster Marienmünster* gegründet, um Ödland zu kultivieren. Die Mönche leisteten Entwicklungshilfe, machten die Menschen mit besseren Methoden des Land- und Gartenbaus bekannt, lehrten und verbesserten handwerkliche Fähigkeiten.

Doch es dauerte keine zweihundert Jahre, bis man sich eines weniger anstrengenden Lebens besonnen hatte. Wilddieberei, heimlicher Fischfang, und alles auf den weiteren Ländereien der Eversteiner und der Benediktiner des *Klosters Corvey*, führten zu blutigen Zwistigkeiten.

Dagegen bot Corvey seinen Mönchen Kurzweil auf den eigenen umfangreichen Besitzungen.
Begründet im Jahre 816 in **Neuhaus** im Solling durch *Ludwig den Frommen* wurde es bereits 822 von zwei Vettern Karls des Großen an die Weser nahe der Siedlung **Höxter** verlegt. Moor, Wald und Witterung hatten die Mönche vertrieben in eine fruchtbarere Landschaft. Die Bedeutung des Klosters läßt sich erahnen, wenn man bedenkt, daß aus jenen Mauern in wenigen Jahrhunderten 23 Bischöfe und angeblich ein Papst kamen, die im weiten Römischen Reich geistliche wie weltliche Macht ausübten.
Als die Macht der weltlichen Herren dieses Landes, der Grafen von Everstein, stärker wurde, gingen den Mönchen allerdings manche Rechte und Besitzungen verloren. Und zusätzlich bestellte man einen Grafen von Everstein als Probst des Klosters, als den weltlichen Herrn und Beschützer.
Am Odfeld, nahe von **Stadtoldendorf**, bekannt durch *Wilhelm Raabe*, liegt das 1129 gegründete *Zisterizienserkloster Amelungsborn*. Kulturell war es eines der bedeutendsten Klöster im Sachsenlande. Weltliche Macht wurde von hier ausgeübt durch die Homburger Grafen als Lehensleute der Welfen und durch die unabhängigen Grafen von Everstein. Beide hatten durch reiche Schenkungen Einfluß gewonnen, beide waren durch verwandtschaftliche Bindungen Rechtsnachfolger des Gründers, des Grafen Siegfried von Northeim. Beide waren Eigentümer des Klosters. Mitten hindurch verlief die Grenze – „von der Mittelgote na dem Backhuse dorre“.
Später wurde aus dem Kloster eine gelehrte Schule. Doch deren Studenten und mit ihnen ihre Professoren verwilderten. „Eine hohe Schule der Wilddiebe konveniert weder uns noch Unseren in Gott ruhenden Ahnen“ meinten seine Hochfürstliche Durchlaucht *Karl I. von Brunschweig* und verlegte daher die Schule **Amelungsborn** nach **Holzminden**.
Wenige Kilometer weserabwärts findet sich ein weiteres, ehemals bedeutendes Benediktinerinnenkloster. *Kemnade*, ursprünglich Keminate, der Name des mit einem Kamin beheizten Frauengemachs, wurde wie viele der Weserklöster in der Zeit Otto des Großen um das Jahr 950 gegründet. Es war eines der hier so zahlreichen Reichsstifte.
Friderun und Imma aus dem Hause der Billunger waren die ersten Äbtissinnen, Nichten des Sachsenherzogs Hermann Billung.

Der wachsende Reichtum führte auch hier zu einer Verweltlichung der ehedem frommen Nonnen. Papst Eugen III. mußte 1146 die Äbtissin Judith, Schwester des Stifters von Amelungsborn, die ebenso wie ihr Bruder Heinrich, Abt von Corbey, sündig geworden war, absetzen und aus Kemnade ein Mönchskloster machen. Nichts besserte sich allerdings.

Dann kamen erneut Nonnen. Diesmal aus *Gehrden*, einem Kloster der Eversteiner. Unterstellt wurden sie dem Probst von Corvey, einem Grafen von Everstein.

Von dem bald völlig verarmten Kloster sind heute nur noch die wesentlichen Teile der romanischen Pfeilerbasilika erhalten. Hier ruhen auch die Gebeine des *Lügenbarons von Münchhausen*.

Keinen besseren Ruf hatte das *Kloster Falkenhagen*. 1231 wird es als Kloster Burghagen bei der damaligen Stadt Rischenau erwähnt. Wenig später wird es als Zisterzienserinnenkloster Lilienthal nach Falkenhagen verlegt. Um 1409 wird es dann in der Eversteiner Fehde verwüstet, die Nonnen flüchten an die Weser in das Kloster Bursfelde. Die gut erhaltenen Falkenhagener Klostergebäude stammen aus dem 15./16. Jahrhundert.

Damals erfolgte dann die Umwandlung in ein Mönchskloster. Abwechselnd führten hier Wilhelmiten, Kreuzbrüder und zuletzt Jesuiten ihr Klosterleben.

Das erwähnte *Kloster Bursfelde* hat eine sehr alte Tradition. Sowohl Mönche wie Nonnen lebten hier.

Anno 852 fand hier jene Nationalversammlung statt, die für Sachsen das Herzogsamt stiftete. 1093 gründete dann der Sohn des Bayernherzogs, Otto von Northeim, dies Benediktinerkloster. Rasch und mächtig blühte es auf. Doch die strenge Klosterzucht verfiel, die Klosterbewohner zogen das weltliche Leben vor, so daß nach der Überlieferung bald nur noch ein Mönch und eine Kuh die einzigen Bewohner waren.

In das protestantisch gewordene Kloster zog neues Leben ein, und der Abt Johann Rappe sollte Ordnung schaffen. Doch zunächst zögerte er beim Unterschreiben des Vertrages, der das Kloster zurückbringen sollte auf den Weg des geistlichen und christlichen Wirkens. Der bedeutende *Theologe Corvinus* mußte ihn darum zur Ordnung rufen:

„Herr Abt von Bursfelde,
hier gilts um kein Gelde,
hier gilts die Seel und dazu die Haut,
drum schreibt nur darunter, so werdet ihr Christi Braut!"

Nach seiner frommen Entsagung konnte sich das Kloster über die weiteren Jahrhunderte retten. Noch in jüngster Zeit bekleidete ein Mitglied der Göttinger theologischen Fakultät das Amt des Abtes des Klosters Bursfelde.
An die ehedem so angenehme Zeit dieser Klosterbrüder erinnert heute wenig. Auch die Ruinen der *Zapfenburg*, dem Jagdschloß dieser Äbte, erzählen weniger als die erst später hier erbaute *Sababurg*, dem Märchenschloß, in dem Dornröschen auf den erlösenden Kuß wartete. Dort, wo Bramwald und Solling ineinander übergehen, liegt das ehemalige *Benediktinerkloster Lippoldsberg*. 1055 begann der Erzbischof von Mainz die Klosterkirche zu bauen. 1088 wurde das Kloster vom Papst bestätigt. Nicht lange dauerte es, bis die Grafen von Northeim und die Grafen von Dassel die Äbte stellten und gemeinsam ein umfangreiches Gebiet beherrschten. Neid kam auf wegen dieses wertvollen Besitzes. Nach etlichen Waffengängen kam es 1566 in den Besitz des Landgrafen Philipp von Hessen, der den nun hier ansässigen Klosterfrauen lediglich noch zugestand, dort ihren Lebensabend zu verbringen. Danach wurde es ein Siechenhaus.
Ein weiteres *Benediktinerinnenkloster* gründete am 13. August 896 der Kaiser Arnulf von Kärnten in *Möllenbeck*. Den frommen Nonnen gelang es bald in ihrem weltlichen Eifer, sich die umliegenden weiten Ländereien zu eigen zu machen. Nahe der Klostermauern gründeten sie die Stadt *Möllenbeck*. Von dem Kloster ist nur noch wenig, von der Stadt nichts mehr erhalten. Das heutige Dorf hat mit der alten Stadt nichts überein.

Wie sich die Gründung des *Stiftes Hameln* zugetragen haben soll, schrieb der *Stiftsherr de Polde* im Jahre 1384 auf:
Zu Zeiten des Karl Martell sei Bonifatius auf seinen Reisen in die Gegend gekommen, wo die Hamel in die Weser fällt. Dort stand ein heidnisches Götzenbild. Der Herrschaft dieses schönen Landes, Graf Ewrad und Gräfin Odegundina von Osten, beide reich an Schätzen und aus dem Stamme des Königs Diederich und des Herzogs Wittekind, habe er das Christentum gepredigt und auf die Namen Bernhard und Christine getauft. Ansonsten nannten sie sich auch das Grafengeschlecht von Bühren.
Bernhard mit seinen Mannen zerstörte das Götzenbild. Seine Frau Christine jedoch belud einen Esel mit all den Schätzen, die beiden eigen waren, und zog den Klüt herunter, wo ihre

Burg lag, bis daß der Esel ermüdete. Hier dann ließ sie getreu dem Gelöbnis und dem Bonifatius zu Ehren für ihr Gold und Geschmeide eine Kirche erbauen und für die Benediktiner ein Kloster gründen. Dies soll im Jahre 712 geschehen sein.

Ob sich dies nun so zugetragen hat, läßt sich nicht nachweisen. Unbestritten ist dagegen, daß im 8. Jahrhundert ein Graf Ewrad Osten, verheiratet mit Odegundina, Gaugraf des Thilithigaus, seinen Besitz um das Jahr 780 dem Kloster Fulda schenkte. So ist es im fuldaischen Schenkungsregister verzeichnet. Sonst ist überliefert, daß dieser Gau aus acht Fronhofsverbänden bestand, von denen einer als Lehen einer edlen Familie zufiel, die sich de Ebersten, später auch von Everstein nannte.

Wie sich nun im Thilithigau ansonsten Machtansprüche entwickelten, ergibt sich aus der Bestellung der Gaugrafen, der Herzöge und aus der späteren Erblichkeit dieser Rechte.

Probleme der Machtansprüche ergeben sich zusätzlich durch das sächsische Erbrecht, denn nicht nur Eigentum, sondern auch der Besitz an Lehen waren zwischenzeitlich erblich geworden. Eine Folge hiervon waren die sehr eingeschränkten Rechte des Kaisers *Lothar von Süpplingenburg*.

Das war, nachdem Magnus, der letzte Billunger, gemeinsam mit dem Grafen Otto von Northeim dem Kaiser Heinrich IV. erfolgreich widerstanden und ihm ihr Gut nicht wie verlangt übereigneten.

Die Töchter von Magnus Billung, Wulfhilde und Eilika, erbten lediglich seinen Besitz und Lehen. Die Herrschaftsrechte, die Comitatsrechte, dagegen konnten Töchter nicht erben, die rechtmäßig von dem nun herrschenden Kaiser, Lothar von Süpplingenburg, übernommen wurden. Strittig gemacht wurden ihm diese durch Wulfhildes Ehegemahl Heinrich den Schwarzen, Welfenherzog von Bayern, und auch durch die Fuldaer Mönche.

Der gordische Knoten wurde von Lothar dann so zerschnitten, daß er die Grafschaftsrechte des Tilithigaus an die ihm verbündeten und durch deren Verwandschaft mit den großen süddeutschen Geschlechtern so mächtigen Eversteiner vergab. Eine Dauerfehde zwischen den Eversteinern, Welfen und Northeimern war die Folge.

Doch zurück zu unserem **Hameln** in die Zeit des 8. Jahrhunderts. Das Grafengeschlecht von Osten, das sich bald von Bühren nannte, hatte Stift und Stadt Hameln gegründet. So heißt es denn auch, daß die Memorie des Grafen Bernhard oder auch

Ewrad bis zur Zeit der Reformation vom Stift Hameln gefeiert wurde.
Bald bemerkten die Stiftsherren, daß es mit der religiösen und sittlichen Bildung der Jugend schlecht bestellt war. So fehlte dem Vorstand der jungen Stadt selber ein Mann, der des Schreibens kundig war. Man mußte sich eines Mönchs bedienen, bis man das Gefahrvolle dieses Verhältnisses zu ahnen anfing. Daher wurde 1133 eine Klosterschule eingerichtet, in der neben den Grundbegriffen des christlichen Glaubens notdürftig das Lesen und Schreiben vermittelt wurde. Hier wurden Knaben unterrichtet, während für die Bildung des weiblichen Geschlechtes nichts getan wurde, da es Hameln an einem Nonnenkloster fehlte.
Bereits früher hatte der gelehrte *Vicelin*, geboren in Hameln von frommen Eltern, den Grafen Conrad von Everstein das Lesen und Schreiben gelehrt, wurde dessen väterlicher Freund, dieser wiederum wie auch *Barbarossa* dessen Schutzherren, als er im Eifer gegen die Interessen von *Heinrich dem Löwen* die Wenden und Obotriten bekehrte und deren Gebiet dem Kaiser untertan machte.
Die Bedeutung von Stift und Stadt wuchsen, als hier zwei Grafen von Everstein die Herrschaft übernahmen. Überliefert ist, daß einst die Grafen von Osten oder auch Bühren ihr Lehen an den Abt von Fulda verloren. Dieser übergab das heutige Ärzen den Edlen von Erzen. Nach dem Aussterben dieser Sippe kamen die Eversteiner an die Rechte, während die geistliche Inspektion dem Bischof von Minden zugesprochen wurde.

Die Grafen von Everstein gelangten zu sehr unterschiedlichen Rechten. Sie besaßen sowohl freies Erbe, Reichslehen und mindensche, vormals fuldaer Lehen. Eindeutig bestand nunmehr keinerlei Lehensabhängigkeit von Fulda, dessen Lehensregister die Eversteiner jetzt auch nicht mehr verzeichnet.
Zugetragen hatte sich, daß vier Brüder, Friedrich, Otto, Ludolf und Johann von der Burg Everstein, gelegen zwischen Basel und Oppenheim, sich des *Hamelner Stiftes* wohltätig angenommen hatten und darum Graf Friedrich zum Stiftsprobst erwählt wurde. Fulda focht diese Wahl zwar an, letztendlich jedoch blieb er Probst, sein Bruder Otto Vogt der Stadt, und beiden wurde die Verteidigung von Stift und Stadt übertragen. Das ergibt sich aus einer Urkunde des Grafen Friedrich, nach Sprenger aus der Zeit vor 1033, nach Polde vom 1. März 1224.

Etwas abweichend, aber hier ohne größere Bedeutung, heißt es in einer Urkunde des Abtes von Fulda vom 1. Mai 1261, daß die Eversteiner bereits die Vogteirechte besaßen, als Friedrich Probst des Stifts wurde.

Zwistigkeiten aus den umstrittenen Ansprüchen Fuldas standen über lange Zeit an. Für 500 Mark Silbers verkaufte Fulda die angeblichen Rechte an den Bischof Wedekind von Minden, die Eversteiner protestierten. Als der Bischof den Kauf mit dem Schwert besiegeln wollte, stellten sich ihm die Eversteiner, verbündet mit den Welfen, verstärkt durch die Hamelner Jugend, am 28. Juli 1259 bei Sedemünden entgegen.

Die Eversteiner wurden besiegt, viele kamen durchs Schwert um, und die gefangene Hamelner Jugend wurde nach Minden verschleppt. Aus dieser Begebenheit soll später dann die Sage vom Rattenfänger entstanden sein. Wahrscheinlicher ist, daß im 16. Jahrhundert etliche Vorkommnisse der Vergangenheit miteinander zu dieser Sage verknüpft wurden.

Im weiteren Kriegsverlauf wurde Bischof Wedekind doch noch besiegt. Die Herrschaftsrechte kamen zur Hälfte an die Welfen, die andere Hälfte verblieb den Eversteinern, jener Teil, der zusätzlich vom Erzbischof von Köln beschützt wurde. Dieser Schutz kam eigentlich wieder durch einen Grafen von Everstein, der als Marschall von Westfalen höchster weltlicher Beamter des Erzbischofs und westfälischen Herzogs war.

Einer der vielen Vettern des Marschalls von Westfalens heiratete Gisela aus der uns früher in Hameln begegneten Familie von Bühren. Deren Nachkommen erlangten Einfluß im Bistum Paderborn, wurden Stadt- und Burgherren von Holzminden und nannten sich darum Everstein de Holtesminne, nach Verlust dieser Stadt an die Braunschweiger dann gemäß ihrer Abkunft de Bühren.

Ein, zwei Generationen zuvor wurden Töchter der mächtigen Grafen von Dassel, die Drudeken und die Ermentrud, geheiratet. Ein Ludolf von Dassel wiederum heiratete eine Eversteinerin und nannte sich de Eversten.

Dies Dasseler Geschlecht, Rainer als des Reiches mächtigster Kanzler gehörte dazu, verschaffte den Eversteinern vielen neuen Besitz im Göttinger Raum, dazu wertvolle Verbindungen zu den Babenbergern und Staufern.

Die Agna von Wittelsbach wiederum, Tochter des Königsmörders und Begründers dieser bayerischen Dynastie, brachte durch ihre Heirat mit Graf Albrecht III. von Everstein andere verwandtschaftliche Beziehungen.

Drei einflußreiche Frauen: Rixa, Mathilde und Beatrix

Als Albrecht I., vielleicht war es auch Albrecht II. von Everstein, Rixa von Polen heiratete, hatten seine beiden Vettern Friedrich Barbarossa und Heinrich der Löwe gerade ihre ehelichen Probleme durch päpstliche Scheidung gelöst. Und diese Rixa war aus verwandtschaftlichen Gründen – d. h. also aus machtpolitischen Gründen – für Heinrich als zweite Ehefrau nicht geeignet.

Wer war nun diese so bedeutende Rixa? Sie war eine Tochter von Boreslaw, dem Begründer der ersten polnischen Königsdynastie. In erster Ehe war sie mit Alfons VII., König von Kastilien und Arragon, der sich selbst zum Kaiser von Spanien krönte, verheiratet. Hierdurch kam es zu interessanten verwandtschaftlichen Bindungen, denn Alfons wiederum war durch seine babenbergische Mutter mit den Staufern verwandt. Bei den Babenbergern ist darüberhinaus anzumerken, daß Rixas Vater durch den Bischof Otto von Bamberg christlich getauft wurde. Dieser Otto wiederum hatte zuvor das Christentum nach Pommern gebracht.

Boreslaw, nach Wunsch Heinrichs des Löwen dessen Vasall – angeblich – brachte dann 1181 auch die Lösung der Frage, wem er nun eigentlich untertan wäre. Mit einer Abordnung erschien er vor den Toren Lübecks, im Feldlager von Friedrich, dem Barbarossa, und unterstellte sich und seine Fürsten dem Kaiser als dem weltlichen Oberhaupt der Christenheit.

Durch seinen Besitz von Pommern und Mecklenburg wurde Boreslaw dann in den Kreis der Reichsfürsten aufgenommen. Rixa wiederum wurde durch diese Ehe Großmutter von Konstanza, der Ehefrau von Kaiser Friedrich II.

Alfons verstarb früh. Die Witwe Rixa war vermögend, einflußreich und gebildet. Sie wäre auch für Heinrich den Löwen, der sich zu dieser Zeit nach einer neuen Frau umsah, eine gute Partie gewesen, denn ihre Herkunft hätte durchaus seine ostpolitischen Interessen gefördert.

Doch die ostpolitischen Interessen seines Vetters Friedrich standen dem konträr. Friedrichs familiärer Sinn war auf eine Ostpolitik für die Staufer ausgerichtet – oder wie es auch in der Geschichtsschreibung heißt – Ostpolitik für das Reich und nicht für das welfische Sachsen.
Hier liegen die Gründe dafür, daß die Ehe zwischen Albrecht von Everstein und Rixa von Polen, verwitwete Kaiserin von Spanien, gefördert und geschlossen wurde.
Von Rixa, die sich überwiegend auf der Burg Everstein, aber auch in Hameln und Polle aufhielt, erhielten die Eversteiner durch ihren Reichtum, durch ihre Herkunft und durch ihr politisches Geschick eine erhebliche Stärkung ihrer Macht- und Herrschaftsansprüche im Bereich der Oberweser.

Statt der Rixa bekam Heinrich der Löwe Mathilde als zweite Frau. Heute ruht sie neben ihrem Gemahl im Dom zu Braunschweig. Einst wollte diese englische Königstochter den Welfen die deutsche Königskrone beschaffen, brachte Minnesang und fröhliches Leben an den Braunschweiger Hof, ließ das Rolandslied übersetzen, das Evangeliar im Kloster Helmarshausen kunstvoll auf Pergament malen, versuchte mit diplomatischem Geschick, die Stauferfamilie zu überspielen, und regierte das Herzogtum mit und ohne Heinrich, so wie es sich ergab.
Zur gleichen Zeit verloren die Welfen ihr Herzogtum Bayern an die Wittelsbacher. Nur mühsam konnten die sächsischen Besitzungen gehalten werden.
Es dauerte bis in das 17. Jahrhundert, bis den Nachkommen durch Erbfolge endlich ein Anspruch auf den englischen Königsthron entstand. Die nunmehrigen welfischen Herzogtümer Calenberg und Braunschweig-Lüneburg werden jetzt vereinigt, es kommt die Kurfürstenwürde, die Bischofswürde für Osnabrück, und 1714 kommt die englische Königskrone für Georg I. hinzu.
Und alles dank des Erbrechts der Frauen, dank der Fähigkeiten dieser Frauen.
Mag König Georg I. traditionsgemäß auch ein guter Soldat gewesen sein – für Kunst und Kultur, selbst für die Politik war doch eher seine Mutter zuständig, die Herrenhausen zu ihrem Witwensitz ausbaute, Leibniz und Händel an ihren Hof holte. Diese Sophie von der Pfalz brachte endlich wieder englische Würden und politische Bindungen sowohl an das Haus Österreich und das Haus der Welfen.

Doch vergessen wir über diesen Ausblick nicht das Mittelalter. Mathilde, sächsisch Mechthild genannt, am heimatlichen Königshofe Maud gerufen, diese blonde, hochgewachsene Engländerin, brachte Heinrich dem Löwen nicht nur Gold, Silber und Juwelen, sie brachte außerdem internationales Ansehen und politische Beziehungen. Ohne diese hätte er seine Reichsacht kaum so glimpflich überstanden. All dies hätte eine gesunde Grundlage sein können, um seinen Hunger nach Macht und Größe zu befriedigen. Doch sein Ziel konnte nicht realisiert werden. Dazu hätte es bedurft, daß der Staufer-Familie der Teil von Macht zu nehmen war, den Heinrich der Löwe erstrebte.
Auch der Staufer Barbarossa heiratete in jenen Tagen ein zweites Mal. Seine Frau Beatrix beherrschte noch besser die Tugend, der Familie die Macht zu erhalten und für sie die Macht zu mehren.
Mathilde gab Heinrich Rückhalt in seiner Zeit der Verbannung und Ächtung. Ihr Elternhaus genoß ein derart hohes Ansehen, daß er trotz aller Aufsässigkeit rücksichtsvoll angefaßt wurde. Er wurde zwar gejagd, seine sächsischen Burgen wurden gebrandschatzt, er ging seiner Herzogtümer Sachsen und Bayern verlustig, doch ihm selbst geschah nichts Ernsthaftes. Ihm geschah nichts in seinem vorübergehenden Asyl an der Weser, ihm geschah nichts in seinem befristeten Asyl in der Normandie am englischen Königshofe. Und als er dann, nach dem Verzicht auf Bayern, dann doch wieder in Sachsen herrschte, geschah wiederum nichts.
In erster Ehe war Heinrich mit *Klementia von Zähringen* verheiratet gewesen. Obwohl eine Ehescheidung der durch die Kirche gegebenen Ordnung widersprach, gab der Papst hierfür seinen Segen. Für die Scheidungsakten wurde die enge Verwandtschaft zwischen den Welfen und den Zähringern konstruiert. Andere Gründe waren wichtiger. Einmal fehlte der Stammhalter, für den Erhalt der Familienmacht unumgänglich, und dann hatten die Zähringer auch kein bedeutendes Erbe mitgebracht. Die bescheidene Mitgift von rund 500 Dörfern im Südbadischen war vereinnahmt und gegen Ländereien im Harz mit den Staufern getauscht. Mehr war nicht zu holen. Klementia hatte ihre Schuldigkeit getan.
Mathilde dagegen hatte viele Eigenschaften ihrer Eltern und besonders Vermögen als Mitgift. Ihr Vater war skrupellos und intelligent. Ihre Mutter Eleonore war wohl die berühmteste

und skandalumwobenste Frau ihrer Zeit. Ihr hing der Ruf an, alle bemerkenswerten Troubadoure, alle bedeutenden Männer Englands und Frankreichs, so Thomas Becket, Bernhard von Clairvaux und viele mehr, aus den unterschiedlichsten Situationen heraus zu kennen.

Die Miniatur zeigt die dramatische Szene, in der Heinrich IV. Mathilde von Canossa um Vermittlung im Investiturstreit bittet. Demütig kniet der Herrscher zu ihren Füßen, neben ihr Hugo, der Abt von Cluny, Beichtvater Heinrichs IV.

Ganz diesen Ruhm erreichte Mathilde allerdings nicht, denn dafür war der Braunschweiger Hof zu bieder. Doch sie brachte Kultur und Bildung an den Herzogshof. Sie konnte nicht nurlesen, schreiben und dichten, beherrschte vier Sprachen, sie beherrschte darüberhinaus auch politische Intrigen, wobei ihr wohl nur die Beatrix des Barbarossas überlegen war. Und während Heinrich in Reichsacht gefallen war und am englischen Königshofe lebte, regierte sie das Herzogtum.

Die Politik der Welfen war bestimmt durch die Erweiterung ihres Herrschaftsraumes im Westen wie im Osten, daß sie freie Reichsstädte wie Goslar beanspruchten, daß an der Ostkolonisation auch der Bischof von Bremen, die Babenberger und nicht zuletzt die Staufer interessiert waren.

Barbarossa machte anfänglich diplomatische Zugeständnisse, um sich mit seinem Vetter Heinrich nicht zu verfeinden. Bei dem Welfenstreit mit dem Bremer Bischof um holsteinische und mecklenburgische Gebiete zog er sich elegant aus der Affäre, ohne seine eigenen Ansprüche aufzugeben:

„Wir verpflichten unseren teueren Heinrich, Herzog von Sachsen, daß er in dem Lande jenseits der Elbe, mit dem er durch unsere Freigebigkeit belehnt ist, Bistümer und Kirchen setze, pflanze und errichte. Wir geben ihm freie Gewalt, daß er jene Kirchen mit Reichsgut beschenke, wie es ihm gefällt. Wir gestehen ihm und allen seinen Nachfolgern in jenem Land die Investitur über die drei Bistümer zu, auf daß alle, die dort zur Bischofswürde erhoben werden sollen, von seiner Hand als wie von unserer empfangen mögen, was königlichen Rechts ist."

Für Heinrichs westliche Grenzen, die Gebiete an der Oberweser, werden Heinrichs Machtgrenzen über sein Verhältnis zu den Eversteinern deutlich.

Lange schon war es Heinrichs Bestreben, die Weser als westliche Grenze des Welfenlandes zu haben. Tatsächlich hatte er im Deister, Ith und Solling vereinzelte Burgen, Höfe, Ländereien ohne einen territorialen Zusammenhang. Einen etwas größeren Besitz hatten hier die Grafen von Homburg, die zu ihm in Abhängigkeit standen.

Barbarossa wurde das Hindernis für seinen Machthunger. Heinrich kam in Acht und Bann, mußte aus seinem Herzogtum flüchten. Der Weg in die Sicherheit war nicht weit, auf der Burg seines Eversteiner Vetters Otto in Ottenstein fand er nebst Mathilde und wenigen Gefolgsleuten Zuflucht für längere Zeit.

Es heißt in einer Urkunde aus dem Jahre 1182, die in der

Braunschweigisch-Lüneburgischen Chronica von 1722 abgedruckt ist, wie folgt:
„Den 18. November ist der Herzog (Heinrich der Löwe) mit den Seinen von Einbeck gezogen, biß auf das Schloß zum Ottenstein, auf eine Höhe nicht weit von der Weser gelegen, da haben sich seiner Gemahlin die Grafen von Eberstein, aus herzlichen und nachbarlichen Mitleiden, als ihres Ober-Erb-Lehen- und Landsherrn gar treulich angenommen, S.F.G. auf ein solches kleines Haus in der Oede und Wueste gelegen, alles was zum Unterhalt nötig war, zugefuehrt und mitgetheilet. Auf dieses Haus ist der Herzog oftmals in stehender Fehde mit wenigem Gesinde und insgeheim gekommen und also nach seiner damaligen Gelegenheit heimlich wieder davongezogen."
„Es hat Herzog Heinrich, als er wieder zu Landen und zu Leuten gekommen war, den Grafen von Eberstein dieses Haus zu Ottenstein mit aller Zubehoerung zu Lehen gegeben."
In der geographisch-statistischen Beschreibung der Fürstentümer Wolfenbüttel und Blankenburg von 1803 wird dagegen von einer Belehnung an den Grafen Moritz von Everstein im Jahre 1192 berichtet.
Welch ein dankbares Gastgeschenk! Heinrich besaß tatsächlich in dem Gebiet keinerlei Burgen und Ländereien und konnte demnach auch keinerlei Lehen vergeben. Er startete diesen kümmerlichen Versuch, um sich über eine Urkunde Besitz anzueignen und großzügig als Lehen weiterzureichen.
All diese Auseinandersetzungen zwischen den Staufern und Welfen entwickelten sich, nachdem Heinrich als auch Friedrich Barbarossa neu vermählt waren.
1174 wollte Barbarossa zum fünften Mal nach Italien ziehen. Nur ganze 8.000 Mann sind es schließlich, die ihm gen Süden über die Alpen folgen. Vergessen sind die Zeiten, wo ihn die Reichsfürsten bei seinen Feldzügen unterstützten. Selbst sein Vetter Heinrich stellt Bedingungen.
Vergessen war der machtvolle Kriegszug von 1158, als Heinrich und dessen Krieger mit ihm zogen, vergessen waren allerdings auch die Liebesnächte des jungen Sachsenherzogs mit der jungen schönen Frau seines Vetters, Beatrix, als er mit ihr, der vom vorausgeeilten Barbarossa so sehr Ersehnten, seinem Troß voranritt.
Manches hatte sich seitdem verändert. Heinrichs junge Frau Mathilde hatte ihm Erben geschenkt, Beatrix gebar in dieser Zeit ebenfalls die Erben des Kaisers. Und Beatrix konnte ihrem

ehemaligen Liebhaber Heinrich auch nicht verzeihen, daß sie nun von ihm unbeachtet blieb und er das Braunschweiger Schlafgemach vorzog.

Realistisch sorgte sie sich jetzt allerdings auch mehr um ihre Familie. Sie hatte erkannt, daß Heinrich in seinem Machtstreben ihrer Familie, insbesondere der Erbfolge, gefährlich werden konnte.

Die Bildung der hohen Adeligen jener Zeit beschränkte sich darauf, den Waffengang zu beherrschen. So war auch Barbarossa ein „illitteratus“, er konnte weder lesen noch schreiben. Doch er war fähig, auf Ratschläge zu hören. Er gab viel auf das Urteil und den Rat seiner um über zwanzig Jahre jüngeren Beatrix. „Uxorius“ nannte man Barbarossa, den seiner Frau Hörigen.

Frauen waren in dieser Zeit nicht länger Zubehör, um Überleben zu können, um die für das Überleben so wichtigen Kinder zu gebären, sondern sie hatten gewaltig an Bedeutung und Einfluß gewonnen. All diese Frauen, nicht nur die Ehefrauen, brachten über ihre Geschwister und Kinder weitere Verbindungen.

Was in dieser Beziehung die Welfen betrifft, läßt sich anschaulich für einen jüngeren Zeitabschnitt aus dem Löwenwappen des Poller Burgtores lesen. Es zeigt die vielen Verknüpfungen und familiären Bande des Herzogs *Heinrich Julius von Braunschweig* und seiner Gemahlin *Elisabeth*, Tochter des Königs Friedrich II. von Dänemark.

Für die einzelnen Herrschaftsbereiche sind allein 24 Einzelwappen untergebracht, und zwar für:

Lüneburg
Braunschweig
Everstein
Homburg
Halberstadt
Lauterberg
Neu- und Alt-Bruchhausen
Hoya
Hohenstein
nochmals ein Lauterberg
Regenstein
Klettenberg
Blankenburg

Dänemark
Norwegen
Schleswig
Holstein
Stormarn
Dithmarschen
Schweden
Jütland
Wenden
Oldenburg
Delmenhorst

Das über dem Tore des Amthauses zu Polle befindliche Wappen

Die Zeit der emanzipierten Frauen, richtiger gesagt der wenigstens in der Realität gleichwertigen und gleichberechtigten Frauen, war zu Ende als die protestantische Pfarrersfrau mit ihrer Häuslichkeit Vorbild über etliche Generationen werden sollte. Zu Zeiten Martin Luthers beispielsweise, der allen Gesetzen zum Trotz geheiratet und dies nicht einmal geheim gehalten hatte. Zuerst war es für die Gläubigen ein Schreck, doch nach dem man sich hiervon erholt hatte, wurden Martin Luther nebst seiner Katharina die deutsche Musterfamilie überhaupt. Martin wurde zum autoritären Hausvater stilisiert und Katharina wurde als das untertänige Hausmütterchen herausgeputzt, das selbstlose Wesen, das Gott und ihrem Ehegemahl zu dienen hatte. Der Muff zog ein in die Stuben der trauten Bürger.

Der Lügenbaron und seine Frauen

Machen wir einen Schritt über zwei weitere Jahrhunderte. Die Pfarrersfrauen als Vorbildfiguren waren geblieben. Geblieben waren auch die ‚Emanzen', die in ihrer Unabhängigkeit auf eine Leitfigur verzichteten.
Von einer solchen Frau soll nun berichtet werden.
In dem biederen Städtchen *Bodenwerder* lebte damals der Hieronymus Freiherr von Münchhausen, der als Lügenbaron gar nicht den Ansprüchen seiner gottgefälligen Gemeinde entsprach. In seiner Jugend trat er als Cornet in die Dienste des Prinzen *Anton Ulrich von Braunschweig*. In Riga stand er in Garnison. Aus dieser Stadt stammte auch seine erste Frau Jacobina von Dunten, mit der er dann später in Bodenwerder glücklich und kinderlos lebte. In dem bescheidenen Grottenhäuschen erzählte er abends seine Lügengeschichten, die der verworrenen Erinnerung an seine beiden Türkenfeldzüge entstammten.
Hieronymus war alt geworden. Von Gicht und Rheuma geplagt saß er fröstelnd an seinem Kamin. Quarstig und brummig verfluchte er die vielen Leiden, die er aus Rußland mitgebracht hatte.
Und wollte er dann bei einem Glase Rotspon insbesondere über die Abenteuer mit amourösen Odalisken in türkischen Haremsgemächern berichten, fand er bei seinen gebildeten und trinkfesten Freunden und Kumpanen viel Interesse. Sie besuchten ihn oft in Bodenwerder, oder sie trafen sich im Poller Amtsschloß zur fröhlichen Runde.
So traf er also den Drosten von Alten, den Poller Hausvogt Major von Brünn, und oft kamen auch der Hofjude Meyer aus Göttingen und der *Commentarius*, der aus London an den hannoverschen Hof gesandt war.
Der Commentarius hielt Münchhausens unglaubliche Abenteuer auf Papier fest. Doch seine eigene Phantasie spielte ihm oftmals einen Streich, so daß dann noch lügenhaftere Begebenheiten entstanden.
Im nahen Göttingen hörten *Gottfried August Bürger* und sein berühmter gelehrter Freund, der Naturforscher *Lichtenberg*, von diesen seltsamen Berichten und veröffentlichten sie als Buch.

Es war dann im Frühsommer des Jahres 1778, als Münchhausen mit seinen Freunden, dem Leutnant Georg von Alten aus Polle und dem Schiffsherrn Brüggemann aus Heinsen, stracks über den Köterberg zum *Kloster Marienmünster* wanderten. Dort wollte man des Abtes Weinkeller inspizieren. Vorsorglich hatte der Leutnant von Alten Münchhausen ermahnt, bei einer Unterhaltung mit dem Gottesmann bei der Wahrheit zu bleiben. Sollte dies allzu schwer fallen, wolle er ihm durch ein Klopfzeichen beistehen, immer dann, wenn die Geschichten zu lügenhaft würden.

Während man munter tafelte und zechte, erinnerte sich Hieronymus an seinen Ritt auf der Kanonenkugel. Geschwind hatte sie ihn in die Festung Oczakow gebracht. Nach turbulenter Gefangenschaft befreiten ihn seine Kürassiere und ritten mit ihm ins von den Türken befreite Odessa.

Wunderschöne Moscheen mit prächtigen goldenen Kuppeln und faustdicken Brillanten auf den bizarren Spitzen, glitzernd und funkelnd zur Ehre Allahs, erfreuten nicht allein die Muselmanen. Auf einem Hügel dann überragte jedoch alles der gewaltige byzanthinische Dom mit dem anliegenden Kloster, dessen ungeheure Ausmaße jeglicher Vorstellungskraft entschwanden. So zumindest tischte Münchhausen auf – eine halbe Tagesreise sei das imposante Bauwerk lang.

Störend bei der spannenden Erzählung empfand der Abt – mit hochgezogenen Augenbrauen stellte er dies zur Schau –, daß der Leutnant von Alten gerade jetzt laut und vernehmlich auf die Tischplatte klopfte.

Hieronymus, derart vom Freunde zur Wahrhaftigkeit ermahnt, unterbrach seinen Redefluß, um stammelnd die Breitenmaße dieses wundersamen Bauwerks zu verraten: das waren lediglich zwei Pferdesprünge, wobei diese Wahrheit dem Abt ein ungläubiges Kopfschütteln verursachte.

Hieronymus war zu dieser Zeit schon alt und arm. Dafür hatten seine zweite Frau und auch das hohe Gericht in Polle gesorgt.

Begonnen hatte dies so: Seine geliebte erste Ehefrau Jacobina hatte ihn nach glücklichen Ehejahren zu einem vereinsamten Witwer gemacht. Abends bestieg er immer dann, wenn ihn die Kümmernis plagte, seinen Einspänner, um in Polle Geselligkeit und Trost zu suchen. Von Bodenwerder waren es bis dahin

auch nur wenige Meilen. Trost und Rotspon gab es so reichlich, daß er sich immer häufiger auf diesen Weg machte.
Man konnte ihm den verhärmten Witwer ansehen. Major von Brünn nahm ihn, als es einmal gar zu schlimm war, zur Seite und gab den Rat, als Gesundbrunnen für sein trauriges Gemüt ein blutjunges Mädchen zu ehelichen.
Gesagt, getan. Nachdem man ihm Brünns knusprige Tochter Bernhardine, ganze siebzehn Jahre alt, schmackhaft gemacht hatte, folgte auch bald die Hochzeit.
Bernhardine und Hieronymus wurden am 12. Januar 1794 in der Kemnader Kirche getraut. Doch als dann Bernhardine gern und willig den sogenannten ehelichen Pflichten ins Auge sehen wollte, störten bei ihm Alter und Rheuma doch sehr. Welch herbe Enttäuschung schon in den Flitterwochen!
War er auch in seinen Geschichten ein draufgängerischer Kürassier-Rittmeister und am Hofe der großen Katharina ein von der Weiblichkeit umschwärmter Galan, so sah das tägliche Leben in Bodenwerder bescheidener aus.
Am späten Morgen wartete er in seinem Bett auf ein Glas lauwarme Ziegenmilch. Tagsüber war er griesgrämig und schlecht gelaunt. Stopfte ihm Bernhardine abends seine Pfeife und stellte die Flasche Rotwein bereit, klagte er über sein Podagra. Nach dem dritten Glase sang er zwar deftige Lieder, um dann doch nur schnarchend die restliche Nacht an ihrer Seite zu verbringen.
Das konnte nicht das ganze Leben für Bernhardine sein! Auf der Hauptallee in Bad Pyrmont fand sie nach wenigen Erkundungen tatendurstigere Gesellschaft in Form junger hannöverscher Leutnants.
In vielen durchtanzten und aufregenden Nächten konnte sie in Pyrmont ihre Wißbegier stillen.
Als treue Tochter ihrer Eltern kutschierte sie einmal in der Woche nach Polle. Dort wohnte die Versuchung im Krug des alten Knittel an der Burgstraße, schräg ihrem Elternhaus gegenüber. Der Amtsschreiber des Drosten hatte sich hier eingemietet und erwartete sie regelmäßig sehnsüchtig zu beider Lust.
Ein halbes Jahr war vergangen, bis der greise Hieronymus merkte, daß ihm seine junge Angetraute Hörner aufsetzte. Alsbald reichte er vor Gericht die Scheidungsklage ein.
Seine lügenhafte Vergangenheit machte ihm hierbei allerdings sehr zu schaffen. Dann war da noch sein Schwiegervater, der

Amtsvogt Major von Brünn, eine angesehene, ehrbare Person, so daß der Richter an dem vorgetragenen Ehebruch zu zweifeln begann.

Der Prozeß dauerte fast drei Jahre, bis es zur Scheidung kam. Er kostete ihn sei Vermögen. Als Bernhardine merkte, daß das Geld knapp und ihr Ehemann arm wurde – die ewigen Gerichtsverhandlungen hatten ihn ruiniert – verließ sie ihre Heimat. Auf der Reise nach Holland ist sie verschollen. Und bald darauf, am 20. Februar 1797, starb der alte Münchhausen, arm, verbittert, vergrämt. Mit Bernhardine hatte er statt des ersehnten Himmels die Hölle in dieser Ehe gefunden.

In der Klosterkirche in Kemnade, wo er dereinst christlich getauft und vermählt worden war, fand er sein Grab. Hundert Jahre ruhte dort sein Leib und seine von Lügen gezeichnete Seele, der weder Himmel noch Hölle Einlaß gewähren wollten. Für den lieben Gott hatte Hieronymus nicht mehr rechtzeitig bereuen können, denn der Tod kam zu plötzlich. Und dem Satan reichten seine Lügengeschichten nicht aus für eine Buße in dem großen Suppentopf mit dem siedenden Öl.

Als man dann Ende des vorigen Jahrhunderts seine übel riechende Gruft im Querschiff der Klosterkirche säuberte, öffnete man auch seinen Sarg. Da lag er nun, sein Äußeres wohlerhalten mit Haut und Haaren, mit derben, rundem Gesicht. Spitzbübisch schaute er sich den Totengräber an und zwinkerte mit seinem linken Auge, wie er es immer getan.

„Himmelsakra noch mal und Furzteufel", rief der verängstigte Totengräber, dem der Schrecken in die Knochen gefahren war. Kaum jedoch war der Fluch über seine Lippen, brauste ein gewaltiger Sturmwind durch die offenen Kirchenfenster. Die Orgel begann ohne Zutun eine wunderschöne Melodie zu spielen. Und war es Traum oder war es wahr: klang da nicht aus weiter Ferne ein Chor süßer Kinderstimmen ähnlich denen aus der benachbarten Schule, wenn dort Kantor Hempel den neuen Sonntagschoral übte:

„Wach auf, wach auf, 's ist hohe Zeit,
Christ sei mit seiner Hilf nicht weit!"

Da wurde aus dem Leibe Staub, wurde aus den Fenstern geweht in die hellen, freundlichen Wolken.

So oder ähnlich trug sich die späte Himmelfahrt des Hieronymus Freiherrn von Münchhausen zu, wie die Leute aus Kemnade bezeugen können.

„Das Bad der unverstandenen Frauen"

Bernhardines Abwege hatten sich in der Zeit zugetragen, als auch die jungen Burschen dieser Gegend viel Saft in ihren Schenkeln hatten. Da war es nur gut, daß Frauen wohlhabender Kaufleute und Offiziere, zuhause arg vernachlässigt, im nahen **Bad Pyrmont** kurten, um ihre Kinderlosigkeit zu beenden. So war es dann auch nicht verwunderlich, daß sich der Ruf Pyrmonts als ‚Bad der unverstandenen Frauen' bald weit über die Grenzen Europas verbreitete.

Es war auch der ‚Heilige Born', der durch seine seltsamen Kräfte - *Wilhelm Raabe* hat es jedenfalls so aufgeschrieben – „Ruhm und Ansehen gebracht, daß nicht allein aus den angrenzenden Provincien des deutschen Landes, sondern fast aus der ganzen Christenheit, aus Spanien, Frankreich, Engelland, Schottland, Dänemark, Schweden, Polen und Ungarn, ja aus Italien selbst, Leute haufenweis dahinkamen. Die benachbarten Dörfer waren Tag und Nacht mit Kranken beladen, daß schier kein Winkel ledig war. Die etwas Fürnehmes waren, machten sich nach der Stadt Lügde. Die ward dergestalt mit fremden Gästen erfüllet, daß in den Häusern kein Raum mehr übrig war. An Brot, Eiern und anderem Proviant mangelt es öftermalen, daß die Armuth große Noth litt."

Von diesen erregenden Dingen, die den in ihrer Not Hilfe suchenden Frauen angeblich durch die heilsamen Kräfte des Brunnens geschahen, wollte *Goethe* in einer Novelle schreiben. In seinen Annalen teilt er mit: „Dieser Gedanke beschäftigt mich die ganze Zeit meines Aufenthaltes, ingleichen auf der Rückreise. Weil aber, um dieses Werk gehaltvoll und lehrreich zu machen, gar Manches zu studieren war, und viel dazu gehörte, dergleichen zersplitterten Stoff ins Ganze zu verarbeiten, so daß es fragwürdig gewesen wäre, von allen Badegästen nicht allein, sondern auch von allen deutschen, besonders niederdeutschen Lesern beachtet zu werden, so kam so bald in Gefahr, Entwurf oder Grille zu bleiben."

So suchen wir vergebens in Goethes Werken nach dieser in Pyrmont grob skizzierten Erzählung.

Hätte er doch nur Einblick gehabt in manches Geschehen, daß sich dort zu seiner Zeit zugetragen hat, Fürstenhöfe bewegte und Geschichte schrieb!

Doch es waren Dinge strengsten Stillschweigens, Geschehnisse, die nur in geheimen Akten verzeichnet standen. So war es am Hannoverschen Könighof wie auch anderswo, daß man einen jüdischen Finanzier benötigte, um dabei behilflich zu sein, den Gang der Geschichte zu beeinflussen.

In Göttingen lebte der Hofjude Ruben Meyer mit seiner Familie. Trotz seines hohen Ansehens blieb er ein Schutzjude, dessen Schutzbrief von Zeit zu Zeit mit dem Wohlwollen der Regierung gekauft werden mußte. Im anderen Falle erfolgte die Ausweisung.

Ruben Meyer wiederum hatte einen Schwager, Jakob Moses Gumbrecht, zu Hildesheim immer dann ansässig, wenn seine von den französischen Revolutionären übernommene liberale Lebensart in Hannover Schwierigkeiten bereitete. Hildesheim war der Platz, wo Juden Zuflucht fanden und ihr Refugium hatten.

Diesem ähnlich in der Art und Wesen war seine Schwester Betty, ein wunderschönes, selbstbewußtes Mädchen. Darüberhinaus hatte sie von ihrem Vater eine hohe Intelligenz geerbt, den Sinn für Freiheit und unabhängiges Denken.

Befreundet war sie mit dem königlichen Prinzen Ernst. Von ihm hatte sie später auch ein Kind. Kein Grund allerdings für sie, ihre Freiheiten einzuschränken, an irgendeine eheliche Versorgung zu denken oder sich in Abhängigkeiten zu begeben. Ihr Kind wurde als guter Jude von ihrem Onkel Salomon Rothschild in Frankfurt adoptiert und aufgezogen.

Der Betty Gumbrecht wiederum glich in Anmut und Schönheit, Geist und Intelligenz und dem Sinn nach Unabhängigkeit und Freiheit ihre engste Herzensfreundin, Caroline von Linsingen, Tochter des hannoverschen Generals und Premierministers. Damit sind wir nun schon fast mitten drin in dieser wahren Geschichte, die fast die englische Thronfolge durcheinander gebracht hätte.

Betty wie Caroline waren überzeugt davon, ungewöhnlich und anders zu sein, und dies wollten sie ihren Familien, aber auch der Welt beweisen. In Pyrmont, wo sie dies freie Leben führten, verliebte sich Caroline in den Bruder des königlichen Prinzen Ernst, den Prinzen William, Herzog von Clarence, der dann später, als all das Geschehen nur noch böse Erinnerung war, als William IV. letzter gemeinschaftlicher König von England und Hannover wurde.

Der Vorfall selbst mit seinen Folgen sollte nach dem Willen des

Königshauses für immer verborgen bleiben. Es geschah in der Zeit der Französischen Revolution, wo Königsthrone wankten, wo sich Menschen emanzipierten, wo die alte Gesellschaftsordnung im Umbruch war und wo neue Ideen Kunst und Wissenschaft gestalteten. Es war aber auch die Zeit, wo sich Caroline von Linsingen und Prinz William unsterblich ineinander verliebten.

In der Frühe des 21. August 1791, am Geburtstag des Prinzen William, ritt eine kleine Gesellschaft von Pyrmont die Emmer entlang, durchquerte den *Düsteren Grund*, um auf steilem Pfad auf die Ottensteiner Hochebene zu gelangen.

Caroline war in Begleitung von Prinz William. Mit ihnen ritten Prinz Ernst, Lord Dutton und ein schottischer Schiffsgeistlicher, der Reverend Lloyd. Ziel war die einsame Kapelle des wüst gewordenen Ortes **Hattensen**, wenige Kilometer entfernt von dem jüngeren Ottenstein.

Ausgeritten waren sie unter dem Vorwand, den Sonnenaufgang zu bewundern. Es wurde ein schöner Tag. Vor einem niedrigen Bauernhaus, unweit der Kapelle, hielten sie an. William führte Caroline in die niedrige Stube, wo das feine, weiße Kleid mit Schleppe und breitem goldenen Gürtel ausgebreitet lag.

Allein gelassen kleidete sich Caroline um. Ein seltsames, unvorstellbares Gefühl befiel sie. Dann kam William herein und strahlte: „Caroline, wenn Du wüßtest, wie glücklich ich heute bin!" Sein Bruder Ernst trat hinzu, einen Kranz von frischer Myrte in den Händen, mit dem er sie schmückte. Zwischen ihnen und Lord Dutton schritt sie hinüber zur Kapelle. William nahm ihre Hand und sie knieten vor dem Altar nieder. Der Reverend begann mit der Zeremonie. Das Jawort sprachen beide gleichzeitig.

Als sie sich erhoben, sprach Prinz William feierlich: „Hier, im Angesichte Gottes, schwöre ich, daß ich Dich nie mehr verlassen werde."

Aus unerklärlichen Gründen wurde in den nächsten Tagen die Kapelle das Ausflugsziel der Pyrmonter Hofgesellschaft. Vermutungen und Andeutungen wurden geäußert. Wie lange noch war das Geschehene geheim zu halten?

Bald ließ der General von Linsingen mißtrauisch kein Auge mehr von seiner Tochter. Argwohn befiel ihn, wenn Prinz William auftauchte und zärtliche Blicke mit ihr wechselte.

Es wurde Zeit, dem Geheimnis ein Ende zu machen. Am 26.

August reiste William nach London, um seinem Vater und der Königin das Vorgefallene zu berichten.
Bald darauf erhielt General von Linsingen einen Brief aus London. Die Königin verlangte, seine Tochter zu zwingen, der Scheidung der dem Königshaus nicht genehmen Ehe zuzustimmen. In den folgenden Monaten ergaben sich nur wenige Gelegenheiten für Caroline und William, sich zu sehen und sich allem zum Trotz ihre Treue zu beschwören.

Kirche Hattensen bei Ottenstein

Ende September des Jahres 1791 suchte Caroline Zuflucht im *Kloster Fischbeck* bei ihrer Tante, der Äbtissin Elisabeth Sybille von Dincklage. Ihre Freundin Betty Gumbrecht besuchte sie dort:

„Ich habe den Prinzen William geheiratet, ohne Rücksicht auf meine Familie", vertraute sie ihr an. „Nun versucht der Prinz immer wieder vergeblich, daß der König die Ehe anerkenne. – Ich jedoch brauche dringend Geld, um nicht im Käfig meines Vaters eingesperrt zu bleiben. Ich glaube, wir werden bald ein Kind bekommen."

Aber auch Betty war schwanger, sie vom Prinzen Ernst August von Hannover.

Als für Caroline die Geburt bevorstand, brachte ihr Vater sie zu einem Arzt in Bad Driburg. Doch schon vorher hatte der General beim Tischler einen Kindersarg bestellt.

Am 25. Mai 1792 wurde dort Joseph geboren. Und die Königin von England befahl dem General von Linsingen, nun endgültig die Zustimmung zur Scheidung zu erzwingen, andernfalls sollten Mutter nebst Knabe getötet werden, um Erbansprüche zu beseitigen.

Caroline ahnte nicht, daß sie ihren Prinzen bereits verloren hatte, die Ehe schon für ungültig erklärt war und ihre Trauungsurkunde verschwunden war.

Dem Befehl der Königin wollte der General nicht folgen, konnte ihn um des Gehorsams Willen aber auch nicht ablehnen.

Am kommenden Tage wurde heimlich auf dem Friedhof in Driburg ein leerer Kindersarg beigesetzt. Ein englischer Beauftragter des Hofes war Zeuge, ohne zu wissen, was hier wirklich geschah.

Die Juden Rubin Meyer und Jakob Moses Gumbrecht bekamen vom General neue Schutzbriefe ausgehändigt. Joseph, Carolines Sohn, wurde von dem Juden Salomon Meyer aus Frankfurt adoptiert. Der General hatte sich sagen lassen: „Ist das Kind dann vom Rabbiner in das Synagogenbuch eingetragen, so gibt es keine Rückkehr mehr. Die Juden schweigen wie das Grab!"

Später wurde die Ehe der Caroline dann noch offiziell geschieden, um William eine neue Heirat zu ermöglichen.

Und um alles endgültig vergessen zu machen, wünschte der Hof, daß die unbotmäßige Caroline lebendig begraben würde.

Oberstleutnant Johann Georg Meyer, Sohn der Caroline von Linsingen, genannt „König Meyer"

Mit Hilfe von Rubin Meyer verschwand sie allerdings aus dem Blickfeld. In Hildesheim heiratete sie den Arzt Dr. Meinecke.
Das neue Jahrhundert war bereits angebrochen, als sie vom Herzog von Clarence, ihrem William, ausfindig gemacht wurde. Sein Geld verschmähte sie. 1815 starb sie in Blansko in Mähren.
Prinz William, nun König William IV., bekam keinen männlichen Erben in seiner zweiten Ehe. Aus einer Nebenlinie kam die Königin Victoria auf den englischen Thron. So wurden die Königshäuser von England und Hannover wieder getrennt, denn Hannover kannte keine weibliche Erbfolge.

Von Ständen, Gewerben, Handwerk und sonstigem Broterwerb

Vom Stand zum Beruf

Allgemeine Entwicklung

So predigte der Franziskaner Berthold, und die Menschen hielten sich auch an seine Regeln:
„Manch einer wäre gern ein Graf und muß ein Schuster sein. Du möchtest gern ein Ritter sein und mußt du doch ein Bauer sein und Korn und Wein für uns anbauen. Wer sollte uns den Acker bebauen, wenn ihr alle Herren wäret? Oder wer sollte unsere Schuhe machen, wenn du werden kannst was du möchtest? Du mußt das werden, was Gott will!"
Die mittelalterliche Ordnung gab jedem seinen bestimmten Platz. Bertold sagte weiter, die Welt ist von Gott eingerichtet, daran darf keiner rütteln. Die einen arbeiten und die anderen heimsen Ehre und Reichtum ein. Mehr noch: Ehre und Arbeit schließen sich geradezu aus!
Einen Trost hatte er für die niederen Stände parat: Es ist nun deshalb nicht ausgeschlossen, daß der mit seinem niederen Stand gen Himmel fährt und der mit dem hohen Amt zur Hölle!

Um 1220 zählt ein deutscher Kanzelredner 28 Stände auf:

1. Papst
2. Kardinäle
3. Patriarchen
4. Bischöfe
5. Prälaten
6. Mönche
7. Kreuzfahrer
8. Laienbrüder
9. Bettelmönche
10. Weltgeistliche
11. Juristen und Ärzte
12. Studenten
13. fahrende Scholaren
14. Nonnen
15. Kaiser
16. Könige
17. Fürsten und Grafen
18. Ritter
19. Adelige
20. Schildknappen
21. Bürger
22. Kaufleute
23. Krämer
24. Herolde
25. gehorsame Bauern
26. aufrührerische Bauern
27. Frauen
28. Predigermönche

Aus den Ständen entwickelten sich die Berufe. Die Beseitigung der Stände kam nach und nach mit der Französischen Revolution. Dabei waren sie allerdings im Laufe der Jahrhunderte auf Adel, Geistlichkeit, Bürgerstand und abhängige Hörige geschrumpft. Im Zeichen von Freiheit, Gleichheit und Brüderlichkeit sollte nun auf einmal alles ganz anders sein – Adel und Geistlichkeit sollten ihre Privilegien einbüßen, während der Bürgerstand die Macht übernehmen sollte.

Als noch Dorf, Ritterburgen und Klöster das Bild der Landschaft ausmachten, war die Mehrzahl der Menschen unfrei und hörig. Sie hatten dem Adel und der Geistlichkeit Frondienste zu leisten. Diese Frondienste beschränkten sich nicht

allein auf Feldarbeit. Man hatte auch die einfachen, bescheideneren Bedürfnisse seines Herrn zu befriedigen. Das waren gewerbliche Arbeiten wie das Schmieden der Pflugscharen, aber nicht etwa der Schwerter, für das sich ein unabhängiger Berufsstand in Anbetracht der verlangten besonderen Kunstfertigkeit herausgebildet hatte. Dann gehörte dazu das Schlachten des Viehs, das Korb- und Besenbinden, das Spinnen, Weben – jedoch nicht das kostspielige Einfärben der Stoffe.
Beim Bau der Herrenhäuser hatte man zu helfen, wobei für Planung und Aufsicht ein unabhängiger Baumeister hinzugezogen wurde. Anders war es bei den bescheideneren Gesinde- und Wirtschaftshäusern, die allein von den Lehensleuten und Hörigen zu errichten waren. Doch Handwerker in dem auch damals gültigem Sinne waren diese nebengewerblichen Hörigen nicht.
Berufsstände bildeten sich aus neuen, anspruchsvolleren Aufgabenbereichen. Innerhalb dieser Berufe schloß man sich zusammen, zuerst lose, dann zu Zünften.
Im 12./13. Jahrhundert bildete sich aus den Kreisen der freien Bauern zwar der zum Adel aufstrebende Ritterstand, allerdings auch der sich durch neue Lebensformen etablierende Bürgerstand mit Handwerk und Handel.
Worin lagen nun die gesellschaftlichen Ansprüche dieser neuen Stände? Nie haben sich die aufstrebenden Gesellschaftsschichten in jenen Zeiten gegen den herrschenden Adel aufgelehnt oder dessen Rechte für sich beansprucht, der Adel selbst wurde nicht infrage gestellt. Aus der Adelsherrschaft herauslösen wollten sich lediglich Kirche und Mönchstum. Das wirkliche Anliegen war, nachzueifern, gleichzuziehen. Dabei ging es so weit, daß man auch für sich die Erblichkeit von Stand und Rechten in Anspruch nahm. So bei den Handwerksmeistern mit den Sonderrechten des Erstgeborenen und des Eingeheirateten. Da half selbst nicht das beste Meisterstück, um Meister werden zu dürfen, wenn man die Tochter des Meisters nicht ehelichen wollte oder durfte.
Man wohnte in Städten, denen der Adel immer mehr Rechte zugestand, um dem Aufbegehren der selbstbewußter gewordenen Bürger Rechnung zu tragen. Da es für Vermögen und Reichtum Grenzen gab, kam es zu einer Umverteilung des Eigentums. Der Adel büßte Macht und Reichtum ein, wollte dabei allerdings nicht auf den gewohnten Wohlstand verzichten.

Eigenes Gut wurde an die reich gewordenen Bürger verpfändet.
So erging es den Welfenherzögen, die sich an die Stadt Hameln verpfänden mußten, so erging es den Grafen von Everstein, den Spiegelbergern, den Lippern und selbst den Klöstern. Trotzdem blieben die Beziehungen zwischen Bürgern und Adel zwiespältig. Die Bürger beanspruchten für sich neue Freiheiten, wollten andererseits aber auch auf herrschaftlichen Schutz nicht verzichten.
Solche gegenseitigen Abhängigkeiten waren andererseits nichts Neues. So mußten auch die Handwerkskünste erst einmal gelehrt werden. Zu Beginn machten dies die Mönche. Für das Wesergebiet war so das Kloster Falkenhagen segenbringend.
Mit der beruflichen Verselbständigung des Handwerks wurde jedoch die bestehende Standesordnung noch nicht aufgehoben. Vielmehr bildeten sich zusätzlich Berufsstände aus neuen gemeinsamen Aufgabenbereichen. Und wie seit eh und je strebte man bald nach der Erblichkeit zum Wohle der eigenen Familie. Der hoch- und spätmittelalterliche Adel wurde nun nur noch durch seine familiäre Abstammung definiert. Vergessen war, wie und warum er einst zur Macht gekommen war.
Die Bauern waren nicht mehr der Stand der Knechte. Als ‚Volk' hatten sie Zugang zum König, zum Herrschenden, zur Dynastie. Als freier Bauer mit Eigentums- und Lehensrechten konnte man durch seinen Dynasten aufsteigen in den Ritterstand, in den Adel. Man wurde also nicht länger unabänderlich in den Stand hineingeboren.
Für Zeiten des konservativen Beharrens war dies wohl üblich gewesen, doch diese Regel wurde mit jedem Umbruch aufgehoben – ohne Aufruhr und Auflehnung – dadurch, daß sich Machtverhältnisse praktisch verändert hatten.
Ständisches Verhalten, das den sozialen Rang einer Gruppe besonders herausheben wollte, war nur typisch, wenn Aufstieg und komplementärer Abstieg Reibungen und Neid hervorriefen, das neue Selbstbewußtsein noch entwickelt werden mußte.
Freiheit jedoch wurde immer abhängiger von der Verfügbarkeit über Sachen, Land, Geld, Menschen und weniger von der familiären Abstammung.
Nehmen wir beispielhaft dafür das Dynastengeschlecht der Grafen von Everstein, die einstmals die Herren des Weser-

berglands waren, nehmen wir den niederen Adel, dem die Burgherren ihre zahlreichen festen Sitze stellte, oder nehmen wir die Mönche, die einstens Kulturträger waren und Erzieher und Ausbilder für die vielen handwerklichen Berufe.

Illustrationen zum Landleben

Was blieb tatsächlich vom Dynastengeschlecht der Eversteiner außer historischen Daten und Ereignissen, nachdem Land und

damit Macht an die Welfen verloren gingen? Der Machtverlust machte sie zu Unpersonen, die keine Bedeutung mehr in der ferneren Zukunft gewannen.
Oder wo und wie finden wir die Nachkommen der mittelalterlichen Rittergeschlechter, die als Lehensherren oder auch – im heutigen Sprachgebrauch – als ‚Beamte' ihres Herrn auf den zahlreichen Burgen saßen? Teils sind die Familien ausgestorben oder in den ‚Ständen' aufgegangen, teils bewohnen sie noch ihr erhaltenes Schloß, werden aus musealen Gründen dafür aus öffentlichen Mitteln subventioniert, bewirtschaften den verbliebenen Besitz und üben sich als Fremdenführer, ohne hierüber im öffentlichen Leben in Erscheinung zu treten.
Kommen wir auch auf die Mönche und das Klosterleben zu sprechen! Im Mittelalter hatten sie einen bedeutenden Anteil an der kulturellen Entwicklung. Auf das Naheliegende bezogen brachten die Mönche den Durchbruch für viele Gewerbe und zahlreiche Handwerke. Sie leisteten in jener fernen Zeit so etwas wie ‚Entwicklungshilfe' für jene abhängigen Menschen, die nebenberuflich zwar über Jahrhunderte die eine oder andere Fertigkeit durchaus beherrschten, die aber als Abhängige nicht den Weg fanden, hieraus ein Gewerbe zu machen.
Doch die Entwicklung der beruflichen Fähigkeiten im Verein mit der Verbesserung der wirtschaftlichen Lage schaffte die Situation für mehr Eigenständigkeit. Es folgten die Handwerkszünfte, feste Regeln für Ausbildung, die Ordnung für den Meister. Man hatte sich verselbständigt und die Lehrbrüder aus dem Kloster nicht länger nötig.
Die hohe Zeit des Handwerks brach an, als Lehre und Ausbildung die Fertigung der Waren vervollkommneten und der Sinn der Menschen nach Wohlstand auch bei neuen Schichten des Volkes ausgeprägter wurde. Den Bauern hatte bereits Karl der Große den Freikauf gestattet. Dann war es aus Gräsern gelungen, Getreide zu züchten. Hafer und Gerste waren es überwiegend in diesem Lande, dann kam Dinkel, ein Vorfahr des Weizens, hinzu. Doch zur Nahrung reichte es trotzdem nur dann, wenn nicht Hungersnöte das Leben bedrohten. Im 9. Jahrhundert waren es allein vier, im 12. Jahrhundert sogar fünf dieser Notzeiten. Die Bauern mußten in ihrem Unglück das Vieh schlachten, verzehrten das Saatgut und alle Vorräte, und schließlich aß man Baumrinde und Lehm, später kam es sogar zu Kannibalismus.
Doch auch viel später noch hieß es – und das bekräftigt die

Sonderstellung der Bauern – „Und wäre nicht der Bauer, so hättest Du kein Brot!"
So findet es sich bei *Chamisso* und bei *Rückert* in den Balladen von der Burg Niedeck. Und damit sind wir dann auch wieder direkt im Herzen des Weserberglandes gelandet.
Diese Balladen hatten letztendlich hier ihren Ursprung und beziehen sich auf die Weserfurt bei Brevörde, auf Ottenstein mit seiner Burg, wo die Eversteiner Heinrich dem Löwen während seiner Ächtung Unterschlupf gewährten, und auf die nächtlichen Gestalten, die dann an der Weser und im Glessetal herumstreiften. Von ihnen hieß es, es seien Zwerge, die dort herumwerkelten. Im Elsaß und in Baden – auf der Burg Niedeck – wurden aus diesen Zwergen wieder Bauern als Spielzeug ritterlicher Riesen.
Auch ansonsten muß es in der Gegend sehr gewitzte Bauern gegeben haben. So erzählt man von einem Heinrich, der seinen Nachbarn in der Feldmark hinter dem Bruchholz ständig in der Dunkelheit Land abgepflügt hatte, so daß er darum der nächtliche Pflüger genannt wurde. Dann starb er, ohne zur Rechenschaft gezogen worden zu sein. Trotz allem war er ins Himmelreich gekommen, und seiner Seele gefiel es dort ausgezeichnet. Da sie aber selbst dort nicht bereit war, nun endlich das Rechte zu wirken und zu schaffen und eifrig Halleluja zu singen, wurde sie zur Strafe streng behandelt und mußte in den dunklen Nächten zur Erde zurück, um die alten Sünden wieder gut zu machen.
So konnte man diesen Bauern nächtens sehen in feuriger Gestalt, mit feurigen Pferden und hinter einem feurigen Pflug keuchend, im Schweiße seines Angesichts dem Nachbarn gestohlenes Land wieder zurückzupflügen. Doch seiner Seele war das Unrechttun so zur Gewohnheit geworden, daß es ihm nicht gelingen wollte, die richtige Grenze wieder herzustellen.
Dieser nächtliche Pflüger soll auch heute noch zu beobachten sein, wenn es stockdunkel ist, der Sturm heult und man sich nach Mitternacht in diese Feldmark zu gehen traut.

Der ‚unehrliche' Müller

In einem Lande, wo derartig viele Bäche und Flüßchen plätschern, ist es nicht verwunderlich, daß es mit großer Wahrscheinlichkeit bereits im Mittelalter mehr Wassermühlen gab als heute Ortschaften vorhanden sind. Manche gibt es noch jetzt, obwohl irgendwann die dazugehörigen Siedlungen wüst wurden und nicht mehr zu entdecken sind. Bei **Polle** sind es beispielsweise die *Knickmühle*, die *Hünnicher Mühle* und die *Lumbornsmühle*, wo die Dörfer bereits seit dem Mittelalter fehlen.

Mühlen waren für die Menschen etwas Lebenswichtiges. Sie wurden bereits im ältesten sächsischen Recht besonders geschützt. Eine Mühle wiederum war ursprünglich eine Einrichtung für eine Gemeinschaft, welcher der Müller mit seiner Arbeit diente.

Was mag der Grund dafür gewesen sein, daß in den vielen alten Sagen und Märchen gerade der Müller selten so ganz redlich davonkommt? Oft ist er besonders gerissen und schlitzohrig. Er mahlte ja auch nicht sein eigenes Korn, und fraglich war, ob nicht gute gegen schlechte Gerste heimlich getauscht worden war.

Eine gewisse Kontrolle kam dann durch den Mühlenbann, auf Grund dessen das Recht zum Betrieb von Mühlen dem Grundherrn oder einer sonstigen Obrigkeit vorbehalten wurde bei gleichzeitigem Mühlenzwang, der die Bauern zur Benutzung der bestimmten herrschaftlichen Mühle verpflichtete. So ist auch zu verstehen, daß im hohen Mittelalter hier die Mühlen im Besitz der Eversteiner, Homburger, Schwalenberger oder auch der zahlreichen Klöster waren, oder auch im städtischen Eigentum, wenn die entsprechenden Rechte verliehen worden waren.

Eine ausgesprochene Mühlen-Stadt wurde **Hameln**. Ursprünglich hieß sie Quern-Hameln, wobei Quern eine besonders einfache Art einer Mühle ist.

Die Sprengersche Chronik der Stadt Hameln von 1825 erinnert an diese Zeiten und die Tugenden des Müller-Gewerbes. Da heißt es, daß auch das Stift Hameln eine Mühle vor dem Mühlentore hatte, unterhalb dieser wiederum diejenige der Herren von Emberne.

Diese beiden Mühlen standen schon im Jahre 1309, wie aus einer Verhandlung des Kanonici Küpeken hervorgeht.

Den Müllern antwortete der Rat der Stadt am Freitag nach Invocavit 1487 auf ihre Forderungen, daß die Freiheit der Stiftsmühle sich allein auf die darin Arbeitenden, nicht aber auf die Beschützung von Übeltätern erstrecken solle. 1489 wurde den Bürgern auch erlaubt, in der Stiftsmühle mahlen zu lassen, wenn der Müller in Gegenwart des Rats dem Stift schwören wolle, mit dem Metzen recht und redlich zu handeln.

Hameln bezog im übrigen im Mittelalter seine wesentlichen Einnahmen aus dem Mühlenwesen, dem Handel mit Mühlsteinen und dem üppigen Getreidehandel.

Seit wann überhaupt Wassermühlen im Weserbergland existieren, läßt sich nur anhand alter Beurkundungen, die die Grafen von Everstein betreffen, in etwa festlegen. So wird über Albert I. bestätigt, daß er die *Forster Mühle* den Mönchen des Klosters Amelungsborn überlassen habe. Anno 1243 bestätigt Otto die erfolgte Leistung des Zehnten für diese Mühle, den auch Vater und Großvater bereits erhielten. Anno 1240 hatte er auf seine Rechte an der Golmbacher Mühle verzichtet, die dann Anno 1251 von Konrad verkauft wurde. Und ähnliche Jahreszahlen bieten noch zahlreiche andere Mühlen an.

Eine Besonderheit der Müller sollte noch erwähnt werden: in diesen Dörfern, anders als in den Städten, lebten damals noch keine Handwerker im heutigen Sinne. Schmiede und Wagenbauer beispielsweise standen offenbar im herrschaftlichen Dienst. Andere Handwerksleistungen wurden von den Leuten nach Fähigkeit erbracht, wenn neben der ständigen Arbeit für die Nahrung noch Zeit vorhanden war. Die einzige Ausnahme von dieser Regel war der Müller, der als hauptamtlich Dienstleistender sozusagen vorhanden war.

Anders als bei den Müllern war es bei den Fischern und Jägern. Die Gewässer und das Wild – nicht etwa die Wälder – waren ursprünglich gemeinschaftliches Eigentum. Wälder dagegen gehörten weder dem Einzelnen noch der Gemeinschaft.

Die gesetzten Rechte nebst der Wertschätzung der jeweiligen Tätigkeit gestalteten die Entwicklung zu den mehr oder minder den ganzen Lebensbereich umfassenden Berufen. Und dies gilt nicht nur für die Vergangenheit, für das Mittelalter, sondern durch die in abgewandelter Form fortbestehenden Herrschaftsrechte auch für die Gegenwart.

Fischer, Jäger, Förster, deren Tätigkeit ursprünglich jedem frei stand, wurden durch die veränderten Eigentums- und Herrschaftsrechte zu dienstleistenden Abhängigen.

Was nun die Wertschätzung der Tätigkeit betrifft, so war da das ‚edle Waidwerk', das den Herren vorbehalten blieb und für das man Hilfen und Überwacher der Rechtsvorschriften, eine Art Polizei, benötigte.

Was nun die Fischer angeht, so war diese Tätigkeit vom Herrn

für sich selbst nicht begehrt. Er wollte die Fische lediglich als Speise auf den Tisch haben, und hielt man sich an die christlichen Fastenregeln, was besonders die ‚Kloster-Herrschaften' betraf, so wollte man die Fische auch zu bestimmten Zeiten als Nahrung haben. Ansonsten hatten Besitzrechte am Fisch eine weit geringere Bedeutung als solche am Wild. Fische gab es im Überfluß, lediglich das Einfangen mit Angel und Netz war das Problem, das auf Hörige verlagert wurde.
Wie dies alles in der Realität aussah, läßt sich ganz gut anhand von Überlieferungen, alten Urkunden, den Geschichten heutiger Familien, begreifen.
Unweit von Polle liegt der sehr alte Ort **Brevörde** – breite Furt – wo die Bedingungen für den Fischfang besonders günstig waren. Andererseits bestanden hier Eigentumsrechte des doch ziemlich weit entfernten *Klosters Helmarshausen*.
Urkundlich ist belegt, daß eine Pflicht bereits im 11. Jahrhundert bestand – nicht für eine bestimmte Person, sondern für alle vom Kloster Abhängigen – eine betimmte Menge von Fischen (Neunaugen) abzuliefern. Damit bestand für die Abhängigen die Pflicht zum Fischen. Und da die Fische nicht sonderlich wertvoll und überaus zahlreich waren, war es auch keine Verfehlung, wenn die Abhängigen in den mit Klosterrechten belegten Gewässern auch ihren eigenen Bedarf deckten.

Jagd, Fischerei und Holzeinschlag

Der Müller nutzte die Gewässer für die Gemeinschaft, nicht etwa für sich. Für die Fischerei und die Jagd dagegen galt das alte sächsische Recht. Das Fischerei- und Jagdrecht stand allen Freien in uneingeschränkter Weise zu, sowohl für die eigene Feldmark und auf allem herrenlosen oder gemeinschaftlichem Eigentum.
Herrenlos waren die Wälder auch geblieben, weil das Holz wirtschaftlich zunächst uninteressant war. Eigentum an Grund und Boden entstand hier erst mit der Rodung der Wälder.
Für die Jagd allerdings gab es seit Karl dem Großen eine Besonderheit. Er machte aus den Wäldern ‚Forste'. Forste wiederum bedeuten Absperrung für die Allgemeinheit bei Androhung von Strafen.
Dieser ‚Bann' innerhalb der Forste bezog sich zuerst nur auf die Jagd, wurde bald ausgedehnt auf die Gewässer mit dem Fi-

schereibann. Wiederum später wurde der Bann ausgeweitet auf das Einschlagen von Holz, d. h. auf das Roden der Wälder, durch das Eigentumsrechte entstanden. Und wenn es auch unwahrscheinlich klingt – eigentlich sollte der Wald nur deshalb nicht gerodet werden, damit ein uneingeschränktes Jagdvergnügen verbleiben sollte.

Die Lehensnehmer des Königs, die Grafen und Klöster, erreichten bald, daß auch die Bannrechte erblich wurden. Der Graf oder der Klosterabt entschieden, was mit dem Wald geschehen sollte und wie er zu nutzen war.

Für Jagd, Fischerei und Holzeinschlag führte der Herr bald Frondienste ein. Fische waren zu bestimmten Zeiten und in bestimmten Mengen zu liefern, für die Jagd hatte man Hilfsdienste zu leisten, den Holzeinschlag vorzunehmen, wenn der Herr Bau- und Brennholz verlangte. Seit dieser Zeit gab es dann Wilddieberei und Fisch- und Holzfrevel, nicht aus einer Leidenschaft heraus, sondern um sich erst einmal das Überleben besser zu sichern und sich am Wildbret satt essen zu können und dann wohl auch in Erinnerung an verloren gegangene Rechte.

Über das Jagd- und Fischereiwesen der Stadt **Hameln** läßt sich anhand wahrer und bewußt gefälschter Urkunden etliches mehr aussagen.

Sowohl für Jagd und Fischerei war das jeweilige Herrschaftsverhältnis entscheidend, ursprünglich also, als die Stadtrechte nur beschränkt vorhanden waren, über die Rechte aus dem Lehensverhältnis.

Das vormalige *Hochstift Fulda* betrachtete sich gemäß der angeblichen Schenkung *Karls des Großen* als Eigentümer der Stadt. Zwar kam die Stadt 1261 in die Gewalt des welfischen Herzogs Albrecht, jedoch unbeschadet der vom Hochstift empfangenen Privilegien, Regalien und Dominien und damit der lehensherrlichen Rechte.

In den Lehensbriefen werden die Bestandteile des Lehens nun wie folgt aufgeführt:

„Die Regalien der Stadt, das Halsgericht und die Mark um die Stadt zwischen Stadtbrücke und der Landwehr und auch Äcker, Wälder, Gehölz, Jagd und Achtwerk." Unter Achtwerk ist das Nutzungsrecht an Häusern, Äckern, Wiesen und insbesondere an Wäldern zu verstehen.

Zusätzliche Privilegien, auch wenn die Lehensbriefe etwas an-

deres festlegten, versuchte man mit Geld zu erkaufen oder anhand gefälschter Urkunden zu rechtfertigen.
So wurde nachträglich eine Urkunde mit dem Datum des 12.8.1432 erstellt über die Jagdgerechtigkeit der Stadt, nach der Herzog Erich wegen des zu großen Wildbestandes den Bürgern erlaubte, das ganze große und kleine Wild zu erlegen.
Am 14.5.1448 soll dieser Herzog Erich dann urkundlich festgelegt haben, übrigens gemeinsam mit dem Abt von Fulda, daß den Bürgern der freie Holzeinschlag in den umliegenden Wäldern zusteht.
Bestandteil der Jagdgerechtsame war auch die Fischerei-Berechtigung. Die hatte sich die Stadt ebenfalls angeeignet, jedoch nur bedingt für sich selbst in Anspruch genommen. Ansonsten konnte jeder Bürger auf Fischfang ausgehen, sofern es sich um Forellen, Hechte, Karpfen, Aale, Neunaugen, Weißfische, Näsen, Maifische usw. handelte. Ausgenommen war lediglich der kostbarere Lachsfang, der vom Magistrat verpachtet wurde. Dabei war der Lachsfang trotzdem so gut, daß man dem Gesinde das Zugeständnis machen mußte, zweimal wöchentlich Lachs essen zu dürfen. Auch die Prediger, die einen Anspruch hatten auf je einen Lachs im Mai und im Herbst, ließen sich dafür lieber einen Geldbetrag auszahlen.
Die Weserfische waren, von wenigen Ausnahmen abgesehen, doch eher eine Armen-Nahrung. Die Herrschaften selbst stellten höhere Ansprüche, für die auf einen Handel nicht verzichtet werden konnte.
So fand man auf der *Poller Burg* bei ausgegrabenen Küchenabfällen neben Hirsch- und Wildschweinknochen auch eine Unmenge Austernschalen. Auch wurde die Speisekarte bereichert mit Schollen, Dorschen, Heringen und Aalen. Vom Wal, der ebenfalls erlegt wurde, ließ man sich das Tranöl bringen, denn für die Beleuchtung der Wohngemächer in den Burgen, in den Klöstern, nahm man Öllampen und nicht den Kienspan, mit dem sich die Hörigen begnügen mußten. Für diese waren Waltran und Walfleisch eher preiswertere Nahrungsmittel. Für die Herren war der Tran dagegen nicht mehr wert, als das man ansonsten daraus Seife siedete oder Kerzen anfertigte.

Vom Schuster bis zum Henker

Wie sich für die Nutzung von Wald und Gewässern die Berufe entwickelten, läßt sich verdeutlichen, wenn man sich ansieht,

was hierzu in bestimmten Familien zugetragen hat. Erst dann läßt sich auch ermessen, welche Bedeutung der jeweilige Beruf hatte, welches Ansehen er hatte und ob er ausreichte für den notwendigen Broterwerb.
Für **Polle** läßt sich für die Familie Meyer nachweisen, daß sie selbständige Schuhmacher waren seit dem 16. Jahrhundert. Seit dieser Zeit war es erst üblich, daß in diesem Gebiet der eine oder andere Beruf ganz und nicht nur nebenbei ausgeübt wurde. In dieser Familie existierten dennoch im 17. und 18. Jahrhundert die unterschiedlichsten Berufe. Und da man jedoch in jener Zeit innerhalb seines Standes heiratete, zeigt sich, daß damals eine völlig andere Bewertung der Berufsstände existierte als hundert, zweihundert Jahre später.
Das war auch so vor mehr als hundertfünfzig Jahre, als der König von Hannover einen seiner Leibjäger nach **Buchhagen** schickte, um dort Förster der umfangreichen Wälder des Vogler zu werden. Diese Tätigkeit hat mit den Aufgaben heutiger Förster nichts gemeinsam.
Als Leibjäger hatte er nicht zu jagen, sondern vielmehr seinem Herren bei der Jagd persönlich zu dienen und die Jagd zu organisieren, für die Jagd die Menschen zu bestimmen, die als Helfer ohne Entgelt mitwirken mußten.
Als Förster wiederum bestand seine Arbeit nicht etwa darin, den Wald zu pflegen und zu nutzen, sondern es waren polizeiliche Aufgaben, die er für seinen König wahrzunehmen hatte. Er mußte gegen die vielen Holzdiebe vorgehen und die häufige Wilddieberei bekämpfen. Zur Unterstützung bei dieser kaum lösbaren Aufgabe konnte er Bauernburschen bestimmen, die ihm, mit Knüppeln bewaffnet, beim Einfangen von Wilddieben zu helfen hatten.
Ein sonderlich gesundes Leben konnte er hierbei nicht gerade führen. Die Nächte verbrachte er häufig in den Wäldern des Vogler. Es waren nicht nur die Nebel, die seiner Lunge zu schaffen machten, sondern es war auch die bleihaltige Luft, die ihn verwundet aufs Krankenlager zwang. Noch jung mußte er schon sterben. Der Witwe blieben dann freie Wohnung und ein Ehrensold des Königs, doch für den Lebensunterhalt mußten sie und die Tochter als Weißnäherin dazuverdienen, bis sie in die Familie Meyer einheiratete.
Die ständische Ordnung für jene Zeit kann man jedoch gut daran erkennen, daß Vater und Großvater des Försters Kleinköther waren.

Im 17. und 18. Jahrhundert finden sich dann in er Familie überraschenderweise genauso Schuhmacher wie Braumeister, Tagelöhner, Bürger und Handarbeiter, Tischlermeister und der Pferdearzt Ihrer Majestät der Königin Regiment. In der folgenden Generation achtete man deswegen mehr noch auf eine erträgliche Entlohnung, indem man sich am Bau der ersten hannoverschen Eisenbahn beteiligte und dann Lokomotivführer wurde. Auch die Beamtenlaufbahn war nun interessanter geworden, so daß einer aus der Familie als strenger preußischer Protestant Oberkreisdirektor im schwarzen Rheinland wurde.

Die so bunt schillernde Palette der doch unterschiedlichen Berufe überrascht auf den ersten Blick nur dann, wenn man alles aus dem heutigen Blickwinkel betrachtet.

Ein königlicher Leibjäger hatte bereits dadurch eine Sonderstellung, weil die Jagd am Hofe besonders geschätzt war, ähnlich geschätzt vom Berufe her wie sonst der Leibarzt und der Mundschenk, die für das Wohl des Leibes verantwortlich waren.

In den Familiengeschichten von Ottensteiner Bürgern aus jener Zeit finden sich ebenso sowohl Leibarzt und Mundschenk des Herzogs von Mecklenburg. Beide waren befreundet, der Leibarzt wiederum Sohn des Ottensteiner Pastors. Die standesgemäße Einordnung war also doch anders als heute.

Die Rangordnung eines Arztes zeigt sich, wenn man die Wertschätzung eines Wundarztes oder auch des noch mehr geschätzten Pferdearztes betrachtet. Der Wundarzt hatte ein ziemlich schlechtes Ansehen und übte einen ähnlich unehrlichen Beruf aus wie der Bader und der Totengräber. Angesehener war der Pferdearzt, denn Pferde waren besonders wertvoll – besonders natürlich die Pferde des Königs.

Das wußten sogar die Herren vom Halsgericht, die in Polle Recht befanden, und sogar der Henker, ein Wandergewerbetreibender, der seine Einkünfte anhand fleißiger und zuverlässiger Arbeit in einem größeren Gebiet aufbesserte.

Die nächsten Henker wohnten in **Hameln** und **Stadtoldendorf**, die nächsten Galgen standen in **Polle** am Birkenberg – nahe des Karwegs und auch des Totenbergs oberhalb des Schinderbrinks, wo der Schinder arbeitete.

In alten Aufzeichnungen von Urteilen aufgrund der seit 1532 geltenden Halsgerichtsordnung läßt sich erkennen, wie unterschiedlich Verbrechen geahndet wurden.

Sehr böse war es schon, seinen Brotherrn zu vergiften. Daher

also wurde 1764 die Ann Ilse Gieselern zweimal mit glühenden Zangen gerissen, dann ersäuft und unter dem Galgen begraben. Fast so schlimm war es, ein Pferd zu stehlen. Dafür wurde 1709 der Ernst Wilhelm Wilcken gehängt. Mit Heinrich Degener ging man etwas sanfter um für seine Missetat. Er bekam die ‚Karre auf Lebenszeit'; d. h., er mußte unter Aufsicht im Steinbruch arbeiten. Es bestand schon ein sehr deutlicher Unterschied zwischen einem Pferdediebstahl und dem Kindesmord der Ilse Catharine Wietfelds. Sie wurde 1707 rücksichtsvoll mit dem Schwert hingerichtet, nach der Methode also, die eigentlich für den Adel bei schweren Verbrechen reserviert war. Ihr Körper kam dann nach Helmstedt zur Anatomie als Anschauungsmaterial für die Medizinstudenten.
Bezeichnend für Schimpflichkeit der Todesarten ist auch aus den Gerichtsakten zu lesen, z. B. von Begnadigungen, die derart aussahen, daß statt des Hängens lediglich nur auf Köpfen bestanden wurde.
Diese feinsäuberliche Unterscheidung gab es selbst noch bei der vorletzten Hinrichtung im Jahre 1741. Drei Diebe waren von dem Gericht, das unter der Femelinde auf der Burg Recht sprach, zum Tode verurteilt worden, zwei von ihnen wurden gehängt, der Dritte jedoch, da ihm ein Pferdediebstahl nicht nachgewiesen worden war, wurde enthauptet.
Noch einige Zeit stand der unbenutzte Galgen auf dem Birkenberg, bis ihn dann ein Mann namens Hühnerberg verfeuerte. „Meck is dat egal", soll er gesagt haben, „ob da einer annehängt hat, Hauptsache is, dat eck ne warme Stuben hebbe."

Eine vielseitige Familie!

Gewisse Genies in ihrer, aber anderer Art gab es bei den Winters, die in Polle und in den umliegenden Orten zuhause waren. Da gab es schon den einen oder anderen, der aber auch alles – ob nun auf redliche oder andere Art – bestens beherrschte, um damit seine Familie so gut wie möglich zu ernähren.
Von einem wird in einer Akte des Amtes Polle vom 11. November 1777 berichtet. Da erschienen also der Dietrich Speitling aus Brevörde nebst seinem Schwiegersohn Johann Heinrich Winter mit der Anzeige: „daß nachdem Königlich und Churfürstliche Cammer, ihnen im Herrschaftlichen bruch Holtze ein haus zu bauen verstattet, sie solche im abgewiche-

nen Sommer bereits errichtet hätten, auch die noch fehlende Stallung gleichfalls nächstens aufzubauen gewillet wären".

Dem waren vielerlei Begründungen und Überprüfungen vorausgegangen. Als besondere Vorzüge für eine Bewilligung durch das hohe Amt waren aufgeführt worden, daß der Forstknecht Rundspaten, der einen weiträumigen Distrikt zu begehen hat und bisweilen dann auf mehrere Stunden oder Nächte dann dort im neu aufgebauten haus Aufenthalt finden kann. Das sagte zumindest der Dorfdiener von Brevörde.

Nachdem das Vorhaben mehrere Jahre überlegt worden war, wurde festgestellt, daß sich die Antragsteller als Aufpasser und Aufseher betreffs Holzdiebstahls und Wilddieberei des Bruch Holtzes verdient gemacht hätten. Daraufhin hatte das Amt die Einsicht, daß die Hauptabsicht für eine Genehmigung, nämlich etwas gegen die übernehmende Wilddieberei jenseits der Weser, gegenüber von Brevörde, sonst wohl nicht zu erreichen sei. Für den Oberförster des Herrschaftlichen Waldes, der im Amthaus Polle seine Wohnung hatte, war es auch mit Hilfe seiner Forstknechte oftmals unmöglich gewesen, den Wald und das Wild zu beaufsichtigen besonders wenn Treibeis oder Hochwasser ein Übersetzen über den Fluß unmöglich machten. Dies nutzten die Leute aus dem Braunschweigischen dann immer mehr aus, um sich reichlich mit Wildbret und Holz zu versorgen. Und so gefahrvoll war dies auch nicht, da sie immer in der Nähe der Grenze ihres Landes blieben, in dem sie selbst sich nichts zu schulden kommen ließen.

So wurde dann also Johann Henrich Winter, nachdem das Haus errichtet worden war, als zusätzlicher Forstaufseher eingestellt.

Ein Nachfahr dieses Winter betreibt dort heute einen Gasthof, der mit dem Weserdampfer oder nach Übersetzen mit der Poller Fähre durch den Fährmann Winter nach gut zwei Kilometern zu Fuß, per Rad oder Auto zu erreichen ist. Das ist das einsam gelegene Gasthaus „zur Brille". Es lohnt sich schon, auf der hoch über der Weser liegenden Terrasse an einem Sommernachmittag bei Kaffee und selbstgebackenem Kuchen zu sitzen und die Reiher zu beobachten, wenn sie in den Baumwipfeln auf ihren Fisch warten oder sich Milan und Bussard wild streiten um das beste Revier.

Karl Winter wiederum wohnte damals in Polle in alten Klostergemäuern mit seiner großen Familie zur Miete. Das war ungefähr nach der Jahrhundertwende. Aber es war immer noch zu einer Zeit, wo die Wilddieberei noch nicht ausgestorben war. Zahlreichen Arbeiten ging er ständig nach, abhängig von den Jahreszeiten, aber auch davon, wo ansonsten im Lande Geld zu verdienen war. Oder es konnte sein, daß er rechtzeitig geahnt hatte, daß der Gendarm von ihm so einiges hören wollte, während er es vorzog, dann lieber in einer der vielen Ziegeleien jenseits der nahen Grenzen, so im Lipper Land oder gar im fernen Holland, für einige Monate Ziegel zu brennen.

Nebenan auf dem Brinke hatte der Lumpensammler sein Haus. Es war gut zu finden, da tagsüber am Fensterkreuz der Schlafkammer ein blecherner Pisspott hing. Nichts ging über die Reinlichkeit, weshalb denn auch regelmäßig so also gelüftet wurde.

Besaß allerdings ein böser Nachbarsjunge einen Tesching, so wurde der schöne Topf Zielscheibe für hinterhältige Schüsse. Am nächsten Morgen sah man dann die Bescherung, wenn der Fußboden überschwemmt war.

Die kleinen Mädchen allerdings waren braver und nicht für solche Streiche zu haben. Brav sammelten sie alte Lumpen und Knochen, die auch prompt bezahlt wurden. Entweder gab es bare Kupferpfennige oder sogar die begehrten Stecknadeln mit rotem oder blauem Glasknopf, oder schöner noch mit einer winzigen gläsernen Taube.

Hatte im Herbst sodann dieser Lumpensammler die frischen Weidenzweige an den Weserufern geerntet, saßen die Mädchen fein aufgereiht vor seiner Haustür in der Sonne, um mit einer Klammer den Bast zu entfernen, um dann die Zweige zu wittjen, also schön weiß zu machen.

Die Zweige wurden dann an die Familien in der Nachbarschaft gegeben, wo in den Abendstunden, wenn die eigentliche Arbeit getan war, von den Frauen und Mädchen Kartoffelkörbe geflochten wurden. Die größeren Kiepen zu flechten war dagegen Sache der Männer.

So hielten es auch die Winters. Und jeweils am Morgen oder dann zumindest, wenn in Pyrmont Saison war, nahm man schon vor Sonnenaufgang seine Kiepe, voll beladen mit Eiern und frischer Butter. Auf dem *Butterweg* ging es mehrere Stunden lang durch die Wälder und über die Berge, um die Kurgäste in den Hotels und Gasthöfen für das Frühstück ganz frisch zu versorgen.

Wer heute den Weg machen will, der nimmt dafür besser ein Auto. Der alte Feldweg, der noch vor gut hundert Jahren die

einzige Verbindung von Pyrmont über Polle und die Fähre nach Forst war, läßt sich nur beschwerlich wandern. Die Strecke von Meiborssen nach Polle ist fast verschwunden. Beschwerlich war es damals für die Butterfrauen. Immerhin waren es durch die ständig wechselnden Berge und Täler jedesmal weit mehr als anstrengende 400 m Höhenunterschied.
Doch dies alles war früher. 1866 war es, als Preußen das Königreich Hannover annektierte. Andere Grenzen entfielen, nachdem weitere Staaten dem Norddeutschen Bund beigetreten waren, und dann kam ja 1871 das Deutsche Reich zustande.
Dann entfiel zwar das Schmuggeln, aber lange noch nicht die Wilddieberei. Und die mühsame Fußwanderung der Butterfrauen war erst überflüssig geworden, nachdem sich die Verkehrsverbindungen gebessert hatten und Pyrmont mit dem Postauto mehrmals täglich zu erreichen war.
Beschwerlicher und aufregender war es zu der Zeit der vielen Landesgrenzen.
Den Aufpassern unterwegs durfte man allerdings beim Schmuggeln nicht über den Weg laufen, sonst gab es einige Wochen Kerker im Poller Gefängnis.
Mit dem Aufpassen begann es bereits auf der Poller Marktstraße, wo die Zöllner ihre Schranken aufgebaut hatten. Und auch die Gendarmen und Forstleute waren immer eifrig bemüht, dem Recht seinen Platz zu verschaffen. Da mochte schon einer hingehen wohin er wollte, überall waren da die Kontrolleure, die aufpassen sollten, daß nichts ohne Zoll oder Steuer eine der vielen Grenzen passierte.
In Polle selbst waren es hannoversche, braunschweigische und preußische Zöllner, und wenige Kilometer weiter warteten dann dazu solche für Lippe und auch für Waldeck. Trotzdem war es ein schwunghafter Schmuggel, der hier ständig getrieben wurde und schon seinen Mann zu ernähren verstand. Und war es auch nur das Salz, das aus dem Hannoverschen ins Ausland gebracht wurde. An zehn Pfund Salz hatte man so seine sieben Groschen Profit, was manchem kargen Tagelohn entsprach.
Nichts konnte diese Geschäfte ernsthaft beeinträchtigen. Schmuggeln war eine jahrhundertalte Tradition, die jedermann gut beherrschte und die man für rechtens ansah.
Karl Winters Flinte hing gut versteckt im Schornstein. Später kam auch noch ein 98er-Karabiner dazu – eine Erinnerung an

den Ersten Weltkrieg, von der er dann und wann berichtete. Da gab es zwar wenig Heldentaten, aber immer wieder kam die Geschichte, in der er für die deutsche Heeresleitung knapp gewordene Pferde in großen Herden über die holländische Grenze geschmuggelt hatte.
Das Schmuggeln war nicht mehr opportun, nachdem er zurück in seiner Heimat war. Die Kleinstaaterei war lange schon verschwunden und die holländische Grenze war weit.
Er ging nun tagsüber einer ordentlichen Tätigkeit nach, soweit es die Umstände erlaubten. Was er allerdings nachts trieb, war nicht so gut zu überschauen!
Von der Familie Winters ehrbaren Berufen ist bisher überhaupt nichts berichtet worden. Das wechselte je nach Bedarfslage. Im Winter haute er in den Wäldern Holz. Am Abend ging es weiter mit dem Kiepenflechten. Hatte zwischendurch einer der wenigen größeren Bauern sein Korn zu dreschen, so mußte er mit dem Traktor die Dreschmaschine hinfahren und bedienen. Im Sommer und Herbst war dies seine Arbeit während der ganzen Erntezeit. Dann ratterte der Traktor und klapperten die Dreschmaschinen auf dem Anger bis in den späten Abend.
In der Nachbarschaft von der ehemaligen Papiermühle und dem frühreren Fährhaus liegt das Sägewerk, zu dem man seinen Eichen- oder Fichtenstamm bringen ließ, um sich Balken oder Dielen für die Fußböden sägen zu lassen. Auch dies Geschäft betrieb er, es konnte ihn jedoch beim besten Willen nicht auslasten.
Ansonsten wurden die vielen Fichtenstämme, die im Solling und im Reinhardswald geschlagen wurden, weserabwärts bis nach Bremen transportiert. So baute sich der Flößer sein Floß zusammen, suchte sich eine kräftige Hilfe, und dann trieb es mit der Strömung über etliche Tage zum Ziel. Auch das war für einige Wochen des Jahres eine Erwerbsquelle.
Damit waren dann die Möglichkeiten, mit ehrlicher Arbeit bares Geld zu verdienen, auch fast erschöpft. Es gab noch die zahlreichen Steinbrüche. Besser war es allerdings, sich vor Ostern auf die Wanderschaft gen Westen zu machen, am besten marschierte man bis nach Holland. Die Ziegeleien hatten dort immer Bedarf an Ziegelbäckern für die Zeit von Ostern bis in den Spätherbst, so lange also das Wetter die Lehm- und Tonkuhlen nicht absaufen ließ.

Auch in der näheren Umgebung gab es Ziegeleien. Die waren allerdings bescheiden in ihrer Größe und im Tagelohn. Wer Geld machen wollte, suchte die Ferne und ging über die Grenze.
In der Poller Ziegelei zahlte man im Jahr 1901 einen Stundenlohn von 25 Pfennig. In Holland jedoch verdiente man täglich dagegen mindestens einen Taler, hatte dazu auch noch sein Essen und sein Bett. Dies Zubrot summierte sich, so daß man vor Weihnachten mit einem Batzen Geld heimkehrte.
Für Winters war es eine Freude, wenn vorübergehend nicht mehr mit dem Pfennig gerechnet werden mußte. Während der so unendlich langen Monate, wo der Mann fern war, mühte sich die Frau ab, das wenige gepachtete Land zu bestellen und bei den Bauern zu helfen. Dafür gab es dann wenige Groschen, einen Korb Kartoffeln, vielleicht eine Wurst oder Speck aus der Räucherkammer, und für alle eine warme Mahlzeit. Was sonst noch am nötigsten gebraucht wurde, dafür hatte man ein Schwein geschlachtet und besaß eine kleine Herde Ziegen, die von den Kindern zwischen den Hecken gehütet wurde.
Andere vereinsamte Frauen hatten allerdings oftmals eine bessere Zeit ohne ihren nörgelnden, eifersüchtigen Mann. Sie hatten einen Tröster gefunden, der ihnen über die Tage und Monate hinweg half. Da der Ehemann nun manches Jahr mehr als neun Monate fern war, konnte es schon passieren, daß er bei seiner Heimkehr von einem weiteren Kind erwartet wurde, das alsbald christlich zu taufen war. Eine segensreiche Kinderschar hatten diese Familien allzumal – so oder so. Entrüsten tat sich höchstens der Pastor, vorausgesetzt, er war selbst glücklich verheiratet und nicht selbst in Versuchung geraten. Dann konnte am Sonntagmorgen mal eine Predigt kommen, in der die Frauen an ihr sündhaftes Leben erinnert wurden. Doch man konnte ja die Kirche meiden, und für die Nachbarn waren es keine Neuigkeiten, die von der Kanzel kamen.
Folgen hatte des Pastors Entrüstung in dem Fall gehabt, als er herausfand, daß der junge Lehrer Vogt sich der Unzucht mit einem verehelichten Weibe hingegeben hatte. Da wurde der Moral wieder zu ihrem Recht verholfen. Öffentlich wurde der Lehrer zu Buße und Besserung aufgerufen und Tadel und Strafversetzung folgten auf dem Fuße.

Wanderhandel und -handwerk

Die Ziegelbäckerei selbst wirkte sich beim Hausbau im Weserbergland in umfassendem Maße erst im vorigen Jahrhundert aus. Vorher waren es nur die prächtigen Rathäuser und die Häuser wohlhabender städtischer Bürger, die so kostspielig gebaut wurden.

Der Fachwerkbau bot selbst bei mehrgeschossigen Bauten die Möglichkeit, die einzelnen Gewerke mit Lehm auszufüllen. Entweder nahm man hierfür in der Sonne getrocknete Lehmsteine, die sich in ihrer primitiven Art jedermann selbst fertigen konnte. Lehm wurde mit kurzem Stroh oder Heu – Häcksel – gemischt und in eine Form aus Brettern gefüllt und getrocknet. Noch weniger aufwendig war es, die Gewerke des Balkenwerks mit Haselnußruten auszuflechten und dann mit einem dicken Lehm-Häcksel-Gemisch zu verputzen.

Für die Dachdeckerei gab es schon sehr früh erheblich mehr Kostenaufwand. Dafür hatte man ein Dach, das für Jahrhunderte aushielt. Bereits im hohen Mittelalter wurden zumindest die aufwendigeren Bauwerke wie Schlösser, Kirchen und Klöster mit Platten aus dem Wesersandstein gedeckt.

Dies ist ein Sandstein mit besonderen Eigenschaften, der nur an der Weser zu finden ist. In ihm sind flächig feine Glimmerplättchen eingebettet, die es ermöglichen, den Stein in zentimeterdünne Platten zu spalten. Spätestens ab 1600 wurden die Platten nach Bremen transportiert, 1654 wurden sie bis nach Holland und Dänemark gebracht und im 18. und 19. Jahrhundert fuhren sie in Segelschiffen sogar nach Amerika. So wurden hiermit auch die prächtigen Rathäuser in Bremen und Brügge gebaut.

Doch der Transport war ziemlich kostspielig. So kostete im Frühjahr 1479 die Ladung 20 Schock Steine von Helmarshausen bis Hameln vier Gulden Fracht und dazu drei Schilling für den Zoll, die Steine selbst dann weitere neun Gulden. Die Steindecker erhielten für ihre Arbeit weitere sechs Gulden. Der Meisterknappe, der das Zureichen besorgte, erhielt pro Tag einen Schilling oder zwölf Pfennig, die übrigen Handlanger pro Tag neun Pfennig.

Ein Dach mit solchen Platten wurde sehr teuer. Etwa die Hälfte der Baukosten entfiel hierauf.

Teuer konnte alles dann durch den Transport werden, wenn es, wie Anno 1479, einen heißen Sommer gab und die Weser

nicht genug Wasser führte. Dann mußte das Schiff zwischendurch geleichtert werden. Auf dem Landwege ging es dann über die Strecke, wo der Wasserstand nicht ausreichte. Das kostete für die Ladung weitere ein bis zwei Gulden.
In den Weserorten finden sich auch heute noch manche Kirchen und andere alte Gebäude, die mit diesen Sandsteinen gedeckt sind oder deren Wetterseite mit solchen Platten behängt wurde.

Alt ist im Weserbergland auch die Tradition der Glashütten. Mehr als hundert konnten an ihren Standorten lokalisiert werden. Vom Hochmittelalter an läßt sich ihre Geschichte verfolgen.
Überwiegend wurden sie im *Hils, Ith, Vogler* und *Solling* betrieben. In diesem Gebiet finden sich die wichtigsten Rohstoffe wie der Quarzsand, vor allem jedoch das viele Holz, das für die Befeuerung der Öfen, aber auch für die notwendige Pottasche nötig war.
Vom Holz abhängig gab es ab dem 12. Jahrhundert ‚Waldglashütten', die immer dann, wenn das Holz knapp, der Wald vernichtet war, weiterzogen an einen neuen Standort. Produziert wurde sowohl Flachglas wie Hohlglas in allen möglichen Farben. Fügte man der flüssigen Masse Kupfer hinzu, so hatte man ein rotes Glas, nahm man Mangan, so bekam man ein klares, sauberes Glas, mit Blei bekam man das schwere, glänzende Bleiglas, das man grün, blau, rot, braun oder honiggelb einfärbte.
Erst im 18. Jahrhundert kam es zu ortsfesten Glashütten. Der *Herzog Carl I. von Braunschweig* konnte es nicht länger ertragen, daß ihm dies Gewerbe seine Wälder verbrannte und gab ihm daher per Erlaß eine geregelte Ordnung.
Seinen Hofjägermeister von Langen beauftragte er, die vielen verödeten Flächen neu aufzuforsten. Die einstigen urwüchsigen Wälder bekamen dann schon geordnet ihre schnell wachsenden Fichten.
Herzog Carl bemühte sich durch seinen Herrn von Langen ganz redlich, neues Gewerbe in sein Land zu bringen. In dem *Fürstenberger Schloß* des Herzog Heinrich Julius ließ dieser 1747 eine Porzellanfabrik einrichten. Erst einmal war zwar nur an den Bedarf für die eigene Hofhaltung gedacht, doch bald war ihr guter Ruf für schönes Rokokoporzellan weithin bekannt geworden und brachte Nachfragen aus allen Teilen Europas.

In der Zeit des *Königs Jérôme* avancierte sie zu seiner ‚Königlichen Porcellanfabrik', und er nutzte jede Gelegenheit, um seine Büste aus dem feinen weißen Biscuitporzellan zu verschenken.

Neben dem Fernhandel mit Sandstein, den Glaswaren, dem Holz der Weserflöße und selbst der Eichenbretter mancher hölzerner Schiffe, die am Zielort zerlegt wurden, da sich der mühsame Rücktransport stromaufwärts anscheinend nicht lohnte, hatte sich für andere Waren, die nicht täglich gebraucht wurden, ein Wanderhandel ausgebildet, und in anderen Fällen ein Wanderhandwerk.
Von Polle aus fuhr z. B. im März der Schlesinger-Meyer mit seinem Pferdefuhrwerk nach Schlesien und ins Böhmerland, um Glaswaren und Töpfereien aufzukaufen. Er verkaufte diese dann in den vielen Orten auf dem langen Heimweg. Es konnte bis Weihnachten dauern, bis er endlich heimkehrte.
Im Frühjahr, wenn die Sonne die Leute aus dem Haus gelockt hatte, kam regelmäßig der hochbeladene Wagen mit Körben und Korbsesseln. Zur gleichen Zeit zog auch der Wagen mit der gewaltigen Spielorgel durch die Dörfer. Noch waren die Bewohner nicht auf dem Felde. Das war wichtig auch für den Mann mit dem Tanzbären und seiner kleinen barfüßigen Tochter mit ihrem Tambourin, die die Pfennige aufsammelte.
Im Herbst, nachdem die Gerste geerntet war, zog der Kaffeebrenner mit seinem Fuhrwerk über das Land. Wer keine Gerste zum Brennen besaß, für den gab es den Cichorienkaffee. Die in Holzminden wohnhafte Frau Majorin von Heine hatte ihn sozusagen für Arme und Kranke erfunden.
Als 1759 im Siebenjährigen Kriege die französische Armee bei Minden vernichtend geschlagen worden war, die Soldateska über die Wege flüchtete und räuberte, hatte man ihre Reisekutsche überfallen. Sie war nun ein so schreckhaftes Wesen, daß sie deshalb ernsthaft erkrankte und fiebrig im Bett liegen mußte. Ihr Arzt verschrieb ihr zur Linderung einen Aufguß aus der Cichorienwurzel, die überall an den Wegrändern zu finden ist.
Der Geschmack war ihr allerdings zuwider. Sie versuchte, es einmal mit dem Aufguß gerösteter Zichorie auszuprobieren. Dies sagte ihr dann doch mehr zu, und es fanden sich manche Nachahmer für dies neue Getränk. So hatte sie also den Cichorienkaffee erfunden, der viele begeisterte Freunde fand.

In der Winterszeit kehrte Ruhe in den Dörfern ein. die Menschen hatten Zeit für andere Dinge.
Beispielsweise fanden sich die beiden Willems immer wieder im Poller Gasthof ‚Zur Stadt Hannover' ein.
Davon profitierten sie in doppelter Hinsicht. Gegen ein bescheidenes Eintrittsgeld gab es am Sonntagabend im Saal eine gutbesuchte ‚Dichterlesung' mit deftigen Schnurren und Schwänken. Vorher saß man regelmäßig mit den Einheimischen beim Bier zusammen, um wahre und lügenhafte Geschichten für ihre hannoverschen Redaktionsstuben zu sammeln. Es waren *Wilhelm Busch* und *Wilhelm Henze*, die so zu ihrem Humor kamen.
Kam dann allerdings *Hermann Löns* auf der Durchreise vorbei, so lag das Problem darin, ihm Geschichten voller Heimatliebe zu präsentieren, die im ‚Hannoverschen Anzeiger' abgedruckt wurden.
Allerdings die Jungen auf Freiersfüßen mußten während der Tage, an denen der Löns einkehrte, besonders Obacht geben, daß ihnen nicht plötzlich Verlobte oder Freundin untreu wurden und tags darauf dem entfleuchten Galan mit rotgeränderten Augen nachweinten.

Im großen Knittelschen Saal war aber auch sonst einiges los. Da wurde sonntags in hübschen weißen Kleidern getanzt, während es vorher oftmals eine Theateraufführung gegeben hatte.
Hochrot im Gesicht und aufgeregt, in Reih und Glied aufgereiht, saß man auf seinem Stuhl und mußte dort auf der Bühne so manches Liebesleid und tragischen Tod miterleben.
Am eindrucksvollsten war die Schauspielkunst von Fräulein Brose. Sie kam aus Berlin und war Wirtschafterin im Oberförsterhaus. Am Sonntag allerdings wurde sie die ‚Silberbraut' mit einem Silberkranz im Haar. Es rührte die Herzen, wenn sie voller Hingebung sang:
„Heut erneut der Liebe Bund,
Tag der Wonne, Tag der Freude,
Sei gegrüßt mit Herz und Mund!"
Damit nicht genug. Der wahre Höhepunkt blieb stets, wenn sie ihrem Angetrauten mit schmatzenden Küssen ihre immerwährende Liebe bewies.
Karl Tönnies, der in der ersten Stuhlreihe saß und sich kritisch auskannte im Theaterwesen, wollte er doch selbst einmal ein

großer Schauspieler werden und so dünkte er sich auch, den störten all die tiefen Gefühle. Da fragte er laut mitten in der Vorstellung, daß es die Künstler auf der Bühne irritierte und sie über ihren Text stolperten: „Wißt Ihr eigentlich, wie diese Bühne aussieht? Die haben viel zu viel gelb dekoriert und Fräulein Brose dazu noch ein gelbes Kleid angezogen. Für einen Künstler wirkt das so, als hätte man dort Kacke gedroschen", erläuterte er wohlwollend seinen Nachbarn.
Doch was ist dann auch schon aus dem geworden! Nachdem er erwachsen war, übte er sich zwar in der schönen Schauspielkunst auf den Provinzbühnen. In Polle jedenfalls bestritt er keine Aufführung. Walter Hagedorn hat ihn ein einziges Mal gesehen, und als er zurück kam berichtete er nur knapp: „Der Tönnies bringt überhaupt nichts. Den können wir hier nicht gebrauchen!"

Das gute Bier brauten die Mönche

Seit dem 13. Jahrhundert gibt es an der Weser die Bierbrauer. Der Braumeister mußte jeweils von der Herrschaft bestellt werden. Ansonsten machten die Arbeit die Frauen aus der Nachbarschaft.
Das Bier muß gut gewesen sein. Ein alter Chronist lobt es folgendermaßen:
„Es werden auch fast allerley Handwerker, sonderlich die am gebräuchlichsten und am nötigsten sein, gefunden, womit sich daselbst mancher gut nehret.
So tut der Brawhandel auch etwas und ist das Bier, so man daselbst brawet, in der ganzen Nachbarschaft einen rhumwürdigen Namen und machet, doch ziemlich massen getrunken, fröhliche Leute."
An die alte Tradition des Bierbrauens erinnert die Historie der heutigen Brauerei Allersheim.
Allersheim selbst war ursprünglich das Dorf Elersen, der Edelherrschaft Homburg als „predium" zugehörig, wie es heißt. Deren Herr Heinrich der Löwe vertauschte den Zehnten dieses paderbornischen Lehens an das Kloster Amelungsborn, so wie es auch Graf Albrecht von Everstein mit 5 1/2 Hufen seines paderbornischen Lehens tat. Der Papst Cölestins bestätigte 1197 diese Güterübertragung.
In der Folge blühte das Kloster auf. Es kam zu Wohlstand, die

Mönche zum Wohlleben, und deren Bedürfnisse wuchsen immer mehr an. Und es war wohl auch die Zeit, wo das schon früher geübte Bierbrauen vervollkommnet, wo auf dem Klostergut Allersheim bester Hopfen angebaut und das kristallklare Wasser des nahen Odfeldes für ein gutes Getränk genutzt wurde.

Wechselvoll war die weitere Geschichte für Allersheim. Da waren dann immer wieder die Herzöge in Braunschweig, zwar ohne Rechtsansprüche auf diese Ländereien, dafür jedoch ständig in Geldnöten. Waren es zuerst Darlehen, die man verlangte, so wurden daraus bald Gebietsforderungen.

1549 wurde das Klostergut Allersheim gegen Anlobung des Zehnten von Amelungsborn dem Herzog Heinrich dem Jüngeren übertragen. Wenn es dann auch den Herzögen in der Zukunft nicht mehr erinnerlich war, den Zehnten zu zahlen, so blieb Allersheim braunschweigisch, wurde später herzogliche Domäne.

Die seit altersher von den Amelungsborner Mönchen gepflegte Kunst, ein gutes Bier zu brauen, wurde dann im Jahre 1854 durch den Sohn des damaligen Domänenpächters mit der Gründung der Brauerei Allersheim erfolgreich weitergeführt.

Manch andere Zünfte und Gilden entstanden. Die älteste, von der berichtet wird, ist wohl die Schneidergilde in Höxter aus dem Jahre 1276.

Von dem Schusteramt und den Schuhmachergilden ist am ehesten bekannt, daß sie reich und angesehen waren. Für das Amt *Polle* wurde der dortigen Gilde ihr Privileg bereits vor dem Jahre 1657 vom Herzog verliehen. Und allem Anschein nach war es eine einzige Familie mit ihren Nachkommen, die dies Handwerk ausübte. Angesehen, wie dies Handwerk war, stellte sie auch fast in Erbfolge den Bürgermeister seit Mitte des 16. Jahrhunderts. Dem Apel Meyer folgte der Elt Meyer, diesem dann der Bertold Meyer, der um 1639 geboren wurde. Dessen Sohn Henrich Jürgen Meyer wiederum ließ das älteste noch erhaltene Meyersche Haus erweitern um eine Utlucht für seine Bürgermeisterstube.

So ging es fort mit dem ererbten Beruf bis in die Gegenwart. Die Gildenrechte taten ihr übriges, um Fremden den Zugang zu verwehren.

In welcher Form man nun seinem Beruf nachging, ist schon interessant. Eine Arbeitsgemeinschaft bildete sich bereits in sehr alter Zeit. Das waren dann Vater, ältester Sohn und die Ehefrauen. Während die Männer anfänglich Schuhe nur nach den Maßen anfertigten, die Frauen dagegen Kinderschuhe aus Leinen, Samt oder Schafsleder, Pantoffeln und Hosenträger, bunt mit Blumen bestickt, auf Vorrat für den Verkauf auf den vielen Märkten, entwickelte sich bald auch eine gewisse Standardisierung für das Arbeitsschuhwerk in der Form eines Manufakturbetriebes mit einer Wanderschuhmacherei. Sechs, sieben Personen arbeiteten gemeinsam für die Bevölkerung der umliegenden Dörfer und für die Märkte im Lande Calenberg und Lippe bis hin nach Hannover. Für die nähere Umgebung gab es den Rucksack für den Transport, für die weiteren Entfernungen hatte man seit den früheren Jahrhunderten eigens ein Pferdefuhrwerk.

So ausgeprägt wie hier findet sich kaum ein Beispiel für eine Tradition, in der man sich streng abgesichert hatte gegenüber aller Konkurrenz.

Dabei war es seit dem 16. Jahrhundert vorrangig nicht einmal das Geldverdienen gewesen, was das Leben bestimmte. Nicht weniger wichtig waren Rechte und Einfluß, die man sich über das Bürgermeisteramt und sonstwie verschafft hatte.

Von einem lukrativeren Gewerbe lebte eine andere Familie. Hieran erinnert die in einem Grabstein eingemeißelte Geschichte eines afrikanischen Häuptlingssohnes auf dem Hattenser Friedhof dicht bei **Ottenstein**. Wohl aus Gründen der Moral wird namentlich lediglich von dessen Wohltätern berichtet, während man das Verbrechen, das ihn hierher geführt hatte, der mündlichen Überlieferung anheimstellte. Es ist das Grab des Ambrosio Congo, geboren am 12. Oktober 1811 zu Gumbata als Sohn eines Häuptlings. Der christliche und mildtätige Hamburger Kaufmann Ferdinand Schlüter hatte ihn in Brasilien als Sklaven freigekauft, nahm ihn mit auf seinem Schiff nach Hamburg, wo er christlich erzogen, getauft wurde und das Tischlerhandwerk erlernte.

Krank machte Ambrosio sich von dort auf den Weg, kam nach Ottenstein und verstarb dort bald am 11. Januar 1844. In der Inschrift wird nicht erwähnt, wer aus welchem Grunde das kostspielige und so außergewöhnliche Grabmahl errichten ließ.

Aber es war weder der Pastor noch die Ottensteiner Gemeinde. Es war der Ottensteiner Bürger Schomburg, den der Ambrosio dort gesucht und endlich gefunden hatte.

Baumgarten's Brauerei, Allersheim-Holzminden

Bierbreuwer und Kandelgiesser

Schomburg war der größte und gausamste Sklavenhändler weit und breit. Für sich und seine gut bewaffneten Abenteurer charterte er regelmäßig einen Segler für seine Raubzüge im Kongo. Nachts umstellte man die Siedlungen, brachte alles um, was bei einem Verkauf keinen Profit versprach oder gesundheitlich ungeeignet schien, und trieb dies Unwesen jeweils so lange, bis daß das Schiff voll war mit angeketteten Sklaven.
Wer dann auf der langen Fahrt nach Brasilien überlebte, kam dort auf den Sklavenmarkt und machte Schomburg zu einem reichen Mann. In Brasilien war es der Hamburger Kaufmann Schlüter, der einen solchen Sklavenmarkt erlebte und aus Mitleid den jungen Ambrosio ersteigerte.
Zuhause dann sorgte er sich um ihn und gab ihn in eine Handwerkslehre. Auf der Suche nach seiner Vergangenheit fand man gemeinsam heraus, daß der Schlüssel des unrühmlichen Geschehens in dem Dorfe Ottenstein zu finden sei.

Die Weser als Verkehrsweg

So frei wie die Verkehrswege über den Atlantik waren die Wege und Straßen, selbst der Wasserweg, damals im Weserbergland bei weitem nicht. Besonders schlimm war es bestellt mit der Calenbergischen Enclave **Polle**, die ringsherum vom Ausland umgeben war. Die zahlreichen Zollstellen der vielen Kleinstaaten behinderten alle paar Kilometer den Verkehr. Allein auf der Strecke von **Hannoversch Münden** bis **Bremen** gab es im Jahre 1823, als die Weserschiffahrtsakte beschlossen wurde, noch 25 Zollstellen, die dann auf neun reduziert wurden, um die Fahrten zu beschleunigen und reibungsloser zu gestalten.
Darüberhinaus gab es zahlreiche Reglementierungen. Als Friedrich Harkort 1832 mit seinem neuen Dampfer die Weser erkunden wollte, kam er bei dem Dorfe **Hemeringen** in Schwierigkeiten. Der Fährmann weigerte sich, das Fährseil herunterzulassen, da er dies nur bei Segelschiffen zu tun brauchte. Harkort fuhr dann gegen das Seil, welches zerriß. Der eilig herbeigerufene Gendarm ritt fluchend am Ufer entlang, doch das Schiff entfleuchte glücklich ins Ausland.
Die Weser war damals noch flacher und erhebliche breiter. Stromschnellen und Felsen behinderten den Verkehr beson-

ders im Sommer bei Niedrigwasser. Im Winter hinderte der starke Eisgang, im Frühjahr und Spätherbst das Hochwasser, das im Sommer nach starken Gewitterregen ebenfalls die Schiffahrt unmöglich machte. Einige dieser Probleme gibt es selbst heute noch.

An manchen Stellen teilte sich der Fluß in zahlreiche Arme. Es blieb dann nichts anderes zu tun übrig, als die Ladung für diese Strecke mit Pferdewagen zu transportieren.

All diese Probleme hatte man als Schiffer zu berücksichtigen. Die Schiffe hatten wenig Tiefgang, sie liefen ständig auf Stein- und Sandbänken auf, wo sie mit Hilfe von Pferdegespannen wieder flottgemacht werden mußten.

Schlechter noch war es mit den Straßen im Wesertal bestellt. Es fehlte für sie der Platz. Die Berge und Felsen reichten häufig bis unmittelbar an die Ufer heran.

Der Fortschritt der Technik blieb einstweilen weitgehendst verbannt. Neben der Postkutsche war vor allem das Pferd das einzige Transportmittel für Personen. Dabei existierte trotzdem bereits vor hundertfünfzig Jahren ein bescheidener Tourismus. So beschrieb 1847 Karl Baedeker seine Reiseroute, wobei er die Straßen wohlweislich unerwähnt ließ:

„Die Weser von Hannoverisch Münden nach Bremen. 50 Meilen. Dampfboote 1846 täglich zu Thal in 2, zu Berg in 3 Tagen. Bei der Thalfahrt wird in Hameln und Preuß. Minden übernachtet. Die Weserufer gehören bis Preuß. Minden zu den anmuthigsten des nördlichen Deutschlands."

Besonders zwischen **Holzminden** und **Bodenwerder** wird es dann eng im Wesertal. Die Heer- und Handelsstraßen führten einst weitab von dieser schwer zugänglichen Landschaft in westöstlicher Richtung von Paderborn über Höxter, Holzminden nach Einbeck und Goslar, nördlich hiervon dann von Detmold über Hameln nach Hannover bzw. Braunschweig. In nordsüdlicher Richtung gab es zwischen **Holzminden** und **Hameln** nur bescheidene Fahrwege weitab vom Fluß. Weil das abschüssige, bis dicht an die Felsen und steilen Berghänge heranreichende Ufer mit herabgestürzten Steinbrocken dicht besät war, konnte hier früher nicht einmal ein leerer Acker- oder Frachtwagen fahren. Erst in der Mitte des vorigen Jahrhunderts wurde eine Straße etwa 3 1/2 bis 4 m über dem Fluß angelegt, um auch sicher zu sein vor den häufigen Hochwassern. Doch auch diese Höhe reichte nicht immer aus. Bis in die dreißiger Jahre dieses Jahrhundert passierte es immer wieder, daß die Straße überflutet wurde.

Dann waren es die häufigen Erdrutsche, die die Verbindung oft wochenlang unterbrachen. Auch die Weserschiffahrt konnte hierdurch in Mitleidenschaft gezogen werden.

Nach dem großen Erdrutsch bei **Kemnade** im Jahre 1877 beorderte man die braunschweigische Artillerie nach hier, um durch heftigen Beschuß die lockeren Erd- und Felsmassen zum Absturz zu bringen. Doch damit war das Problem nicht dauerhaft gelöst. Ernsthafte Erdrutsche gab es auch wieder 1895 und 1916, kleinere selbst noch in jüngerer Zeit.

Die Natur hatte dafür gesorgt, daß die Weser allein für rund 1.000 Jahre und mehr der eigentliche Handelsweg blieb. Im 13. Jahrhundert wurde dann die Weser sogar zum wichtigsten norddeutschen Handelsweg nach Bremen und Übersee.

Bei **Heinsen**, dem Schifferdorf mit alter Tradition, fand man vor fünfzig Jahren ein Schiff aus alter Zeit. Aus einer Eibe war vor rund 1.500 Jahren ein Einbaum gebaut worden. Sein Holz hatte sich über die lange Zeit im Weserschlamm gut konserviert. Etwa fünf Meter ist er lang und aus einem Stamm gearbeitet.

Im Hochmittelalter bis in die Zeit vor etwa 200 Jahren stellte man den Schiffstyp um auf eine Kastenform, breit und mit geringem Tiefgang, um so mehr Fracht befördern zu können. Solche Schiffe baute sich der Schiffer aus Eichenbrettern meist selbst, fuhr oftmals zu einem weit entfernten Hafen, bis nach Bremen, mit seiner Ladung, und verkaufte dort gleichzeitig die Holzbohlen seines Schiffes, denn der Rücktransport stromaufwärts war zu aufwendig und kostspielig.

Auch Segelschiffe auf der Weser gab es bereits im Mittelalter. Für eine Flußschiffahrt war allerdings mehr Verlaß auf die ‚Treideler', die die Schiffe auf dem heute teils noch vorhandenen Treidelpfad wieder stromaufwärts zogen. Ab 1700 benutzte man statt der Menschen auch Pferde für diesen Zweck.

Das Zeitalter der Dampfschiffahrt begann auf der Weser sehr früh. Das erste Dampfschiff der Welt wurde hier von dem französischen Professor Papin erbaut. Als er 1707 von Kassel aus mit seinem Schaufelradfahrzeug weserabwärts bis nach England fahren wollte, endete die Fahrt allerdings schon in Hannoversch Münden. Die dortigen Schiffer beanspruchten für sich das alleinige Recht, hier die Weser zu befahren. So nahm dies Abenteuer schon nach wenigen Kilometern sein Ende. Mit der Postkutsche mußte man die Rückreise nach Kassel antreten.

Die eigentliche Dampfschiffahrt auf der Oberweser begann im Jahre 1843 mit dem Dampfer ‚Eduard'. Bald danach wurde in **Hameln** die „Vereinigte Weserdampfschiffahrt" gegründet. Ihre Schiffe ‚Hermann', ‚Wittekind', ‚Blücher', ‚Weser' und ‚Germania' beförderten zwischen 1844 und 1856 doch schon über 600.000 Reisende, davon 57.000 Auswanderer nach Amerika. Der 1857 gegründete „Norddeutsche Lloyd", der im Auswanderertransport ein gutes Geschäft sah, übernahm dann im folgenden Jahr die Weserdampfschiffahrt.

Für Erholungsreisen und Vergnügungsreisen bot sich landschaftlich nur ein Teil der langen Strecke an. Das hatte der Bremer Senat erkannt, als er im März 1842 hierzu geschrieben hatte: „Die beabsichtigte Einführung einer Dampfschiffahrt wird den Reiseverkehr von Münden nach Bremen zwar vergrößern. Jedoch dürfte für die Personenschiffahrt nur die landschaftlich schöne Strecke von Münden bis Minden vorzugsweise zu berücksichtigen sein."

Der „Norddeutsche Lloyd" verzichtete dann 1873 auf die Weserschiffahrt und betrieb nur noch Fahrten über den Atlantik. Nach kurzen Wirren wurde der Hamelner Mühlenbesitzer und Senator Meyer aktiv. Für seine Getreidetransporte besaß er bereits hölzerne Lastkähne – ‚Bockschiffe' – und Dampfschlepper. Nun übernahm er mit Raddampfern, der erste war der ‚Fürst Bismarck' mit einer Länge von 35 m und einer Dampfmaschine von 42 PS, die Personenbeförderung. Bis zu 170 Passagiere konnten an Bord genommen werden. Der Kapitän hieß Kayser, bald folgte dann Karl Gerke, der wie auch dessen Sohn vielen Menschen lange Zeit in Erinnerung blieb.

Man brauchte schon eine gute Restauration an Bord, denn die Fahrt nahm zumindest flußaufwärts doch eine geraume Zeit in Anspruch. Morgens um 4.30 Uhr legte der Dampfer in **Hameln** ab, erreichte **Bodenwerder** um 7 Uhr und benötigte dann in der starken Strömung bis **Polle** für diese kurze Strecke fast drei Stunden. Abends um 20 Uhr war man erst in Hannoversch Münden angelangt.

Für die Personen- und Frachtschiffahrt auf der Mittelweser wiederum war es dann ein Poller Bürger, der dort die Initiative ergriffen hatte.

Theodor Burgdorf stammte dort aus dem ‚Goldenen Winkel'. Als Schiffsjunge hatte er Gefallen gefunden an den Weser-Bockschiffen.
Es war in der Zeit vor dem Ersten Weltkrieg, als er sich mit wenig Geld und mehr Mut einen alten Kahn (der hatte noch einen hölzernen Boden und war nur bescheidene 350 t groß), kaufte. So ähnlich hatte früher einmal in Hameln auch der Senator Meyer begonnen. Nach zwei, drei Jahrzehnten allerdings war hieraus eine richtige kleine Flotte geworden. Nicht für alle seine Schiffe reichte der Wasserstand der Oberweser aus. Für die größeren gab es dann den Mittelland-Kanal und den Rhein.
Für den Personenverkehr wurden Motorschiffe angeschafft. Und es muß so um 1929 gewesen sein, als er sich besann, von Minden aus der Familie, Freunden und Bekannten seine Heimat so richtig vorzuführen. Dafür braucht man Zeit. Das Weserbergland mit seinen Schönheiten, den vielen ständig wechselnden Eindrücken auch nur bescheiden zu genießen, dafür braucht man mehr Zeit, als es eine Autofahrt erlaubt.
Mit dem ‚Roland' ging es dann flußaufwärts. Zwei Wochen waren für Fahrt und Aufenthalte eingeplant. Bis über die Toppen geflaggt war das Schiff, frisch gestrichen und gründlich gescheuert. Alles war eine solche Pracht, so daß **Polle** endlich näher kommen durfte.
Vor dem alten Fährhaus wurde angelegt. In der Haustür stand neugierig die Kiemenasche. Sie traute ihren eigenen Augen nicht, wie sie sah, wer da an Land ging. „Thedchen", rief sie, „dat bist ja Du. Dabei har ick schon dacht, da kummt denn auer Kaiser!"
Trotz allem blieb es im Weserbergland in seiner langen Geschichte stets beschwerlich, sich sein Brot zu verdienen. Die Orte blieben klein und bescheiden, die Bevölkerung konnte nicht gewaltig wie anderswo anwachsen, denn das Land war zu kärglich, um mehr ernähren zu können, und der Raum war zu eng und unwirtlich für nennenswerte Industrien.
All das waren dafür die Bedingungen, daß die Natur glücklicherweise so ungestört blieb wie selten anderswo.

Anhang

Wanderkarten

Karten der Naturparks:

Naturpark Weserbergland Schaumburg-Hameln, Blatt Nord, 1 : 50.000
Naturpark Weserbergland Schaumburg-Hameln, Blatt Süd, 1 : 50.000
Naturpark Solling-Vogler, 1 : 50.000

Topographische Karten 1 : 50.000 für benachbarte Gebiete:

L 4320 Bad Driburg
L 4520 Warburg
L 4522 Münden

Die Karten sind zu beziehen über die Buchhandlungen oder:

Naturpark-Karten	Niedersächsisches Landesverwaltungsamt – Landesvermessung – Warmbüchenkamp 2, 3000 Hannover
L 4320, L 4520	Landesvermessungsamt Nordrhein-Westfalen, Muffendorfer Str. 19–21, 5300 Bonn 2
L 4522	Hessisches Landesvermessungsamt, Schapenerstr. 16, 6200 Wiesbaden 1

Burgen und Schlösser

Abbenburg bei Marienmünster
Adelebsen, Burg
Amelungsburg bei Langenfeld
Arolsen, Schloß
Babilonie, Wittekindsburg/Wiehengebirge,
bei Barkhausen
Bad Pyrmont, Wasserschloß
Bevern, Schloß, ehem. Burg
Beverungen, Burg
Blomberg, Burg
Brake, Schloß, bei Lemgo
Brakel, Burg
Bramburg
Brunsburg bei Höxter
Bühne, Burgruine bei Borgentreich
Calenberg, Burg
Canstein, Schloß
Deiselburg an der Diemel
Desenberg, Burg bei Warburg
Dolenstein, Burgruiene
Donnersberg, Burgruine
Dringenberg, Burg bei Bad Driburg
Eresburg
Erichsburg bei Dassel
Eringaburg bei Ammersen
Everstein, großer und kleiner,
Burgruinen bei Lobach
Falkenburg bei Horn
Freden, Burg
Fürstenberg, Schloß, Burg
Grebenstein, Festung
Greene, Burg
Greene, Hünenburg
Grevenburg bei Marienmünster
Grimmenstein
Grohnde, Burg
Grubenhagen, Burgruine, bei Einbeck

Hämelschenburg, Schloß
Hannoversch Münden, Schloß
Hardegsen, Burg
Hehlen, Schloß
Heineburg bei Fischbeck
Heldenburg bei Salzderhelden
Herlingsburg bei Lügde
Hermersenburg, Burgruine bei Hämelschenburg
Herstelle, Burg, Schloß
Hinnenburg bei Brakel
Holzhausen, Burgruine
Holzminden, ehemalige Burg
Homburg, Burgruine
Horn, Burg
Hüneburg bei Golmbach
Hünenburg bzw. Frankenburg,
Ruine bei Todenmann
Hünenschloß, Ruine, bei Forsthaus
Hämelschenburg
Hunnesrück, Burgruine bei Dassel
Iburg bei Bad Driburg
Immenhausen, Stadtburg
Isenstein, Ruinenreste, Externsteine
Jestedt, Burg
Kahenstein, Burg
Krukenburg bei Helmarshausen
Kugelsburg
Lauenburg bei Kemnade
Lauenstein, Burgruine
Löwenburg bei Lauenberg
Massow, Burgruine in Pommern
Mengeringhausen, Burgruine
Naugard, Burgruine in Pommern
Neustadt am Rübenberge, Ruinenreste, Schloß
Nienover, Schloß
Obensburg, Ruine bei Hastenbeck
Ohsen, Burg
Oldenburg, Ruine bei Ohr
Ottenstein, Burg
Palburg
Peckelsheim, Burgruine
Polle, Burgruine

Rischenau, Rest von zwei Burgruinen
Rüsteberg, Burgruine
Sababurg, Burg und Reste der Zapfenburg
Schildberg bei Lügde
Schwalenberg, Burg
Schwöbber, Schloß
Segeberg, Schloß, Schleswig-Holstein
Sieburg, bei Helmarshausen
Sieseberg, Burgruine, an der Nethe
Sigisburg, Ruine
Skidraburg, Ruine
Sternberg, Burg, bei Bösingfeld
Thonenburg, Ruine, bei Albaxen
Tonnenburg, Ruine
Trendelburg
Uffoburg, Ruine, Extertal
Varenholz, Schloß
Vörde, Burg tom Forde
Volkmarsen, Burg
Warburg, Stadtburg
Warbsen, Ruine
Wehrden, Wasserschloß
Wildburg, Ruine, bei Wehrden
Willebadessen, Schloß
Zapfenburg (Sababurg)

Eversteiner Burgen in Thüringen lassen sich nur vereinzelt nachweisen.
Konrad de Eberstein war vor 1122 Burgherr auf Rüsteberg bei Heiligenstadt.
An der Elster lag der Dobna-Gau, wo Eversteiner im 10./ 11. Jahrhundert die Gaugrafen waren.
Ein Eversteiner, Burggraf in Plauen, stiftete dort 1122 die Johanniskirche lt. Urkunde des Bischofs Dietrich von Naumburg.

Klöster und Kirchen

Amelungsborn, Kloster
Bödexen, Kloster
Brenkhausen, Kloster
Burghagen, Kloster
Bursfelde, Kloster
Corvey, Reichsabtei
Falkenhagen, Kloster
Fischbeck, Kanonissenstift
Gandersheim, Reichsstift
Gehrden, Kloster, bei Brakel
Gottsbühren, Klosterkirche
Hameln, Stift
Hannoversch Münden, Ägidienkirche
Hannoversch Münden, St. Blasienkirche
Hardehausen bei Warburg, Kloster
Hattensen, Kapelle einer Wüstung
Helmarshausen, Kloster, Reichsabtei
Herstelle, Kloster
Hilwartshausen, Kloster
Kemnade, Klosterkirche
Lügde, Kilianskirche
Lilienthal, Kloster Falkenhagen
Lippoldsberg, Klosterkirche
Marienmünster, Kloster
Möllenbeck, Stift
Neuenheerse, Bad Driburg, Kloster
Rischenau, Kloster
Willebadessen, Kloster
Wormeln, Kloster

Für den Regentag: ausgefallene Museen

Alte Musikinstrumente, Musikabende, Burg Sternberg bei Bösingfeld, Termine telef. 0 52 62/33 11.

Apothekenmuseum, Hofgeismar, Mo., Di., Do. 10–12, Mi. 15–18, Fr. 17–19, So. 10–13, 15–18.

Biermuseum, Einbeck, Brauhaus, nach Anmeldung.

Deutsches Hugenottenmuseum, Bad Karlshafen, Di.–So. 15–18.

Fagus-Gropius-Ausstellung, Alfeld, Hannoversche Straße, Di. und Do. 8–11, 14–16.

Glasmuseum, Glasmacherhaus, Grünenplan, So. 14-17, Mai bis Sept. Di. u. Do. 14–16.

Hubschraubermuseum, Bückeburg, 9–17.

Jagdmuseum mit Urwildpark, Sababurg im Reinhardswald, 8–20.

Märchenmuseum, Bad Oynhausen, 10–12, 15-17,30 außer Mo.

Münchhausen-Museum, Bodenwerder, Apr. bis Sept. 9,30–12, 14–17.

Orgelmuseum, Borgentreich, Fr. 9,30–11,30, Do. bis So. 14,30–17,30.

Skulpturenpark, Klostergarten, Willebadessen, Di. bis So. – Nachm.

Stuhlmuseum, Beverungen, Apr. bis Okt., Mi. bis Fr. 15–17., Sa. 10–12.

Töpfermuseum, Duingen, Mi. 9–12, 15–17, So. 15–17.

Turmuhrenmuseum, Delligsen, So. 10–13.

Waldmuseum, Neuhaus/Solling, 9–18.

Wasserkraftwerk, Wahlsberg-Lippoldsberg, Mo., Mi., Fr. 9–12.

Weserrenaissance-Museum Schloß Brake, Lemgo, Di.–So.

Westfälisches Freilichtmuseum, Detmold, tägl. Apr.–Okt.

Die gewünschten Touristik-Informationen bekommen Sie:

Fremdenverkehrsverband Weserbergland-Mittelweser,
Postfach 174, 3250 Hameln 1, Tel. 0 51 51/2 45 66

Fremdenverkehrsverband Teutoburger Wald,
Felix-Fechenbach-Str. 5, 4930 Detmold, Tel. 0 52 31/6 25 38

Kreisstelle für Fremdenverkehr,
Postfach 89, 4930 Detmold, Tel. 0 52 31/6 26 33
(für Lipper Bergland)

Fremdenverkehrsverband Diemel-Egge-Weser-Touristik,
Moltkestr. 12, 3470 Höxter, Tel. 0 52 71/6 14 06

Fremdenverkehrsverband Kurhessen-Waldeck,
Entenanger 8, 3500 Kassel, Tel. 0 5 61/1 82 73

Weserbergland-Touristik GmbH,
Graftplatz 3, 3418 Uslar 1, Tel. 0 55 71/50 44

Deutsches Jugendherbergswerk, Landesverband Hannover,
Ferdinand-Wilhelm-Fricke-Weg 1, 3000 Hannover 1,
Tel. 05 11/1 22 33

Deutsches Jugendherbergswerk,
Bülowstr. 26, 4930 Detmold, Tel. 0 52 31/2 27 72-1

Urkundenbücher, Quellenausgaben

Bruno, Das Buch vom sächsischen Krieg, 1986
Corpus tradit. Fuldensium, 23, 301, 302, Nr. XL III
Einhard, Jahrbücher, 1986
Einhard, Vita Karoli Magni, 1968
Gregor von Tours, Zehn Bücher Geschichten, 1974/77
Hamelner Urkundenbuch, Ha UB I, 8, 20, 55, 672
Helmold, Chronik der Slawen, 1852
Höxtersches Stadtarchiv, Reg. A XI, 21, 25
Janicke, UB Hildesheim I, 434, 703
Lacomblet, Niederrhein. UB, 480
Lippische Geschichtenquellen, 1963 f.
Lippische Regesten III, 1519, 3152
Liutprand, Buch der Vergeltung, o. J.
Mainzer UB, I, 511
MGDD 3, Laienfürsten- und Dynastenurkunden der Kaiserzeit, Bd. 1, 1941/47
Spilcker, Geschichten der Grafen von Everstein, 1833
Spilcker, Geschichte der Grafen von Everstein, UB Nr. 21, 22, 36, 37, 317, 344, 398, 436, 486
Staatsarchiv Hannover, Celler Or. Arch., Des. 8, Nr. 248
Sudendorf, Urkundenbuch zur Geschichte der Herzöge von Braunschweig und Lüneburg, I, S. 92, VIII, 253, IX, 8
Thietmar von Merseburg, Die Chronik und ihre Korveyer Überarbeitung, 1935
Traditiones Corbeienses I b § 286
Urk. Nachrichten über den Kreis Weissensee – LV 322, 1867
UB Heinrich der Löwe, 19 /1152), 112 (1179)
UB Hochstift Halberstadt II, Nr. 1298
UB Magdeburg, 124 (1122)
UB Stift Nottuln, 834
Vaterländisches Archiv, 1837, S. 599
Westfälisches UB I c.d. 188, Add. 34–1126, II R 2384 (1197), VI, 877

Literatur

Abel, Jahrbücher des fränkischen Reiches unter Karl dem Großen, 1864

Barz, Heinrich der Löwe, 1977

Berger, Das große Balladenbuch, 1865

Beuys, Familienleben in Deutschland, 1980

Bode, Forschungen zur Geschichte Niedersachsens, Bd. 3 H 2/3, Der Uradel in Ostfalen, 1911

Borst, Lebensformen im Mittelalter, 1986

Brandi, Karls des Großen Sachsenkriege, in Nieders. Jahrbuch d. Landesgeschichte, Bd. 10, 1933

Conrady, Das große deutsche Gedichtebuch, 1977

Deppe, Karls des Großen fünfter Kriegszug gegen die Sachsen im Jahre 779, in Zeitschrift für vaterländische Geschichte und Altertumsforschung, Bd. 50, 1892

Döbler, Jäger, Hirten, Bauern, 1971

Dümmler, Geschichte des Ostfränkischen Reiches, 1887

Eckhardt, Heinrich der Löwe an Werra und Oberweser, 1958

Faußner, Die Verfügungsgewalt des deutschen Königs über weltliches Reichsgut im Hochmittelalter, in Deutsches Archiv für Erforschung des Mittelalters, 1973

Freist, Ottensteiner Chronik, 1986

Freytag, Die Herrschaft der Billunger in Sachsen, Diss., 1949

Geschichte der Stadt Weida, 1926

Göbel, Die sächsischen Grafen (919-1024), 1954

Görges, Vaterländische Geschichten, 1927/29

Grauert, Die Herzogsgewalt in Westfalen seit dem Sturz Heinrichs des Löwen, 1877

Greiffenhagen, Die Burg Polle a. d. Weser, 1913

Großmann, Geschichte des Amtes Vlotho, 1963

Großmann, Vlotho, in Historische Stätten Nordrhein-Westfalen, 1970

Großmann, Geschichte, Kunst und Landschaft zwischen Harz und Weser, 1988

Grimm, Kinder- und Hausmärchen, 1949

Handbuch der historischen Stätten, Niedersachsen/Bremen, Hessen, Nordrhein-Westfalen, Baden-Württemberg, Thüringen

Hansen, Kalenderminiaturen, 1984

Hartmann, Historische Volkslieder und Zeitgedichte, 1907

Haushofer, Das Werden des deutschen Volkes, 1939
Hassel, Das Kurfürstentum Hannover vom Baseler Frieden bis zur preußischen Occupation 1806, 1894
Hassel, Geogr.-statistische Beschreibung der Fürstenthümer Wolfenbüttel und Blankenburg, 1803
Heck, Der Sachsenspiegel und die Stände der Freien, 1905
Heinrichsen, Süddeutsche Adelsgeschlechter in Niedersachsen, in Nieders. Jahrbuch 26, 1954
Hellfaier/Last, Historisch bezeugte Orte in Niedersachsen bis zur Jahrtausendwende, 1976
Henze, Sau suihste iut, 1943
Hildebrand, Der sächsische „Staat" Heinrichs des Löwen, 1937
Hinrichsen, Das Weserbergland, 1982
Hofmannsthal, Deutsche Erzähler, 1979
Huizinga, Herbst des Mittelalters, 1975
Irsigler, Bettler und Gaukler, Dirnen und Henker, 1989
Jahrbuch für den Landkreis Holzminden, 1983 f.
Kardorf, König Meyer, 1986
Keyser, Niedersächsisches Städtebuch, 1952
Kittel, Das Kreuzherrenkloster Falkenhagen, in Dona Westfalica, 1963
Kleinau, Geschichtliches Ortsverzeichnis von Niedersachsen, 1968
Krämer/Leiber, Weserrenaissance im Landkreis Holzminden, 1989
Kretschmar, Die Weser-Sollingstadt Holzminden, 1982
Kühlhorn, Orts- und Wüstungsnamen in Südniedersachsen, 1964
Kunst und Kultur im Weserraum, Ausstellungskatalog, 1966
Kurowski, Die Sachsen, o. J.
Lange, Der Herrschaftsbereich der Grafen von Northeim 950–1144, in Studien Historischer Atlas, 24. Heft, 1969
Lauer, Archäologische Wanderungen in Südniedersachsen, 1988
Leyen, Deutsches Mittelalter, 1980
Liebers, Die schwarzen Führer, Nordwestdeutschland, 1986
Lintzel, Der sächsische Stammesstaat und seine Eroberung durch die Franken, in Eberings Histor. Studien, H. 227, 1939
Leibnitz, Script. rerum Brunsvic., Chronicon des Johann de Polde, o. J.
Meyer, Geschichte des königlich hannoverschen Amtes Polle, Hannoversches Magazin, 1843

Meyer, in Nieders. Landesverein für Familienkunde, Sonderveröffentlichung 7, 1954
Neues Vaterländisches Archiv, Heft 1, 1825
Niemann, Die Entwicklung der Kulturlandschaft auf der Ottensteiner Hochebene, Diss., 1969
Ostwestfälische-weserländische Forschungen zur geschichtlichen Landeskunde, 1970
Paetow, Die schönsten Wesersagen, 1979
Peuckert, Niedersächsische Sagen, 1964 f.
Pischke, Geschichtlicher Handatlas Niedersachsens, 1989
Pohle, Schwäbische Abstammung der Sachsen, in Zeitschrift des Histor. Vereins für Niedersachsen, Jahrgang 1882
Polycarpsi Leyseri histiria comitum Ebersteinsium in Saxonia, 1724
Prinz, Der Zerfall Engerns, in Ostwestf.-weserländische Forschungen zur geschichtlichen Landeskunde, 1970
Raabe, Werke, 1965
Rehtmeier, Braunschw.-Lüneburgische Chronica, Bd. I, mit Urkunden aus welfischer Zeit 12. Jahrhundert, 1722
Roth von Schreckenstein, Geschichte der ehemaligen freien Reichsritterschaft in Schwaben, Franken und am Oberrhein, 1886
Rüstenbach in Jahrbuch des Geschichtsvereins für das Herzogtum Braunschweig, Jahrg. 7, 8, 9, 1908 f.
Siebert, Der Weg zum Manierismus im Mittelweserraum, 1985
Sprenger, Die Geschichte der Stadt Hameln, 1861
Szymanski, Die alte Dampfschiffahrt in Niedersachsen, 1958
Schnath, Die Herrschaften Everstein, Homburg und Spiegelberg, 1922
Schrader, Die Landschaften Niedersachsens, 1957
Schumacher, Die Weser in Geschichte und Sage, 1925
Schwabenspiegel, 1973/74
Stadt im Wandel, Ausstlellungskatalog, 1985
Strache, Das Weserbuch, o. J.
Streich, Klöster, Stifte und Kommenden in Niedersachsen vor der Reformation, 1986
Vogelsang, Die Frau als Herrscherin im hohen Mittelalter, 1954
Wenskus, Sächsischer Stammesadel und fränkischer Reichsadel, Diss., 1976
Wippermann, Beschreibung des Buckigaues, 1959
Wittkop, Heinsen – die Geschichte eines Oberweserdorfes, 1978

Wolf, Politische Geschichte des Eichsfeldes, 1921
Würdtwein, Nova subsidia diplom. IX, o. J.

Register